歷代皇朝風雲實錄

文字血淚

前言

在整個中國封建時代，文字之禍像一條綿延不絕的毒線，從秦朝一直到晚清。它雖然時隱時現、時緩時烈，卻是無法根除的，因為它是封建專制制度的必然產物。作為統治者來說，以文字罪人既是整肅統治階級內部異己力量的法寶，也是消弭平民百姓中異端思想的工具；既是進一步加強皇權的需要，也是鞏固王朝統治的強化劑。

這裡所說的「文字之禍」，概念的內涵基本上同於「文字獄」。所謂「文字獄」，就是封建統治者鎮壓知識分子反抗、加強思想文化專制，從其著作詩文中摘取所謂違礙字句，羅織罪狀，稱為「文字獄」。中國文化史中，不時可見「文字獄」受害者的斑斑紫血！

「文字獄」是因文字得禍的一個統稱，細緻分來，還有一些具體的種類。如因為撰寫史書而忤逆統治者的，可稱為「史禍」；因創作詩詞曲文被挑出「譏謗」、羅織罪名的，可稱為「詩禍」。舉子或考官因考試的文字而羅禍的可稱為「科場案」；而像明初一批因寫賀表謝箋而遭殺身之禍的，可稱為「表箋禍」；因為撰寫私人著作被統治者找出所謂「悖逆文字」的，可稱為「逆書案」等等。當然，因文字而得禍的情況多種多樣，前面所舉是最主要的幾種。

文字獄是個歷史性的範疇，隨著封建專制制度的產生、強化及衰亡而發生、變化的，在不

同的歷史時期，文字獄有不同的特點。由當時社會的政治、思想、文化的特殊背景以及君主的

個性、心態等諸多因素決定。因而，對於文字獄的考察研究，離不開對當時社會的整體觀照，

尤其是對意識形態特點的了解。

我們不妨就幾例文字獄作一點簡略的分析。

先看春秋時期的齊太史「直筆」事件。

魯襄公二十五年（西元前五四八年），齊莊公與大夫崔杼的夫人棠姜私通，崔杼設計捉

姦，包圍了莊公，莊公跳牆逃跑，被崔杼手下的人射死。齊國的太史便記錄道：「崔杼弒其

君。」崔杼對這個記載既惱怒又害怕，於是便把這個史官殺了。太史的弟弟接著寫，還是寫

「崔杼弒其君」，也被崔杼殺了；太史的另一個弟弟又接著寫：「崔杼弒其君」，崔杼無可奈

何，只得作罷。

這可以說是中國古代第一例史禍。它反映了春秋時期史官文化的背景。春秋時期，史官的

地位非常重要，史官也都以「良史」自期。而「良史」最起碼的要求就是「直筆」，客觀、準

確地記載歷史事件，「不虛美，不隱惡」。而要做一個「良史」，就難免與統治者發生衝突。統

治者做了見不得人的事，害怕遺臭萬年，便不許史家直書其事。史家受良心和史德的支配，堅

持秉筆直書，結果與統治者發生衝突，統治者憑藉手中的權勢迫害史家，於是產生了史禍。

北魏崔浩《國書》案是南北朝時期一起著名的史禍（本書有較詳細的披載）。它的發生就不

是「文字」的原因所能涵蓋，而是有著深刻的政治、文化、民族的背景。崔浩受命撰寫三十卷

卷的編年體《國書》，記載了北魏統治者立國前後的一些史實，後來又將《國書》全書內容都

刻在石碑上，立於通衢大道之側，一些鮮卑貴族看到了史碑上刻著鮮卑族統治者的一些不光彩之事，大為惱火，到太武帝那裡告崔浩「暴揚國惡」，結果崔浩受盡屈辱後被太武帝處死，與其聯姻的幾家北方士族也都被滅族。

這件史禍實際涉及到北魏初期鮮卑貴族集團和北方漢人士族集團在利益上、文化上的衝突。崔浩作為漢族士族的代表人物，是處處維護士族利益的，而在文化上自然是輕視鮮卑人的，鮮卑貴族作為北魏的統治階級，對於漢族士族的自貴自重不能容忍，於是早就把崔浩視為眼中釘，久欲除之。太武帝本來很欣賞、器重崔浩的才幹，但他作為鮮卑貴族的最大代表，當然首先要從本民族統治集團的利益出發，恐怕也很難避免崔浩的死。

因詩詞而得禍的詩禍事件，在文字獄中恐怕是數量最多的，很難進行量化的統計分析，因為因詩罹禍者實在太多，而且詩禍最能體現出文字獄的特點：牽強附會，深文周納，妄猜「言外之意」，而定「言內」之罪。

「詩言志」、「詩緣情」，這兩個詩學的基本命題都是非常古老的，概括了詩歌抒情達意的最主要功能。對於中國古代的士人來說，詩（也包括後起的詞、曲）是最主要的抒情手段。宋人嚴羽對詩所下的定義很精確：「詩者，吟詠情性也。」（《滄浪詩話·詩辨》）有的時候，詩可以作為中國古代士大夫實現功利目的的工具，如科舉中的詩賦取士，而詩賦取士也是產生於社會上普遍為詩的風尚之中的。科舉中詩賦取士作為一種導向，和社會上普遍尚詩互為因果的，詩在更多的情形下，是士人們吟詠情性渲洩內心的最重要渠道。

人們的情感是複雜的、豐富的、瞬息萬變的，這種情感的豐富性，造成了詩賦內涵的豐富

4

文字血淚

性。而在諸種類型的情感中，哀怨、悲憤之情，尤易撥動人們心弦。因而外國有「憤怒出詩人」的說法，中國有「詩窮而易工」的命題，都是大量創作實踐的總結。南朝詩論家鍾嶸就特別重視怨情在詩歌創作中的作用，他說：

嘉會寄詩以親，離群托詩以怨。至於楚臣去境，漢妾辭宮，或骨橫朔野，魂逐飛蓬；或負戈外戍，殺氣雄邊；塞客衣單，孀閨淚盡；或士有解佩出朝，一去忘返；女有揚蛾入寵，再盼傾國；凡斯種種，感蕩心靈，非陳詩何以展其義？非長歌何以騁其情？故曰：「詩可以群，可以怨。」使窮賤易安，幽居靡悶，莫尚於詩矣。（《詩品序》）

鍾嶸所評價的五言詩中，也多為哀怨之作，如其評《古詩》云：「雖多哀怨，頗為總雜。」評李陵詩「文多淒愴，怨者之流」，評班婕妤詩「詞旨清捷，怨深文綺」；評曹植詩「詞采華茂，情兼雅怨」等等，此類甚多。這固然有鍾嶸的評詩標準，眼光在其中，但同時也是詩歌創作中的客觀存在。

詩中有這麼多怨艾之情，如果生逢言論嚴密的時代，再有人存心找你的碴，還不是很容易的事嗎？

詩與政治的聯繫又是密切的，中國士人又有很強的干政意識，「達則兼濟天下，窮則獨善其身」，一入仕途，就勢必關心當朝時政，寫作詩賦，也免不了直接或間接地議論政治。這在唐、宋詩人中尤為普遍，而到明清時期，則被文字獄的血腥嚇怕了，對於時政避之唯恐不及。而在直接或間接地表達對某些時政的詩中找出「罪證」來——只要你的政敵盯上了你的作品，

也是不難辦到的。

中國古典詩歌的藝術特徵與闡釋方法，也給文字獄的製造者提供了方便。中國的古詩，講究「弦外之音」、「韻外之致」，推崇「言有盡而意無窮」的美感。因而古代詩人們作詩，力求意境的朦朧含蓄者多，在極為有限的文字形式中創造更為廣闊的審美時空。而對於詩歌的闡釋則主張「詩無達詁」，也就是說，對於同一首詩可以作全然不同的闡釋造者提供了「斷章取義」、曲解其詩的方便。

我們可以從幾椿詩禍中來看這類文字獄的特點。

遼道宗時，懿德皇后蕭觀音生下皇子浚，浚被立為太子，太子長大後參與政事，成為權奸耶律乙辛的障礙。於是，耶律乙辛便設計陷害蕭觀音和太子。他指使別人寫了誨淫的《十香詞》，說是宋朝皇后所為，騙取蕭觀音的墨跡，同時蕭觀音還針對《十香詞》寫了一首《懷古》詩，針砭趙飛燕一類以媚入寵、干政敗國的行為。耶律乙辛卻舉以為蕭觀音與宮中伶人趙惟一的「罪證」，因為在詩中找出了「趙」、「惟」、「一」三個字，這當然就激怒了道宗，蕭觀音被賜自盡，趙惟一被滿門抄斬，禍滅九族。

再如北宋《車蓋亭詩》案。元豐時期宰相蔡確被貶出朝，調知安州，在車蓋亭寫下十首絕句，與他早有嫌隙的吳處厚得到此詩後，為了構陷他進行了「箋注」，如對第三首絕句的箋注，詩是這樣寫的：

紙屏石枕竹方床，手倦拋書午夢長，

文字血淚

睡覺莞爾成獨笑，數聲漁笛在滄浪。

本是一首抒寫閒適心情的作品，吳處厚箋注為：「方今朝廷清明，不知確笑何事？」再有

第六首，原詩是這樣的：

葉底出巢黃口鬧，波間逐隊小魚忙。

風搖熟果時聞落，雨滴餘花亦自香。

這首詩本是寫夏日景物，別無深意，吳處厚則箋注為「譏新進用事之人」，蔡確的一組抒

寫夏日閒適情懷的絕句，就被曲解為有政治含義的「謗訕朝政」之作。吳處厚以此進行告訐，

結果蔡確再度被遠貶嶺南。

詩禍中也有確有譏謗之意的，像蘇軾的《吳中田婦嘆》等作對王安石新法的諷刺，但更多

的是這類靠曲解來陷人以罪。

表箋禍是明太祖朱元璋時期一種特有的文字獄。明初制定：凡遇正旦、冬至、萬壽聖節等

節日以及其他節日慶典，官府必須上表祝賀，遇有恩典賞賜也須依例上謝恩表。太祖朱元璋文

化不高疑心卻大，對表箋中的字句亂加猜疑，妄作附會。他當過和尚，對於「僧」、「髮髡」、

「光」等一律忌諱，他參加過農民起義軍，怕被人說成盜賊，對於「盜」、「賊」一律忌諱，而

且有些音近的字也都觸犯了他。如表箋中的「則」字，他附會為音近的「賊」，於是本來是一

些陳言套語的「作則垂憲」、「建中作則」、「儀則天下」等，都犯了大忌，作者不是被殺頭，就

是被腰斬。其他如「法坤」、「天下有道」等等，也都犯忌，作者因此被殺。一大批表箋禍形成了明代文字獄的第一個高潮。

科場案中不全都是文字獄，當事人可能是舉子，也可能是考官。科場案中的文字獄，主要是試題或考生答卷中的文字犯忌，有些是科場舞弊而受彈劾的案子。

明初洪武三十年（西元一三九七年）會試，考過之後發現試題有「譏諷」朝廷的文字，並且出現了應該迴避的「凶殘」字樣（如「死」、「亡」、「傷」、「絕」等），太祖大怒，誅殺考官白信蹈、狀元陳郯等人，會試作廢，詔命複試。

嘉靖年間，也時有科場案發生。嘉靖十六年（西元一五三七年）的鄉試中發生文字獄，舉發人是當時的禮部尚書嚴嵩，查出考官寫評語沒有署名，諸生對策多有譏訕時政的文字，嘉靖皇帝下令逮捕考官右春坊、右諭德、江汝璧等，最後予以貶官處分。

此處所舉的幾種文字獄，不過是文禍史上的九牛一毛，用以見其一斑而已。儘管各類文字獄的形式表現不同，但最終歸結的根本問題，就是強化封建專制，消滅異端思想。

二

漫漫三千年，文字獄如同一個擺不脫的夢魘，甩不掉的陰影，與封建社會相伴相生。

但是，文字獄並不是所有的時代都非常猖獗，它的產生有特定的歷史條件。在思想文化較為開放的社會環境裡，如先秦時的「百家爭鳴」時期，人們思辨能力大大提高，思想空前活躍的魏晉清談時期，還有文化高度開放的盛唐時期，都極少有文字獄出現。相反地，在中央集權

8

文字血淚

大力加強，思想統治嚴密禁錮的時代，文字獄就常常應運而生。而且文字獄的多寡、緩急，與帝王的個性、心態，都有很密切的聯繫，這其中既有歷史的規律，也有偶然的因素摻雜於其中。

據郭成康、林鐵鈞在《清代文字獄》一書中的概括：「中國封建社會文字獄比較集中的有三次：南宋初秦檜擅政時期，明太祖朱元璋、成祖朱棣時期和清代康、雍、乾三朝。」這個認識是客觀的。

南宋初年，秦檜竊居相位，專擅朝政。他推行投降妥協政策，對於朝野主戰派勢力加以瘋狂迫害。文字獄在秦檜手中，成為打擊不同政見者的主要武器，秦檜人格卑劣，陰險狡詐，專門以「莫須有」的罪名來整人，除了殺害著名的民族英雄岳飛以外，對於文臣中的反對派，秦檜側重製造文字獄來進行迫害，如對胡銓、李光、趙鼎，都是以文字犯禁而定罪名，同時還株連他們的許多友人、同道，理由無非是與案主「書札往來」、「譏謗朝政」，同樣是文字獄的性質。

明代朱元璋大搞中央集權，一方面殺戮許多功臣宿將，另一方面大搞文字獄，誅殺許多文人。朱元璋弄的那些文字獄，基本上都是毫無道理的不著邊際地胡亂比附、猜疑，所殺的人都是無辜的，這一方面強化皇權的需要，另一方面是朱元璋本人多疑的個性所導致，朱元璋嗜血成性，殺人如麻，濫殺多少無辜，他在所不惜。朱元璋本人的特殊經歷也造成了他某種獨特的心態，誰一不小心撞在他的忌諱上——其實，更多的是他自己的臆測和無理聯想——就會被砍頭，被腰斬，乃至於凌遲。太祖時期，形成了文禍史上血流如潮的一個突出的高峰。

明成祖朱棣在朱家王朝的內部戰爭中取勝，建文帝被迫自焚，朱棣即帝位，殘酷殺害許多

不肯臣服於他的士人如方孝孺、練子寧。朱棣即位，讓方孝孺為他起草登位詔書，解釋說：「我不過是學周公輔成王而已。」方孝孺追問：「如今『成王』何在？」朱棣說：「他已自焚身死。」方孝孺又問：「為什麼不立『成王』的兒子？」朱棣說：「國家必須靠長君主持。」方孝孺再問：「那為什麼不立『成王』的弟弟？」朱棣按住性子說：「這是我朱家的事，你不必多管！」方孝孺把筆擲於地上：「死就死吧，詔書我不能寫！」朱棣威脅說：「你難道不顧宗黨九族嗎？」方孝孺：「就是滅十族也無奈我何！」朱棣大怒，磔殺方孝孺，並且真的滅他十族，朱棣不僅殺害了方孝孺等人，還禁止他們的文字著作。朱棣下令：凡是方、練等人的文字著作一律交出燒燬，私自收藏者殺。這就具有了文字獄的性質。而成祖朱棣所製造的文字獄，是統治集團內部矛盾激化的產物。

清朝的文字獄集中發生在康熙、雍正、乾隆三朝，這既與帝王的個性有關，同時，更有複雜的政治、歷史原因。

清代是文字獄最為集中、最為殘酷的朝代，清代的士人，被文字獄弄得「戰戰兢兢，如履薄冰」，誰也不敢發揮自己的思想，沒有創造性可言。龔自珍的著名詩句：「避席畏聞文字獄，著書都為稻粱謀」（《詠史》）非常典型地概括了清朝士人的普遍心態。

清朝以少數民族入主中原，引起廣大漢族人民和士人的反抗，在清初很長的一段時間內，反清思想一直存在於下層群眾和許多漢族士大夫之中，反清復明的思想，一直在私底下運行。這使清朝統治者如坐針氈，對於各種文字形式的任何一點民族情緒必欲撲滅之。所以，清朝前期的文字獄，很大一部分有反清之嫌。如著名的《南山集》案、莊廷鑨《明史》案、曾靜、呂

10

文字血淚

留良案等，都有明顯的反清思想痕跡。在對這類案件的處理中，統治者是絕無寬貸的。

利用文字獄來打擊朋黨，消除有礙於皇權專政的不利因素，是清朝皇帝製造文字獄的重要目的。雍正帝誅殺功臣年羹堯，也是以文字獄手段進行的，年羹堯所上賀表中把成語「朝乾夕惕」寫作「夕惕朝乾」，成了雍正對他下手的口實，年羹堯被誅後，阿附年的汪景祺、錢名世也因讚頌年的詩文而得罪，而雍正處置汪、錢，目的在於除掉朋黨。

清朝文字獄與幾位帝王的個性有很密切的關係。康熙朝文字獄較少，且處理手段較輕，雍正、乾隆兩朝則越來越多，處理手段也更加殘酷。據郭成康、林鐵鈞統計，康熙六十一年間文字獄不超過十起，雍正朝十三年間文字獄近二十起，乾隆統治中國六十三年，文字獄在一百三十起以上，這實際上是大大縮小了的數值，因為所能使用的資料，只有當時清朝政府所提供的官方檔案，地方上較輕的文字獄檔案沒有保存下來。康、雍、乾三朝的文字獄情況，是逐步升級，越加殘酷。

相對而言，康熙帝的個性較為寬厚。康熙一朝，重大的文字獄案有兩起，一是莊氏《明史》案，另一是《南山集》案。莊氏《明史》案，處理嚴酷，殺人極多，但當時的康熙帝不滿十歲，主政的是四位輔臣，康熙尚未親政，所以康熙是難以負這個責任的。到康熙晚年《南山集》案的處理，就相對寬緩，只殺了主犯戴名世一人。其他相關的人都被寬宥免死，「得恩旨全活者三百餘人」。前後相對比，顯見康熙還是較為寬厚的。

雍正對文字獄的處理表現出他獨特的個性和心態。雍正一朝最大的文字獄，是曾靜、呂留良案，雍正採取了「出奇料理」的做法。一是赦免了活的案主曾靜、張熙，卻對已死去近百年的呂留良大加誅伐，開棺斫屍。他不但沒殺曾靜、張熙，還讓他們到處講演，現身說法。雍正還告誡子孫，永遠不得殺害他們，這個做法是為一切人所始料不及的。二是將曾靜等在文章中暴揚雍正這些罪狀「反面資料」，有意公開、編印成冊（當然都經過《上諭》批駁），合成《大義覺迷錄》一書，發行全國，這又是一奇；再就是給呂留良定罪前廣泛徵求士人意見，實際是讓天下士人認可，這又是一奇。雍正對曾、呂案的處理表現出他性格上的自負，好「以理勝人」，同時雍正又不惜屈萬乘之尊，親自出面與對手辯論，有時竟如小兒吵架，這又暴露出雍正的浮躁性格。

在對文字獄的處理上，還表現出雍正帝的刻薄來。如對錢名世案的處置，也是「前無古人」。錢名世阿附年羹堯，雍正要拿他開刀，整肅士風，交大學士、九卿議罪。大學士、九卿認為錢名世世甚屬「悖逆」。按照這個罪名，錢名世至少要處斬，親屬九族也要遭殃。雍正帝卻不同意將錢名世處死，而是想出了一個比處死更屈辱的處置辦法：「錢名世革去職銜，逐回原籍禁錮，御書『名教罪人』四字，由地方官製成匾額，張掛於錢名世所居之宅。」這塊匾額掛在錢名世的府上，使他比死還難受得多。雍正的這一招，豈不是太刻薄、太陰險了嗎？

乾隆朝的文字獄有很多是牽強附會、無理挑剔。如胡中藻《堅磨生詩抄》案，胡詩中有「一把心腸論濁清」，乾隆指斥說：「加『濁』字於國號之上，是何肺腑？」又有「老佛如今無

12

文字血淚

病病，朝門聞說不開開」，乾隆說；「朕每日聽政，召見臣工，何乃有『朝門不開』之語？」胡中藻「從寬」處斬。從某種意義上說，乾隆對文字獄的處理更為殘酷、更為荒唐。這在乾隆處理「瘋漢文字獄」上更能明顯表現出他的殘酷，丁文彬、王肇基等都是精神病患者，因發狂想或渴望當官而寫的一些東西，被定為「逆案」，加之以死罪，而且乾隆還惟恐案主瘓死獄中，不能死在大庭廣眾之下，必欲提前給瘋子一個千刀萬剮，這就未免過於殘忍了。

文字獄中真正有反清思想的，為數甚少，大多數是無辜受害。有些甚至是為了獻媚討好，沒想到卻觸了刀口。魯迅先生對清初的文字獄有這樣的議論，讀來覺得非常深刻：

大家向來的意見，總以為文字之禍，是起於笑罵了清朝。然而，其實是不盡然的。……

滿洲人自己，就嚴分著主奴，大臣奏事，必稱「奴才」，而漢人卻稱「臣」就好。這並非因為是「炎黃之冑」，特地優待，錫以嘉名的，其實是所以別於滿人的「奴才」，其地位還下於「奴才」數等。譬如說：主子，您這袍角有些兒破了，拖下去怕更要破爛，還是補一補好。進言者方自以為在盡忠，而其實卻犯了罪，因為另有准其講這樣的話人在，不是誰都可說的。倘自以為是「忠而獲咎」，那不過是自己的胡塗。

但是，清朝的開國之君是十分聰明的，他們雖然打定了這樣的主意，嘴裡卻並不照樣說，用的是中國的古訓：「愛民如子」，「一視同仁」。一部分的大臣、士大夫，是明白這奧妙的，並不敢相信。但有一些簡單愚蠢的人們卻上了當，真以為「陛下」是自己的老子，親熱熱地撒嬌討好去了。他哪裡要這被征服者做兒子呢？於是乎殺掉。不久，兒子們嚇得不

再開口了，計畫居然成功；直到光緒時康有為們的上書，才又沖破了「祖宗的成法」。然而這奧妙，好像至今還沒有人來說明。（《且介亭雜文·隔膜》）

對於清朝的文字獄，魯迅先生的妙喻深刻揭露了本質。統治者製造文字獄，就是要使人們「不再開口」，也不許有任何異端思想。士大夫們的風骨、氣節、生機，到清朝時已被無數的凌遲、殺頭摧殘殆盡，有誰還敢「處士橫議」呢？「萬馬齊喑究可哀」，清朝統治者才真正滿意了。

三

本書並非是系統的「文字獄史」，而是中國封建社會中一些較為典型的文禍現象。既談不到全，也談不到專，並不能回答有關文字獄史的所有問題。而筆者所致力的方向，卻是使更多的民眾透過閱讀，來了解中國古代文字獄的輪廓。

不妨把這本書納入專題史的範疇，本書在某種程度上注重了文學性，用文學的筆法來表現歷史事件，但是所能虛構和想像的部分，只能用在嚴謹的史料基礎中一些細微的部分。這些細部是史志上無從記載的，譬如對某人心理活動的描寫，當然是不見於史的，但又是不離開事件基本框架的合理推斷。這些地方用了諸如描寫、渲染等文學筆法，但絕非歷史演義，也非小說，這種寫法確乎是一種嘗試，究竟最後能成為一種什麼樣的風貌，似乎還沒有可以比照、借鑑的東西。

筆者雖然也時常沉溺於史籍，但都是為了文學史、文化史研究的歷史背景參照，有寫過幾

14

文字血淚

本書，但從來沒寫過純粹的史學著述，因而沒有基礎，也沒有資格來談史學方法論問題。但我明白這樣一點：書寫出來，是為人們看的。我也知道，有些著作在當世可能少有問津，而在後代卻可以成為「不朽」。但我認為，書的對象，首先應該是當代人。寫的是古事，卻是為當代提供「史鏡」。

就本書而言，希望能具有史學品格，又能夠得到廣大讀者的青睞，也許自期甚高，「取法乎上，僅得其中」，盡力而為吧！

張鳴

目錄

文字血淚

「種豆」的收穫：楊惲被腰斬

漢宣帝時，楊惲因《報孫會宗書》而被處腰斬，這是中國第一起典型的文字獄！

貶廢家居的楊惲，心中十分懊惱，常常無緣無故地發脾氣，婢女們嚇得大氣都不敢出，走起路來躡手躡腳，怕什麼事情不對老爺的脾氣，隨時都可能挨一頓鞭子！

但近來，楊惲的心情似乎漸漸好轉起來。因為他經常到本地的一些富豪鄉紳家去做客，這些富豪鄉紳，對這位被廢的大官還是非常客氣的，楊惲本是皇上跟前的紅人，因為太僕戴長樂一案的牽連被貶為庶人，說不上什麼時候就會官復原職。再說，楊惲在朝中有很多當著大官的好友，這可是個用得著的人物，因此本地的豪富鄉紳都把楊惲奉為上賓，並且熱情款待他。因此楊惲經常喝得醉醺醺，然後由僕人攙回自己家中。

這些富豪鄉紳，雖然沒有官位，卻是富甲一方，廣有勢力，家裡豪華得難以想像。楊惲為官多年，也頗有積蓄，但再看一下這些富豪的宅第家院，自己的宅院就顯得太寒酸了。楊惲的心中老大不自在：我乃堂堂的平通侯，難道還比不上這些土財主？反正是貶官在家，莫不如廣積家資，以為子孫之遺。

楊惲找到一兩個富商，向他們請教為商之道。這些商人知道楊惲的背景和勢力，於是便請

他一起經商。楊惲的任務主要是打通官府專賣機構，獲利之後和商人分成。沒有幾年的光景，楊惲就成了個大富豪。

有了錢，楊惲開始修建新的府第。新的府第修成了，果然是壯麗輝煌，超過了其他富豪的宅院。高門大院中，說不盡的富麗氣派，院子專門有看戲的戲台，室內還有數個聽歌觀舞的房間，後花園裡，亭台閣榭，小橋流水，令人豔羨不已！

看著自己的新府，楊惲感到滿足。先前自己為官時，廉潔無私，很多送上門來的厚禮，都被自己推出去了，當時頗有清譽，但又有什麼用呢？因為說了幾句沒遮攔的話，差點沒掉腦袋。現在沒有官位了，反倒自由多了。官場的那些規矩不能干涉我。看如今，聲色狗馬，紙醉金迷，我可以盡情享用。

楊惲是個講義氣、愛交友的人，過去經常端別人的酒杯，現在自己有了大錢，何不把這些故人請到自己家裡做客呢？一盡友情，二顯風光，何樂而不為？於是，楊府中三日一大宴，兩日一小宴，經常是高朋滿座。各色朋友，官商士紳，輪流到他家中赴宴，門前車馬如流，院裡燈火如晝。喝過酒後，楊惲又常陪著客人觀看女樂表演的歌舞，盡興而散。

客人散盡之後，楊惲回到自己房中，侍女獻上香茶。楊惲一邊品茶，一邊思前想後。放下茶杯，他閉上眼睛，躺在榻上養神，過去的一幕一幕不斷地閃現在眼前。

楊惲的父親叫楊敞，是陝西華陰縣人氏。楊敞先在大將軍霍光的幕府中當軍司馬，後來因為霍光的薦舉，楊敞升遷為大司農。昭帝元鳳年間，稻田使者燕蒼得知上官桀等人的謀反計畫，向楊敞報告。楊敞是個謹慎小心、遇事躲著

霍光對楊敞格外愛重，到哪裡都帶著他。

走的人，聽了這個消息，他自己先嚇壞，哪裡敢向大夫杜延年，只好去報告諫大夫杜延年，杜延年馬上把這個情況報告給昭帝。反叛者被一網打盡，而燕蒼、杜延年都受到皇上的封侯之賞，楊敞作為九卿卻不報告，所以不得封侯，以後楊敞升遷為御史大夫，代替王訢為丞相，封安平侯。

第二年，漢昭帝駕崩，昌邑王即位。昌邑王荒淫無度，大將軍霍光和車騎將軍張安世在一起策劃要廢掉昌邑王另立新主。商議已定，便派大司農田延年來報知楊敞，徵得他的同意，並請他一起行動，楊敞聞言，張口瞪目，不知該說什麼好，冷汗從脊背滲了出來。

田延年起身上廁所，楊敞夫人馬上拉過楊敞來低聲耳語：「廢立乃是國家大事，現在大將軍等決策已定，派九卿來向君侯通報，君侯如果不馬上答應與大將軍同心，恐怕首先就要誅殺君侯！請君侯萬勿猶豫不決了，趕快表態。」楊敞聽了夫人之言，如夢方醒，說：「夫人之言甚是，倘非夫人提醒，幾至大禍臨頭，就按夫人的意思回答大司農。」

田延年回到客廳，楊敞便應允同意大將軍的決策，聽從大將軍的一切安排。於是，以霍光為首的群臣，廢了昌邑王，擁立漢宣帝即位。宣帝即位一個多月，楊敞便死了，宣帝贈諡號為「敬侯」。楊惲，就是楊敞的長子楊忠，襲封了侯爵，加封為三千五百戶。

楊惲的生母，是大史學家司馬遷的女兒。對於自己的外祖父，楊惲是極為崇拜的。楊惲從小便反覆閱讀外祖父的名著《史記》，深為外祖父的史筆所折服，同時也為《史記》中那些栩栩如生的歷史人物所感動。記得少年時讀《項羽本紀》，就不止一次地為項羽這個失敗的英雄掬一捧淚。讀《李將軍列傳》，似乎老將軍不堪凌辱、橫劍自刎的情形就在眼前。讀外祖父的

20

文字血淚

《報任安書》，更為外祖父的不幸遭遇憤憤不平，對於外祖父那種發憤著書的精神深深敬佩。因此在楊惲性格中，似乎繼承了司馬遷那種耿介高傲的性格因素。

由於哥哥楊忠的薦舉和漢朝的恩蔭制度，楊惲入仕，先做郎官，後來補了常侍騎。楊惲雖是靠恩蔭當的官，但他並非昏庸懦弱無能之輩，在同僚中他是以才能見稱的。

楊惲生性爽直仗義，愛交往英俊才士，於是在朝廷中交結了許多好友。大家意氣相投，楊惲在朝官中聲名越加顯赫，後來擢升為左曹。

在這個時候，發生了大司馬霍禹謀反之事。楊惲事先得到了消息，他馬上找到侍中金安上報告了這個緊急情況，金安上馬上密報給宣帝，宣帝馬上派御林軍逮捕了霍禹以及他的同謀，這場叛亂被消滅於萌芽之中，楊惲等五個人都得到封侯，楊惲被封為平通侯，並升遷為中郎將。

中郎將是個極為重要、極有實權的官職，手下管著許多郎官。「郎」是皇帝侍從官的通稱。

郎官以往的慣例，讓郎出錢，這樣才能得以薦選更高的官職，因而稱為「山郎」。所謂「山」，取其喻意，是財用之所出，「山郎」的意思無非是成為財源的「郎」。古代官府，有休沐制度，類似今天的星期天。清寒的郎官，有病一日，不能上班，就要用洗沐日一天抵償，有的郎官因身體多病，沐日都充當病假，甚至一年有許多的「沐日」。而那豪富郎官，因為多出錢財，所以每天出去遊玩，卻不影響洗沐日的休假。有錢的郎官透過錢來賄通上司，選擇「善部」，這樣便可以更多地聚斂錢財。如此一來，在郎官中養成了賄賂公行的風氣，大家都靠錢財來謀求個人的地位、利益，送上錢的，一切都好；沒有錢的，處處碰壁。那些有能力而缺

也是更高級官員的「儲備庫」，中郎將是郎的長官。郎官出錢，

錢的郎官，卻得不到薦舉。

楊惲當了中郎將，對這種風氣十分反感，他想革除弊端，於是罷除「山郎」的通例，將一年的財政費用移交給大司農，用國庫的錢來支付開支，而不再取之於郎。郎官的洗沐、病假，都依法令從事。郎官如果有罪過，馬上奏免，並且薦舉那些出身高第而又有才能的人，有的直升為郡守九卿。

楊惲採取了這些措施，杜絕了朗署中的賄賂弊端。郎官們人人自勵，靠自己的工作實績再上進，而不再靠錢財打通關係，使衙門裡的作風清廉多了。令行禁止，不再有那些特殊人物來敗壞風氣。因而朝廷裡的人，對於楊惲任中郎將時的工作評價都很高。由於官聲好，楊惲被擢升為諸吏光祿勳，成為皇上所「親近用事」的親信。

楊惲為人爽直，輕財好義。他先前接受了父親楊敞給他留下的遺產五百萬錢，待他自己封了侯以後，把這些錢都分贈給宗族中人。他的後母沒有兒子，財產也達數百萬，死的時候，都給了楊惲，楊惲又都分給了後母的兄弟。以後又得到資產千餘萬，也都分給了其他人。由此可見楊惲的仗義疏財。

楊惲廉潔無私，為人仗義，郎官稱譽他處事公平，但是楊惲性格中的弱點也是明顯的。對於自己的行為，他沾沾自喜，總自以為得意，剛愎自用，而又好發人陰私。同僚中得罪自己的，一定設計害人家。於是他在朝廷中既有一些摯友，也有一些敵人，他被罷官及被貶為庶人，就是因為與太僕戴長樂之間的嫌隙而釀成的。

楊惲想起自己被戴長樂告訐，以言論獲罪，差點沒掉腦袋，被廢為庶人的經過，至今仍憤

22

文字血淚

憤不平。

戴長樂是漢宣帝在民間時的相知之友。宣帝劉詢，是武帝的太子劉據之孫，巫蠱禍起，劉詢的父祖與生母，都遭到殺害。當時劉詢出生方才幾個月，也被關在獄中。後元二年（西元前八九年），武帝病重，望氣者說長安獄中有天子氣，武帝便派人到獄中去殺人，無論罪輕罪重，一律殺之，當時的獄監丙吉可憐劉詢才幾個月，不忍其無辜受戮，不讓使者入他的獄室，劉詢得以保全。後來丙吉便把劉詢送到外祖母史良娣家撫養，一直到長成少年了，才接回後宮，十八歲時，即位為宣帝。戴長樂是宣帝在史家時的童年好友。宣帝即位之後，就把戴長樂擢拔到朝廷為官，而且恩寵備至，用為親信。

戴長樂受到宣帝恩寵，有些得意忘形。他曾到宗廟舉行祭典，回來對掾史說：「我面見宣帝，當面受詔；並與皇上同車而乘，秺侯為車御。」這話傳出去後，有人就上書告他戴長樂說些不該說的話，自詡得寵，有損君威。此事交給廷尉進行查處。

戴長樂與楊惲原本就有些嫌隙，因此戴長樂就懷疑是楊惲指使別人告他，戴長樂心想，你能告我，難道我就不能告你嗎？於是，便收集了楊惲平素的一些言論，上書告他，告他有罪的一些具體事實大致有這些：

高昌侯的車馬驚了，奔入北掖門，楊惲對富平侯張延壽說：「聽說以前也有驚車奔抵殿門，門關折，車壞馬死，而昭帝崩。今天又如此，這是天時，而非人力。」

左馮翊韓延壽有罪下獄，楊惲上疏論救。郎中丘常對楊惲說：「聽說君侯上書救韓馮翊，能使他保全得活嗎？」楊惲嘆道：「此事談何容易，脛脛者未必全！（意謂剛直的人難以保全）

我尚且難以自保，救別人就更難說了。」

楊惲上觀西閣上的畫像，畫像中有堯、舜、桀、紂等人。楊惲指著桀、紂的畫像對樂昌侯王武說：「天子經過此地時，如果能把他們的過錯一一指明，就知道該怎樣做天子了。」

楊惲聽匈奴降者說他們的單于被殺，議論說：「君主不肖，大臣為之參讚好計而不用，自己使自己死無葬身之地。像秦朝時那樣，任用小人，誅殺忠良，竟至滅亡；如能任用賢能大臣，秦朝祚延續至今是不成問題的。古今之事如一丘之貉啊！」

戴長樂抓住楊惲的這些言論，告他妄引亡國以誹謗當世，無人臣之禮，悖逆絕倫！廷尉於定國受理此案，查明事實，彈劾楊惲「不竭忠愛，盡臣子禮，而妄怨望，為妖惡言，大逆不道，請逮捕治。」奏請皇上對楊惲嚴加懲處。

宣帝對楊惲本來是很賞識的，不忍對他加以誅殺，下詔免去戴長樂、楊惲的官職、爵位，把他們廢為庶人。

楊惲家居以來，漸漸地興治產業，廣造宅第，過起了安樂翁的生活。他又經常招引朋友們到楊府上宴飲舞樂，過得倒是恣意快活。酒醉之後，又常常對著友人的面，大發心中的牢騷不平，對朝廷多有不滿之辭。當然這些話，自然地傳了出去，因此外面對楊惲多有議論，尤其是以往與他有怨隙的朝臣，更是抓住這些問題，積累資料，準備進一步整治他。

楊惲有個好友叫孫會宗，時任安定太守。孫會宗是個有眼光、有謀略的人，他沉靜寡言，不苟談笑，但卻能洞察形勢，預見事態發展。他聽到了一些有關楊惲的議論之後，知道這後面隨之而來的會是一場更大的風險乃至災禍，他為這個口沒遮攔的朋友捏了一把汗。於是他寫了

文字血淚

一封密信，信的大意是諫戒楊惲大臣廢退之後，更應謹慎從事，閉門惶懼，做可憐之態，這樣有利於避免更大的禍機；不應該治產業，通賓客，以博眾人稱譽。不要再度成為人們關注的中心。寫完信後，加以密封，然後派人飛馬馳送。

楊惲接待孫會宗的信使，好生款待後將其送走，打開信來細細閱讀。他看完之後，竟不以為然。他認為孫會宗不能理解自己內心的鬱憤，對自己貶黜前後的過程也未必全然了解，而隨著世俗毀譽來妄評我楊惲，他對孫會宗的建議非但聽不進去，還對孫會宗產生了很大不滿。他想：我楊惲本是貴家之子，自己也曾顯赫一時，不過是為小人所陷才落到如此地步！現在我的日子剛剛舒服些，你孫會宗又來指手畫腳，勸我老老實實受窩囊氣。你究竟是好心呢，還是妒意呢？

想到這些，又勾起他對朝廷、對時政的怨恨之情。飲過數杯烈酒之後，他覺得忿氣上湧，到書房裡坐下，拿過紙筆，飽蘸濃墨，寫下了一篇流傳千載的有名文章《報孫會宗書》。為不使其中韻味走樣，還是將原文錄出，更能見其「全貌」。這封信是這樣寫的：

惲材朽行穢，文質無所底，幸賴先人余業，得備宿衛，遭遇時變以獲爵位，終非其任，卒與禍會。足下哀其愚，蒙賜書，教督以所不及，慇勤甚厚。然竊恨足下不深惟其終始，而猥隨俗之毀譽也。言鄙陋之愚心，若逆指而文過，默而息乎，恐達孔氏「各言爾志」之義，故敢略。

惲家方隆盛時，乘朱輪者十人，位在列卿，爵為通侯，總領從官，與聞政事，曾不能以此時有所建明，以宣德化，又不能與群僚同心併力，陪輔朝廷之遺忘，已負竊位素餐之責久矣。

懷祿貪勢，不能自退，遭遇變故，橫被口語，身幽北闕，妻子滿獄。當此之時，自以夷滅不足以塞責，豈意得全首領，復奉先人之丘墓乎？伏惟聖主之恩，不可勝量。君子游道，樂以忘憂；小人全軀，說以忘罪。竊自思念，過已大矣，行已虧矣，長為農夫以沒世矣。是故身率妻子，戮力耕桑，灌園治產，以給公上，不意當復用此為譏議也。夫人情所不能止者，聖人弗禁，故君父至尊親，送其終也，有時而既。臣之得罪，已三年矣。田家作苦，歲時伏臘，烹羊炰羔，斗酒自勞。家本秦也，能為秦聲。婦，趙女也，雅善鼓瑟。奴婢歌者數人，酒後耳熱，仰天擊缶，而呼嗚嗚。其詩曰：田彼南山，蕪穢不治，種一頃豆，落而為萁。人生行樂耳，須富貴何時！

是日也，拂衣而喜，奮袖低昂，頓足起舞，誠淫荒無度，不知其不可也。惲幸有餘祿，方糴賤販貴，逐什一之利，此賈豎之事，汙辱之處，惲親行之。下流之人，眾毀所歸，不寒而慄。雖雅知惲者，猶隨風而靡，尚何稱譽而有！董生不云乎：「明明求仁義，常恐不能化民者，卿大夫意也；明明求財利，常恐困乏者，庶人之事也。」故「道不同，不相為謀」，今子尚安得以卿大夫之制而責僕哉！

夫西河魏土，文侯所興，有段干木、田子方之遺風，漂然皆有節概，知去就之分，頃者，足下離舊土，臨安定，安定山谷之間，昆戎舊壤，子弟貪鄙，豈習俗之移人哉？於今乃睹子之志矣。方當盛漢之隆，願勉旃，毋多談。

這封回信，真是一篇好文章。文筆犀利，氣勢滂沛，把楊惲心中的怨望不平抒發得淋漓盡致。對於孫會宗，作者反脣相譏，說他隨世俗褒貶，並譏其志在貪鄙，不免有些過激。而最後，又是這封信成了給他定罪的根據，是他斷送性命的禍胎。

楊惲還在一些其他場合發洩怨憤之意。某次，他的侄兒安平侯楊譚來看望這位被貶的叔父。楊譚安慰他說：「西河太守建平侯杜延年，先前因罪被貶，現在又征為御史大夫，先貶後升。像叔父您這樣的情況，罪過很輕，又有功於朝廷，早晚會得到皇上起用。」楊惲聽了，怨氣又湧了上來，他憤憤然地說：「對朝廷有功又有什麼用？這種朝廷不值得為它賣力。」楊惲先前與蓋寬饒、韓延壽交好，而此二人皆為朝廷所誅（蓋寬饒雖是自刎，實則與誅殺無異），楊譚順勢附和著說：「的確如此啊，像蓋寬饒、韓延壽這樣盡心效力，忠直為國的人，不都是因事而誅了嗎？」

諸如此類的牢騷怨憤之語，都是在家裡說的，而這些話語，自然會進家奴的耳裡。楊惲家裡有一個男僕，因為辦事不力而且貪圖小利，被楊惲多次叱罵，最重的一次是賞了一頓鞭子，所以對主人啣恨於心。五鳳四年（西元前五四年），日食出現，這在講究「天人感應」的漢代，被視為異變。這個家奴乘機上書告發楊惲，說日食是楊惲驕奢不悔而造成的。

此書上奏於宣帝，宣帝命廷尉于定國前往查證。于定國帶了人馬火速趕赴楊家，將楊府包圍，然後來了個徹底搜查，結果查出《報孫會宗書》的稿本，馬上將此文上奏於宣帝。宣帝覽罷《報孫會宗書》，尤為惱怒，對其中「田彼南山」一詩最為反感，認為這是諷刺朝政荒亂。楊惲因為不諫正直道零落。於是以腰斬之刑處死楊惲。楊惲的妻子兒女被流放到甘肅酒泉郡。楊譚因為不諫正楊惲，並與之附和呼應，有怨望之語，被免為庶人。官吏中與楊惲交厚者如未央衛尉韋玄成、京兆尹張敞以及孫會宗等，都被免官。

楊惲一案，是典型的文字獄。楊惲罷罪被腰斬的禍源主要是那封《報孫會宗書》，在此文

作注的張晏分析是這樣的：

中又主要是「田彼南山」一詩犯了忌諱。統治者採取深文周納的方法來羅織罪名。據為《漢書》

「山高在陽，人君之象也。蕪穢不治，朝廷荒亂也。一頃百畝，以喻百官也。言豆者真直之物，零落在野，喻己見放也，其曲而不直，言朝臣皆諂諛也。」

這並非楊惲的本意，也絕非張晏的發現，估計是當時斷案卷宗留下的說法。這完全是一種牽強附會的上綱上線。也許有漢儒解詩的習慣思維在其中發生作用，但卻把它推向極端。實際上是首先假定你有罪，然後順著這個思路進行推求，那麼何求而不可得呢？這種深文周納的分析方法，確實是為後世文字獄製造者提供了極有用的武器，以致於越用越熟，要置人於死地，如此解釋文字，即可構成罪名。

28

「《廣陵散》於今絕矣」：嵇康之死

魏晉之交的西元二六四年，秋季的一天，洛陽東市，大名士嵇康在這裡被殺。

這是一個思想的悲劇，也是一次文字之禍。

一片清爽陰翳的竹林，一條曲折蜿蜒的石板路，這是個幽靜的所在，與竹林外的燥熱塵囂形成了鮮明的比照。

這是河內山陽的竹林，竹林之中聚集了一批魏晉時期的名士，也就是「竹林七賢」。他們瀟灑倜儻的風姿，為中國的士文化平添了許多奇異的色彩。

《世說新語·任誕》篇載：

陳留阮籍、譙國嵇康、河內山濤，三人年皆相比，康年少亞之。預此契者，沛國劉伶、陳留阮咸、河內向秀、琅玡王戎。七人常集於竹林之下，肆意酣暢，故世謂「竹林七賢」。

「七賢」首指嵇康、阮籍，其下為山濤等人。

嵇、阮生活的時代，乃是一個腥風血雨的年代。司馬氏集團掌握了朝廷大權，誅殺異己。

先前，曹爽專擅朝政，排斥司馬懿，司馬懿「詐疾，偽裝瘋癲」，暗中做好了充分準備，在嘉

29

平元年（西元二四九年）出其不意地給曹爽及其黨羽以致命的打擊，司馬氏集團進一步消滅曹魏勢力。曹魏的黨羽也伺機反撲。嘉平三年（西元二五一年）太尉王凌以淮南兵反，結果被司馬懿鎮壓。司馬懿死後，司馬師、司馬昭相繼為大將軍，他們一方面打擊曹魏勢力，一方面拉攏士大夫為其所用，對於不願合作的士大夫就藉口殺掉，因而當時政界人士如履薄冰。

而在思想文化界，魏晉之際正是玄學興起之時，玄學的基礎乃在於玄談。正因為政壇險惡，時有生命之危，所以士大夫養成了玄談的風氣。他們不敢指切現實，而是談一些有關「有無」、「本末」的哲學問題。他們手揮塵尾，聚談終日，卻不涉及現實政治問題。玄談成了一時風尚。在玄學時風中，嵇康、阮籍都是「名士班頭」。

嵇康（西元二二五～二六四年），字叔夜，譙郡（今中國安徽宿縣西南）人。據說嵇康祖上姓奚，祖籍會稽（今中國浙江紹興），後來遷至譙國銍縣，改姓嵇。嵇康並非出身於高門大族，大概從其父輩起才開始進入仕途。《嵇氏譜》上述及嵇康先世，僅舉其父兄，他哥哥嵇喜所作《嵇康傳》，非常籠統地說「家世儒學」，沒有舉出其家先世有怎麼輝煌的人物。嵇康幼年喪父，由其母、兄撫育成人。他「少有儁才」，博覽眾書，無不賅通。而對老莊思想有濃厚興趣，「不涉經學」，屏棄司馬氏藉以標榜的「名教」，對於當時的統治思想來說，嵇康的思想具有某種反叛的色彩。

當時士流清談的一個重要內容是品藻人物，這種品藻重視人的風神容止之美。譬如《世說新語》中所記載的一些人物品藻，很能見出士人階層重視風神容止之美的風氣。

何晏「美姿儀」，面色至白。魏明帝以為他可能抹了脂粉，在暑熱的天氣裡，給他吃熱湯

30

文字血淚

麵，何晏吃得大汗淋漓，一邊吃一邊用衣袖擦汗，結果「色轉皎然」。

王戎稱賞王衍：「太尉（指王衍）神姿高徹，如瑤林瓊樹，自然是風塵外物。」

時人這樣評價王羲之：飄如游雲，矯若驚龍。

時人看夏侯泰，朗朗如日月之入懷。

名詩人潘岳姿容美好，年少時在洛陽大道上行走，女人們都愛其容姿，拉起手來攔住他；而另一位名詩人左思長得很醜，也模仿潘岳出遊，卻被一些女人胡亂地吐了一身唾沫，狼狽地跑了回去。

可見，當時士流對人的風神容止的重視。

在名士之中，嵇康的風神幾乎是最為秀逸的，且看《世說新語》的描繪：

嵇康身長七尺八寸，風姿特秀。見者嘆曰：「蕭蕭肅肅，爽朗清舉。」或云：「肅肅如松下風，高而徐引。」山公曰：「嵇叔夜之為人也，岩岩若孤松之獨立；其醉也，傀俄若玉山之將崩。」

可見嵇康的風神秀雅，超邁絕倫。

嵇康之所以罹禍，其深層原因在其誹毀禮法，又剛腸疾惡，對於司馬氏集團採取了剛硬固執的不合作態度。

嵇、阮在精神、思想上的共同之處在於崇尚老莊，曠達不拘禮法，在這點上，阮之於嵇，是有過之而無不及的。

阮籍曠達不羈，不拘禮法，在當時就以「任誕」而著稱。

阮籍最為蔑視那些假惺惺的禮法之士，他的舉止是十分「解放」的，但他精神世界是高邁超逸的，任性自然而無矯情之處。

阮籍的嫂嫂回家去省親，阮籍從小受兄嫂撫育，與嫂嫂感情很深，他不管世俗禮法的所謂「叔嫂不通問」的「戒條」，而去送嫂嫂。別人來譏刺他，阮籍全然不在乎，他說：「禮豈為我輩設耶？」

阮籍的鄰里有一位美貌的少婦，是一家小酒店的老闆娘，當壚賣酒。阮籍和王安豐兩人經常到少婦那裡去買酒喝，而且經常喝得醉眼矇矓，醉了便倒在櫃檯旁邊少婦的腳下酣然睡去。剛開始時，那少婦的丈夫對阮籍十分懷疑，以為他對自己妻子有什麼邪念，後來經過多次觀察，發現阮籍毫無邪念，於是便放心了。

阮籍的鄰家有一位處女，才貌雙全，未及嫁人就死了。阮籍與她無親無故，素昧平生，但聽到這位姑娘的死訊後，卻前往弔喪，哭得十分哀傷。

阮籍的母親病故時，阮籍正在與人下圍棋，對弈者聽到這個消息，請求停止下棋，但阮籍不肯，留下人家，繼續下棋，然後飲酒三斗，大號一聲，吐血數升。

阮籍母親去世後，裴楷前往弔喪。阮籍散發坐在床上，盤著雙腿，卻不哭。裴楷到靈前大哭。弔唁結束後，裴楷便轉身離去。有人問裴楷道：「凡去弔喪，主人哭，客人為禮。現在阮籍自己不哭，你為什麼大哭盡哀呢？」裴楷說：「阮籍是方外之人，所以不崇禮制；我輩乃是俗人，故而以禮制自居。」當時人稱歎為各得其所。

阮籍行止不合常禮，蔑視禮法，但其感情是真摯自然的，母親亡故，他的內心悲痛欲絕，發自肺腑。

阮籍不僅蔑視禮法，而且很瞧不起禮俗之士。他對人善為青白眼，但見到禮俗之士，他就用白眼來對人家。阮母去世，嵇康的哥哥嵇喜來吊祭，阮籍素來看不起嵇喜，所以翻出白眼，嵇喜很不高興地走了。嵇康帶著酒，挾著琴來造訪，阮籍十分高興，便以青眼對之。因為他這樣，所以那些禮法之士對他十分嫉恨。據說當時的一個禮法之士，司馬氏的寵臣何曾針對阮籍的負才放誕、居喪無禮，而勸司馬昭對他嚴加懲處：「宜擯四裔，無令汙染華夏。」司馬昭以阮籍有贏病為由，沒有接受。

阮籍雖然蔑視禮法，也不願意為司馬氏集團服務，但他卻懂得如何保護自己。他說話、處世都非常謹慎，與別人談話時，從來都是發言玄遠，未嘗針砭人物，因而減少了很多麻煩。司馬氏集團想與阮籍聯姻，派人向阮籍求婚，阮籍打從內心不願應承這門「高貴」的婚事，於是便佯醉。他每天都喝得酣醉，這樣一連六十日，不得言而止。司馬氏的親信鍾會，曾經與之討論時事，想要在裡面抓住把柄，以便羅織他的罪名，但阮籍也裝成酣醉不醒，鍾會因此什麼也沒有從阮籍口中套出來，以此倖免於司馬氏的魔掌。

在思想傾向上，嵇、阮完全一致，而嵇康則更加剛直，不像阮籍那樣態度含蓄。他說自己「剛腸疾惡，輕肆直言，遇事便發」，還說：「阮嗣宗口不論人過，吾每師之，而未能及。」這些話是符合他和阮籍的實際情形。嵇康對司馬氏集團不滿，而又不善於保護掩飾自己，時而發露於言論文字，因而才被鍾會等人抓住把柄，置之於死地。

據說，嵇康有一次採藥於山中，面對氣象萬千的山川之霧，他感到一種與宇宙自然的會意，於是乎流連忘返，當時有砍樵人遇到嵇康，以為他是神仙。到了汲郡山中，見到隱士孫登，於是便和孫登一起遊山，孫登沉默不言。嵇康臨走時，孫登才對他說：「君性烈而才儁，恐怕很難免禍吧！」孫登乃是隱士中的高流，嵇康對他非常仰慕，嵇康在《幽憤詩》中寫道：

「昔慚柳惠，今愧孫登。」正是指孫登所言不幸而言中了。

嵇康之得禍，直接起因是和鍾會之間的嫌隙。因而，這裡先介紹一下鍾會。

鍾會，字士季，潁川長社（今中國河南長葛）人，他是太傅鍾繇的小兒子，小的時候就非常聰慧，當時的大官蔣濟看到他說：「此子以後定非常人。」正始年間始受重用，備受擢拔。在魏晉交替之際，名士難以全身而退，但鍾會卻能不斷升遷，得以封侯，足見其為人了。鍾會成為司馬氏的心腹。他時常用特務手段來害賢士。如前面所提到的，故意向阮籍詢問對時事的看法，阮籍警惕性很高，不上他的當，佯醉搪塞，方才免禍。他還誣衊嵇康要幫助毌丘儉造反，極力勸司馬昭殺嵇康。鍾會與鄧艾率軍伐蜀，鄧艾部隊先入成都，平了蜀漢，鍾會為了奪取頭功，竟然誣告鄧艾造反，並殺了鄧艾。其實鍾會自己才是一個野心家。他和蜀將姜維串通起來，準備造反，失敗被殺。

鍾會也是一個玄學家，他曾經寫過一部玄學著作《四本論》。所謂「四本」是玄學命題，「四本」是才性同，才性異，才性合，才性離。當日玄學家傅嘏主張「才性同」，李豐主張「才性異」，鍾會主張「才性合」，王廣主張「才性離」。鍾會的《四本論》現已亡佚，但估計是綜合辨析才性問題的吧。

34

文字血淚

鍾會寫了《四本論》，想取定於嵇康，因為嵇康在當時學術界地位甚高，是士流領袖。但他知道嵇康素來鄙薄他的為人，怯於拜見嵇康。他又非常想使自己的《四本論》得到嵇康的認可，於是躊躇再三，他懷裡揣著這本書，來到了嵇康的門前，他想要敲門進去，又害怕見到嵇康的難看臉色，更害怕嵇康那犀利的談鋒。嵇康如果提出幾個問題來問難自己，會弄得自己面紅耳赤，瞠目結舌。這種矛盾的心態，使他在嵇康門外徘徊良久。他看見嵇康房間的窗子開著，嵇康正在燈下觀書，聚精會神，頭也不抬。最後鍾會還是沒敢敲門，便掏出書來從窗子擲進去，然後扭頭便走。

從這件事上可以看出，鍾會後來之所以要加害於嵇康，這其中還有學術思想上對嵇康的嫉妒。嵇康作為玄學家享有盛名，遠遠超過鍾會。對嵇康，他不得不畏服，所以除去嵇康，似乎是搬去鍾會心頭的一座大山。

在精神上，嵇康也對鍾會形成一種威懾力量。嵇康品性峻潔，為人正直，而且不假辭色，對於鍾會這樣的人品，始終是不屑一顧的。有嵇康在，鍾會覺得透不過氣來，所以他不惜使用卑劣手段來害死嵇康。

嵇康與鍾會的怨隙還有另外一件事成為直接的誘因。

嵇康離開家鄉後來到都城洛陽，他在這裡曾以鍛鐵為生計之資。當時，他已結識了後來「七賢」之一的向秀。向秀，字子期，河內人，與山濤為同郡，少時即為山濤所知。向秀也是卓異超俗、不拘禮法的人物，他與嵇康在洛城相識到相知，傾心投意。他常常和嵇康一起鍛鐵。

嵇康掄錘，向秀給他當助手，幫他拉風箱，或者用大箝子幫嵇康翻弄燒紅的鐵件。兩人就這麼

一邊鍛鐵，一邊相談，十分親密。幹完活兒之後，兩人洗去身上的汗和灰，坐下來傾壺飲酒。

夏季裡的一天，洛陽的天氣十分乾熱。大柳樹給他們罩上了一張大綠傘，遮住了中原的酷熱。柳樹頂上，一群蟬在不知疲倦地唱，合鳴為一首沒有節奏的曲子。柳枝的微拂，時而帶來一絲涼意。

可是，火爐裡的火烤著他們，夏天在火爐邊可遠不比冬天好受，嵇康和向秀都脫了衣裳，光著膀子打鐵，旁邊放了一桶涼水，水裡有一隻水瓢。嵇康不時地舀起一瓢水，揚起脖子，咕嚕咕嚕喝下去。嵇康擦了擦嘴邊的水，吟道：「日出而作，日入而息，鑿井而飲，耕田而食，帝力於我何有哉！」向秀附和道：「對，帝力於我何有哉！」兩人一起哈哈大笑起來。

這時，從大路上來了一群人，為首的穿著華麗的綢袍，騎著一匹雪白的駿馬，馬頭上有金的絡頭，這就是貴公子鍾會，他後面還跟著幾個隨從。

鍾會久聞嵇康的大名，聽說嵇康來到了洛陽，並且時常在這路旁大柳樹下鍛鐵，便有意來會嵇康。今天，他先派了人來探看一下，回報說嵇康果然在此處，便騎馬前來拜會嵇康。嵇康其實早就認識鍾會，也知道鍾會乃是司馬昭的心腹，所以對他沒有好感。遠遠地看到鍾會過來，便對向秀說：「鍾會來了，你我無須理睬他！」兩個人誰也不回頭，叮叮噹噹地鍛得起勁。

鍾會下了馬，來到嵇康他們的鍛爐旁，他滿以為嵇康會停下手裡的活計，與他相會。誰知嵇康和向秀一個勁兒地打鐵，誰都裝著沒看見他，旁若無人。鍾會站在那裡好生尷尬，他從來沒有受過如此的冷遇和有意的鄙視，他的隨從在旁邊都憤憤不平，鍾會耐著性子站了一會兒，嵇康一點也沒有停下鎚來會客的意思。他實在受不了這種難堪，便悻悻地離去了。

剛要離開，嵇康卻停下手裡的活兒，轉過身來，嘴角似笑非笑，露著一絲嘲諷，問鍾會

道：「何所聞而來？何所見而去？」

鍾會心裡早已憤恨不平：洛陽城裡從來沒有誰敢這樣待慢我，今天卻栽在這個打鐵的手裡，將來必報這辱慢之仇！聽到嵇康這種調侃的問話，鍾會又惱又羞，他的白臉氣得通紅，他

甩出兩句答話：「聞所聞而來，見所見而去。」心裡說：「總有一天我會收拾掉你！」於是帶

著隨從，上馬而去。這件事情，給日後嵇康被殺埋下了「伏筆」。

如果說起對禮法的蔑視、鄙棄，在實踐上阮籍是遠遠超過嵇康的。但阮籍較會韜晦，至少

在表面上較為圓通。他心裡十分鄙視司馬氏，所以才有大醉六十日拒婚之舉。他登上廣武山，

俯瞰楚漢戰場而嘆曰：「世無英雄，遂使豎子成名。」透露出這種心緒。但阮籍頭腦靈活，善

於避禍，他能在司馬昭手下做官，甚至還和群臣一起對司馬昭呈過《勸進表》，這都是他圓通

（用有些貶義的詞就是「圓滑」）的表現，正因如此，司馬氏還可以容忍他。司隸校尉何曾檢舉

他不守母喪、「縱情背禮」，想拿他治罪，司馬昭還嫌何曾多事，說：「阮先生身體這樣虛弱

你就不能為我忍一忍嗎？」

嵇康在行動上比阮籍「規矩」得多，沒有什麼太多「出格」的行為。但他的思想很激烈，

提出的一些觀點、議題，既有很高的理論性，同時又有很大的煽動性，如他所說的「越名教而

任自然」的口號，就非常讓以名教治天下的司馬氏集團感到害怕。再說，嵇康不僅不肯在司

馬政權中為官，而且還寫了痛快淋漓的《與山巨源絕交書》，把官場的齷齪黑暗抖落個「底朝

天」；無論你自己如何解說，這篇文章在司馬昭看來，無非是聲明不與他合作，心毒手狠的司

馬昭豈肯甘休？

山巨源就是山濤，「竹林七賢」之一，「竹林七賢」之中，嵇、阮以下，就數著山濤了。《晉書》記載他「少有器量，介然不群。性好《莊》、《老》，每隱身自晦。與嵇康、呂安善，後遇阮籍，便為竹林之交，著忘言之契。」

山濤在四十歲時方才出仕為官，正趕上曹魏和司馬氏政權爭鬥激烈的年代，因為懼怕禍患，很快就辭官而去，以後又在司馬政權中復出，位至三公。

山濤剛出仕時，先當郡主簿、功曹、上計掾等小官。他曾與好友石鑒共宿，睡到半夜，山濤想到朝廷裡的反常情形，不禁預感到時局的險惡，他用腳踹醒正在打鼾的石鑒，對他低聲說：「眼下是什麼時候了，你竟然還能睡得著！」石鑒睜開矇矓睡眼，不樂意地說：「什麼時候？半夜時候！你不睡覺還不讓我睡？」山濤很嚴肅地對石鑒說：「石鑒兄，我沒有心思和你開玩笑，眼下時局看似平靜，實則殺機已經有所顯露。你知道太傅（司馬懿）稱病不起的用意嗎？」石鑒這時也完全醒了，他披著被子坐起來說：「那有什麼，宰相（指司馬懿）稱病不起和你開玩笑，眼下時局看似平靜，實則殺機已經有所顯露。你知道太傅（司馬懿）稱病不三次不朝，發一尺令讓他退休歸家便是，有什麼值得大驚小怪的。」山濤對石鑒的回答很不滿意，他訓斥石鑒說：「看來你對《莊子》的《馬蹄》的真諦毫無所知！」《馬蹄》是《莊子》外篇之一，用馬來比喻自然無為之旨。山濤這裡是說石鑒不讀《莊子》，不知隱身避禍之義。在暗中窺測時機，準備發動政變。司馬懿稱病不起，實是麻痹曹爽。在他與石鑒談話以後，便辭官而去。不出兩年，朝中便發生正始之變，司馬懿發動兵變殺曹爽。在政局紛亂中，山濤隱居不仕，與嵇康、阮

當時曹爽當政，排斥司馬懿，預察到這一點，在他與石鑒談話以後，便辭官而去。不出兩年，朝中便發生正始之變，司馬懿發動兵變殺曹爽。在政局紛亂中，山濤隱居不仕，與嵇康、阮

38

籍等為竹林之遊。

待大局已穩，司馬氏掌定了大權，山濤又出仕了。山濤與司馬懿之妻張氏有中表親的關係，於是去投見司馬師。司馬師很歡迎山濤能投入他們的懷抱，為司馬氏政權服務。司馬師對山濤說：「呂望欲仕邪？」把他比成輔佐文王的姜子牙，可見山濤在當時已頗有名聲。

山濤很快得到升遷，他在吏部任選曹郎多年，政績很好，《世說新語》稱讚山濤說：「山司徒前後選，殆周遍百官，舉無失才。凡所題目，皆如其言。」

山濤將要從選曹郎任上升官，這個位置由誰來做呢？山濤自然立刻想到好友嵇康，於是他向司馬昭推薦由嵇康擔任選曹郎，又寫信給嵇康，請他出來做官。

嵇康本來就對司馬政權毫無好感，也從來沒想過為這個政權當官。嵇康娶的是曹操之子沛王曹林的孫女兒，與魏宗室通婚，在曹魏時期官銜是中散大夫。在感情上，嵇康自然與曹魏更加親近。高貴鄉公曹髦不堪忍受司馬昭的「廢辱」，進行了最後的掙扎，率領侍從去進攻司馬昭的相府，被司馬昭殺死。司馬氏篡位禪代已成定局，當時朝野士人紛紛投入司馬政權的剛直性格決定了他的悲劇命運，他是決意不和司馬氏合作的。現在山濤舉薦他出任司馬政權的選曹郎，本來並非出於惡意，但嵇康覺得這是對他的莫大汙辱。山濤的舉薦倒成了導火線，嵇康一怒之下，奮筆疾書，寫下了星耀千古的《與山巨源絕交書》，也惹下了殺身之禍。

信是寫給山濤的，自然罵的對象是山濤。其實，嵇康把他對司馬集團的憤怒、鄙視都潑灑於其中，罵了個痛快淋漓。

他直截了當地對山濤的高升表示「惕然不喜」。對於山濤舉薦他以自代，感到莫大的恥辱。

他做了這樣的形象比喻：「恐足下羞庖人之獨割，引尸祝以自助，手薦鸞刀，漫之羶腥。」意思是你自己獨自當這樣骯髒的官感到羞愧，還要拉上我給你幫忙。就像廚師羞於一個人屠宰，想拉祭師去幫忙一樣，讓我手執屠刀，也沾上一身羶腥之氣。拉自己去當官，無異於是為虎作倀，和統治者一起幹壞事，這其中的「話外音」是很明顯的，難怪司馬昭看了要火冒三丈呢。這豈止是罵山濤，簡直就是痛斥司馬政權以屠殺為事業。

嵇康又說自己個性倔強，不喜羈束，「又縱逸來久，情意傲散，簡與禮相背，懶與慢相成，而為儕類見寬，不攻其過。又讀《莊》、《老》，重增其放。故使榮進之心日頹，任實之情轉篤。此由禽鹿，少見馴育，則服從教制；長而見羈，則狂顧頓纓，赴蹈湯火；雖飾以金鑣，饗以嘉肴，逾思長林而志在豐草也。」嵇康用鹿來比擬。如果鹿從小就捉來馴育，那就會服從主人的管教和約制；如果鹿長大後而被束縛，那麼一定會瘋狂四顧，亂蹦亂跳地掙脫羈繩，即使赴湯蹈火也在所不顧。這不等於說自己堅決不服從司馬氏的管束約制嗎？

嵇康還在《與山巨源絕交書》中列舉了他做官有「七不堪」、「二不可」，歸納起來，其基本內容是：一、「非湯武而薄周孔」，說自己的思想意識不合那些傳統的聖賢之道，而且還鄙薄否定，這是對統治思想公開挑戰；二、「不喜俗人」，不願與禮法之士「囂塵臭處」，也不會「揖拜上官」，阿諛逢迎；三、說自己脾氣剛毅暴躁，「剛腸疾惡，遇事便發」。總而言之，我行我素，不向權貴低頭，不與司馬氏合作。

《與山巨源絕交書》非同小可，不僅表明了不合作態度，而且戳傷了司馬氏的致命處。其中「非湯武而薄周孔」是最致命的，與官方的意識形態大相逕庭，司馬昭抓住這點就可以問

40

文字血淚

罪。魯迅先生分析得很中肯：「非薄了湯武周孔，在現代是不要緊的，但在當時卻關係非小。湯武是以武定天下的；周公是輔成王的；孔子是祖述堯舜，而堯舜是禪讓天下的，嵇康都說不好。……在這一點上，嵇康於司馬氏的辦事上有了直接的影響，因此就非死不可了。」（《魏晉風度及文章與藥及酒之關係》）當時，朝野士人一片頌揚之聲，司馬氏準備受魏禪讓，嵇康卻出來大唱反調，這不能不引起司馬昭的震怒，所以要把嵇康殺掉。

鍾會聞此，藉此機會向司馬昭進讒言，他說：「嵇康是一條臥龍，早晚會成為大患。公不必擔心天下，但對這個嵇康，卻須時時提防著。」過了兩天，鍾會又跑去見司馬昭，還是給他火上加油，促使他下決心殺嵇康。他無中生有地捏造謊言，並以思想罪來論處嵇康。鍾會說：「嵇康陰謀幫助毌丘儉造反，後由山濤勸阻方才作罷。古時齊王殺華士，魯國誅少正卯，都是因為他們害時亂教，有害於世道人心，所以聖賢才要除掉他們。嵇康、呂安等人言論放蕩，非毀典謨，這是為帝王者所堅決不能容忍的。」說到這裡，鍾會往司馬昭身邊湊了湊，壓低了聲音：「不過，光憑這個來殺他們，理由未必充分，還須找個適當的藉口，主公以為如何？」司馬昭聽了，點頭稱是，眼裡露出殺機，鬍鬚裡鑽出一聲獰笑。

藉口找到了，這就是呂安事件。

呂安也是當時名士，為人超邁不群，與嵇康、向秀志同道合，十分投契。嵇康隱居山陽，常和呂安一起種菜，澆灌菜園。呂安十分欽佩嵇康，無論是一起談玄說理，還是品藻人物，兩人爭論一番以後，常能達成共識。他們一起辨析玄義，一起飲酒，無所不談。而嵇康對呂安十分看重，欽佩他那種淡泊高潔的品格。

呂安有個哥哥叫呂巽，此人卻是一個卑劣狠毒的偽君子。他表面上也是一副名士派頭，倜儻瀟灑；談玄論道，實際上卻是酒色淫邪之徒。

呂安的妻子徐氏非常美貌，俏麗動人，呂巽對這位弟媳早已垂涎三尺，只是未得機會下手。一次呂安外出不在家，呂巽裝模作樣去「關心」弟媳，到了晚上還賴著不走，軟硬兼施，姦淫了徐氏。徐氏受的刺激特別大，待呂安回來，發現了妻子的異常，就問她究竟是怎麼回事，妻子本來就感到十分委屈，聽丈夫一逼問，就把呂巽逼淫的事情一五一十地對呂安說了。

呂安一聽，怒火萬丈，立即找到其兄呂巽，痛斥他的獸行，並要告發呂巽。呂巽嚇得跪在弟弟面前，磕頭如搗蒜，左右開弓打自己的嘴巴，一邊打一邊說：「我不是人，我是畜牲。看在手足弟兄的份上，饒了我這一次吧！」呂安淚流滿面，扭頭就走。

呂巽惟恐弟弟告發，就跑去找弟弟的至交嵇康，請嵇康勸阻弟弟。嵇康聽到此事非常驚訝，也十分憤怒，對呂巽痛加斥責，但又答應了他的請求，勸阻呂安告發哥哥。呂巽千恩萬謝而去。

呂安受了這樣的奇恥大辱，鬱憤難平，找到自己最要好的朋友，自己最為信賴的兄長嵇康；一吐心中的委屈，他決意要告發哥哥呂巽的獸行。嵇康按住他的肩膀，讓他坐下，百般撫慰，並對他說了一番「家醜豈可外揚」的道理。最後，呂安終於同意不去告發呂巽了。

但是，呂巽並沒有停止活動，他琢磨著：如果弟弟一旦把我告發，那我在士流中就無顏見人了。不如來一個「先下手為強」，反過來先告呂安。呂巽是鍾會的親信，鍾會又是司馬昭的心腹，所以呂巽覺得有恃無恐。於是他便「惡人先告狀」，到官府去告呂安，罪名是「不孝不

文字血淚

悌」，打罵兄長。並且先與鍾會通好關係。鍾會拍著呂巽的肩膀說：「呂兄放心，有我鍾士季在，你儘管大膽幹吧！大將軍也會給你做主的。」

送走了呂巽，鍾會顯得格外興奮：「這下好了，除掉嵇康，就在今日！」他搓著手，在廳裡來回踱步，把陷害嵇康的步驟想好了，天色已晚，他顧不上這些，吩咐僕人：「馬上備車，到大將軍府。」

大將軍府裡，一片絲竹舞樂之聲。司馬昭靠在榻上，左右各擁著一個肌膚豐盈的妙齡美女，在欣賞舞伎表演。忽然，侍從來報：「大將軍，鍾士季求見，說有急事！」司馬昭全神貫注地觀舞，壓根沒有聽見。侍從在旁邊候了片刻，待一曲終了。又上前稟報：「主公，鍾士季求見，說有急事。」司馬昭這才從舞蹈中「走」出來：「哦？這麼晚了，他來一定有要緊事，請他到客廳裡坐。」

司馬昭揮手讓舞女們退下，自己更了衣，來到客廳，鍾會已經等了良久，見司馬昭出來，鍾會馬上施禮，司馬昭示意他坐下：「家裡何必拘禮。士季深夜至此，必有要事見教？」鍾會便把呂巽告發呂安「不孝」的事稟報給司馬昭，並且建議馬上逮捕呂安，然後藉機除掉嵇康。

司馬昭聽完，哈哈大笑：「原來如此，就依你計，說幹就幹，明天就把呂安抓起來，然後再抓嵇康！」

呂安被捕入獄，罪名就是「不孝」。呂安讓嵇康為他作證，嵇康當然為他辯白無辜。但是，「欲加之罪，何患無辭？」司馬氏屠刀在手，還容你多加辯解嗎？而且，他們的主要目標是對準嵇康的，鍾會早就處心積慮準備除掉嵇康了，這次，遂將嵇康一起下獄。

鍾會又跑到司馬昭那裡，促使司馬昭下殺掉嵇康的決心：「嵇康此人，素有異志，萬不可留，留必生患。」司馬昭沉吟吟片刻，用手比了一個砍頭的手勢。嵇康下獄，並將被處死的消息不脛而走，傳遍了京城洛陽，引起了士人們的普遍不滿，許多豪俊之士，都來到牢獄，要和嵇康一起坐牢乃至同死，最後被一個個地拉回家裡去了。太學生們聽到這個消息，更是群情激奮，三千太學生跪在宮門前，請求釋放嵇康，讓嵇康當他們的老師。儘管黑壓壓的太學生跪了滿地，司馬昭堅決不允。於是一代名士嵇康，就只能慘死於司馬氏的屠刀之下了。

洛陽東市，觀者如堵，很多人唏噓落淚。天上愁雲慘澹，陰霾蔽日。嵇康被帶到了刑場之上。他對監斬官說：「我無辜受戮，不能受綁，亦不能背插死囚牌，我自隨你們去受刑便是。」監斬官請示司馬昭，司馬昭說：「一個文弱書生，他能夠怎麼樣？姑且從他！」於是，嵇康昂然走在前邊，兩手倒背，劊子手隨其後，不像嵇康去受斬刑，倒像是嵇康領他們逛洛陽大道。

臨刑之前，嵇康從容自若，神氣安閒。他對來到刑場的哥哥嵇喜說：「我的琴給我帶來了嗎？」嵇喜流著眼淚說：「帶來了。」嵇康接過那張伴隨他多年的琴，箕踞坐在地上，把琴橫置於腿上，認真地調了調琴絃，對準音調，奏了一曲他從未在人面前彈過的曲子——《廣陵散》。這樂曲十分美妙，如同仙樂，人們從未聽過這支曲子，而恰恰是在這樣一種特殊的場合聽到了它，人人都屏息靜聆，連劊子手都聽得呆了。《廣陵散》的曲調真是動聽極了，它優雅古遠，而又明麗清揚，一會兒如深山松風迴響，一會兒如飛瀑流下，琴聲迴蕩在東市的上空，繁繞不已……。

44

文字血淚

一曲《廣陵散》彈畢，嵇康緩緩站起身來，不無遺憾地說：「袁孝尼曾請求向我學習此曲，我卻一直沒有答應他；而今康將辭世，《廣陵散》於今絕矣！」言罷，即請行刑。

嵇康不肯與司馬氏一起「手執鸞刀，漫之羶腥」的結果，就是被統治者所殘害。嵇康的死，主要是因為在政治上不肯和統治者合作，而在思想意識上的「異端」精神也是統治者所無法容忍的。司馬氏標榜禮教，嵇康則公開打出「非湯武而薄周孔」的旗幟，在思想界裡公開與統治者對抗，造成廣泛的影響，同時也是對司馬氏虛偽禮教的一個很有力的揭露，司馬昭當然惱火。所以《與山巨源絕交書》是嵇康被害的主要根由。因而在文字獄的範疇中，這也是一個有名的例子。

史碑之悲

北魏太武帝時的名臣崔浩，因立史碑而被太武帝誅殺，這是北朝的一樁著名的文字獄。

太武帝神麚年間，北魏都城大同郊外，出現了一群規模浩大的碑林。這個碑林可以說是從古以來未有的奇觀，上面刻的是宰相崔浩主編的大型當朝史志《國書》三十卷，以及崔浩所作的《五經注》。碑林占地圓方百公尺，甚是壯觀，又是建在離京城僅有三里的近郊大道旁邊，引來了無數的觀眾。路過此地的人，無論文化高低，都要到碑林中觀賞一番。也有很多人特意從很遠的地方來觀摩碑林。一時間，這個碑林成了人們關注的中心。

碑刻在北魏極受重視，到今天魏碑也是中華文化寶庫中極有價值的瑰寶，在書法界，魏碑的藝術價值很高。崔浩本人就是著名書法家，碑文大概是他自己書丹，也不知刻了多少塊石碑，總之是用了三百萬工，終於建起了這處碑林。

紳士淑女都把碑林當作一個景觀來覽勝，來往行人，都繞著碑林看看碑的內容。碑的內容是北魏當朝國史，而且記載本朝事「備而不典」，鉅細皆載，善惡俱收，所以統治者內部不乾不淨的事也都在《國書》中記錄下來。如果僅是在書中，影響還不至於如此廣泛，現在刻成了規模宏大的碑林，加上崔浩那一手漂亮的字跡，吸引了許多觀覽的人，碑的內容自然也就不脛

而走。

《國書》所記載的，多是北魏統治者的一些史實，也包括了北魏開國前的一些情況，北魏統治者是鮮卑族，是北方遊牧民族。鮮卑族在文化上自然比當時已很發達的漢族要落後許多，有許多陋俗，比如，妻後母、報寡嫂等等。

《國書》的這位大主編崔浩，是漢人士族，他是帶著正統的儒家文化眼光來編纂北魏國史的，對於鮮卑文化習俗有著或隱或顯的鄙夷眼光，《國書》中也記載了北魏統治者的「家醜」祕事。這些東西僅在書中影響還有限，現在刻成石碑，立在通衢大道旁，傳揚甚為廣遠。那些鮮卑貴族本來就對崔浩沒有好感，現在看到史碑上這些「暴揚國惡」的東西十分憤怒，便對崔浩群起而攻之，以致於釀成了這椿著名的史禍。

關於崔浩作為漢族士人的代表人物與鮮卑貴族之間的矛盾，這裡不妨從頭介紹一下。

崔浩，字伯淵，北魏清河武城（今中國山東武城西北）人，家族貴盛，乃是北方著名的高門大姓。從魏晉以來，代代都有名臣。

崔浩的父親崔宏，在道武帝時，也是股肱重臣，任吏部尚書，封為白馬公。死的時候是魏明元帝泰常三年（西元四一八年）。病篤之時，明元帝派侍臣問疾，一夜數返。死後喪禮十分隆重，皇帝詔命群臣及附國渠帥都來會葬，親王以下，都受命拜送。

崔浩長得白皙纖弱，眉清目秀，如同一個弱柳扶風的美婦人，但此人卻是胸有大略，深諳兵機。他從小就好學多思，博覽經史，對於陰陽百家之言，無不觀覽。弱冠時就已被任為通直郎，後遷至著作郎。因他書法精湛，道武帝經常讓他隨侍左右。

崔浩出身名門，且又才華出眾。太原的大士族郭逸便把女兒嫁給他。郭逸的夫人王氏，也是出身於士族之家，她對崔浩極為看重，認為他是個奇才，對這個乘龍快婿十分滿意。崔浩娶郭氏女時間不長，妻子便因病而亡，他的岳母王氏深以為憾，又要把小女兒嫁給崔浩，郭逸和其他親屬都勸阻她，認為這樣不好。王氏不聽，非要把自己的小女兒又嫁給了崔浩。這樁婚姻本身，便說明了漢族士族之間，以門第互相認同的情形。

魏晉南北朝時期主要是門閥政治，人們的門第觀念十分嚴重，士族與庶族差距甚大，有兩句很有名的話可以概括這種政治：「上品無寒門，下品無士族。」從漢朝開始，便以「九品中正制」論人選官，而士、庶之分是劃分品第的重要依據。寒門不可能進入上品，士族也不會流入下品，二者涇渭分明。寒門並非是經濟上貧困，士族也未必傢俬萬貫，經濟狀況不是主要標準。士族主要是那些所謂高門大姓，如王家、謝家。西晉、東晉的政治都是士族壟斷。像王導、謝安，都是著名的士族領袖。

北朝的漢人也深受士庶觀念的影響，也同樣有士庶之分。如崔、盧、郭、王，這都是北方著名的貴族，他們彼此聯姻，互為援結。同時這些北方士族總是把羨慕的眼光投向南方（東晉、南朝），因為南朝是士族政治的核心，士族具有至高無上的地位。北朝的統治者是北方少數民族貴族，在文化上遠較漢族士族落後，因而北方的士族在心靈深處對北朝統治者並不佩服，在文化上也很鄙夷他們；反過來，北朝統治者及其貴族集團對漢族士族，一方面要利用，另一方面是防範、敵視，尤其是少數民族貴族集團，從他們的利益出發，對漢族士人多方排擠打擊。如北魏的鮮卑貴族，對崔浩等人就是極力傾軋排詆的。

文字血淚

崔浩本人出身名門高姓，這種士族意識是與生俱來的。與崔家結成姻親的，也都是北方的大士族，如崔浩的母親，便是盧諶的孫女。盧諶也出身士族，曾為劉琨的主簿。盧諶是范陽人，范陽盧家，是北方著名的大姓。這些北方的著名士族互為姻緣，聲氣相應，形成了一個門閥士族集團，他們的正統意識、種族意識都是很深厚的，崔浩也是如此。這種意識有意無意地流露，必然傷害鮮卑貴族的某種自尊感。

例如，崔家與太原王氏的結親，崔浩對王慧龍出身的認定，曾引起鮮卑貴族的強烈不滿。

太原王氏是西晉以來的顯貴，東晉末年，王慧龍從江南出走，來到北方。崔浩的弟弟羨慕主家的門第，把自己的女兒嫁給他。有人說，王慧龍並非王家人。崔浩見了王慧龍，見到他的鼻子生得很大，就讚歎道：「這才是真正的王家人，是個貴種。」原來王家人在生理上有一個特點，世代都出酒糟鼻（當時叫做「齇」，音渣）。南方把這一家王姓稱為「王」。崔浩對士族的家史、譜系都相當熟悉（這在當時是一門學問，即所謂「譜學」）。王慧龍一經崔浩的「鑑定」，便被證實真是「貴種」）。

崔浩對王慧龍的讚譽，激怒了鮮卑貴族，鮮卑貴族只承認自己是「貴種」，不能容忍其他「貴種」的存在。北魏前期，統治者的民族意識、種族意識相當強烈，皇帝也是如此。於是鮮卑貴族便抓住這件事到皇帝那裡去告他的狀，說他貶損鮮卑。太武帝聽了大怒，把崔浩叫去訓斥了一頓，崔浩嚇得出了一頭冷汗，連忙跪下，向太武帝承認了錯誤。

這是崔浩作為北方士族的代表，和鮮卑貴族之間產生的一次矛盾。這種矛盾並非偶然，而是由來已久，後來崔浩因史禍而被殺身，其根本原因也在於此。

雖然崔浩為鮮卑貴族所忌恨、排詆，但皇帝對崔浩還是非常器重的，這是因為崔浩深諳兵

法，料事很準，參贊軍事，多能取勝；而當皇帝不聽崔浩建議時，往往致敗。所以太武帝對他

深服其言。

泰常元年（西元四一六年），東晉的將軍劉裕進攻姚泓，要沿黃河西上，向北魏求借道，

太武帝讓群臣商議。大臣們都說：函谷關乃天險，劉裕如何能夠西進？揚言伐姚，實際上意圖

難測。應該先發兵斷黃河上流，不讓裕軍西過。」大家都同意這個計策，太武帝將聽此計。

崔浩不同意這種意見，他向太武帝進言道：「此絕非上策。司馬休擾亂劉裕的荊州，劉裕

早已切齒痛恨。現在姚興死了，其子尚未成人，乘其危亡而伐之，我觀察劉裕此舉，必定是真

的入關。像劉裕這樣的勁躁之人，幹起事來是不顧後患的。現在如果堵塞了他的西進之路，劉

裕必然上岸北侵，那樣的話，姚泓反倒平安無事，受敵的是我們。現在柔然內犯，如果我們發

軍赴南，那麼，北寇必然進擊；如果救北，則南州危急。如此看來，不如假之以水道，讓劉裕

西進，然後再興兵斷了他的東歸之路，正所謂「卞莊刺虎，兩得之勢」也。假如劉裕勝了，必

然感恩戴德；如果姚氏勝了，我們也不失救鄰之名。縱使劉裕得了關中，懸遠難守。他難以守

住，那早晚是我們的囊中之物。現在如能不勞兵馬，坐觀成敗，使兩虎相爭，我們坐收長久之

利，此乃上策。」

太武帝沒有採納崔浩之計，而依眾臣之見，派大將長孫嵩去攔擊劉裕。雙方在畔城展開激

戰，魏軍被晉將朱超石所擊敗。太武帝深恨沒有聽從崔浩之言。

還有一次，太武帝派將軍奚斤等南伐，制定南伐的戰略部署。究竟是先攻城，還是先掠

地？在這個問題上展開爭論。奚斤主張先攻城池。崔浩不同意這種戰略計畫。他說：「南人長於固守，如苻堅攻打襄陽，久攻不克。現在以大國的軍力，攻他們的小城，倘不能按時攻下，會挫損軍威，此乃危險之道，並不可取。不如分軍掠地，到淮水為限。設置官府，收斂賦稅。這樣，滑台、武牢反在我軍之北，成了後方。」而公孫表則請先攻城。太武帝大怒，遂率軍御駕親征，封崔浩為相州刺史，結果久攻不下，公孫表請求太武帝再發援兵。太武帝御駕親渡黃河後，先攻打滑台，讓他隨軍參贊軍務，當太武帝的高參。

太武帝聽從崔浩的策劃，結果大勝班師。在北歸的路上，崔浩陪著太武帝巡幸了西河、太原。崔浩下臨黃河，縱覽山川，慨然有感。於是和同僚論郡縣制之是非得失，縱談秦皇、漢武的闕失，大家都深服其言。

崔浩懂天文，善觀星變之象，太武帝常常親自駕臨崔浩宅第，向他詢問一些異變之事，有的時候崔浩來不及整頓衣冠，倉促出迎。皇帝時常不打招呼，突然駕臨，弄得崔浩手足無措，也來不及準備什麼精美食品，只是一些日常吃的東西奉進於皇上。太武帝有的時候站在那裡嘗一口就返駕回宮了。可見太武帝對他是十分寵愛，非常隨意的。

皇上還經常引崔浩到寢宮中議事，給他加封為侍中、撫軍大將軍、左光祿大夫，以嘉賞他的運籌帷幄之功。皇上與崔浩閒談時說：「卿才智深博，事朕父祖三代，功勞不小，所以朕才讓卿常在身邊。朕如有什麼闕失，卿一定要盡忠規諫，無須顧慮。朕即便一時衝動而遷怒，不用卿言，時間久了，朕豈能不深思卿言？」太武還把新投降過來的高車軍隊頭目數百人召來，賜酒食給他們，並指著崔浩對他們說：「你們不要看此人貌似纖弱，手不能彎弓持矛，但

他胸中所懷，過於數萬甲兵。朕時有征討之志但卻猶豫不決時，都是他幫助朕下決心的。前後

克捷，都是此人導引於我！」於是對諸尚書說：「凡是軍國大計，卿等不能決定，可以先向崔

浩諮詢而後再行！」可見，太武帝對他是相當賞識、器重的。

作為士族利益的代表，崔浩依然念念不忘士族的利益。士族提出要「整齊人倫，分明姓

族」，目的就是要分清士、庶，保持士族在社會上的特殊身分和政治上的壟斷地位。太武帝提

倡「文治」以後，崔浩也躍躍欲試，和盧玄商量，打算再搞這一套。

崔浩不斷推薦士族出身的人在朝廷當官，有一次他要任命幾十個士族人物當郡守，太子拓

跋晃不同意，他就和太子爭了起來，最後還是照崔浩的意見辦了。雖然他一時占了上風，但鮮

卑貴族們心底卻對崔浩越發不滿。這就引發了後來的史碑事件。

以前，道武帝曾經詔命祕書郎鄧彥海，撰述《國記》十幾卷，從開國寫到明元帝年間，但

此書並未最後完成，中途而廢了。《國記》大概是《實錄》一類的史書。到了太武帝神䴥二年

（西元四二九年），史事又被重新提起。太武帝命司徒崔浩和他弟弟崔覽，還有高允、高讜、張

偉、鄧穎等一群文官續修此書，指定要崔浩負責，要求這部史書的撰述「務從實錄」。

由於有原來《國記》的基礎，加之這些人又都是文筆敏捷的文人，所以沒用多長時間，便

寫成了《國書》三十卷。這是一部載事詳賅、直書史實的編年體史書。書成之後，自然大家都

很高興，於是舉行了一個規模很大的宴會，來慶賀《國書》的完成。

參與修史的人，除了上述幾位以外，還有一些，當然都來參加宴會。其中有兩位著作令

史，一位叫閔湛，一位叫郤標，他們平時就諂侍崔浩，在宴會上表現得最為慇懃，一個勁兒地

文字血淚

給崔浩敬酒，說了許多恭維崔浩的話，崔浩聽了後飄飄然，拈著一綹美髯微微笑。

喝得酒酣耳熱之際，閔湛靈機一動，高擎酒樽，走到崔浩面前，說：「司徒大人翰墨文采，蓋世無雙，而書道墨寶，亦是古今罕見，卑職有一建議，不知可否行得？」

崔浩今天格外高興，吩咐快講。閔湛說：「倘能將《國書》三十卷都刻於石碑之上，立於通衢之側，乃是不朽之盛事！」

崔浩聽了，以為甚好，與宴群僚，都說這個主意極妙，郤標又請司徒大人把他的《五經注》也一同刻出，人們又是一片贊成聲。

宴會之後，崔浩便把這個想法報告給皇太子，因為當時掌管政務的主要是太子。太子聽了，也很感興趣，吩咐馬上辦理，於是在都城大同郊外劃出一塊百公尺見方的地盤來創建史碑碑林。

崔浩本來就以書法聞名於世，這次要把自己主編的史書刻成碑林，只好不辭辛苦，奮筆疾書，把《國書》的內容通通地書寫了一遍。

用工三百萬，碑林刻成，果真是古今未有的大奇蹟，把一部歷史刻在了碑上，前無古人，後無來者。

崔浩欣賞著自己的傑作，非常得意，手下的官員也都絡繹不絕地參觀史碑，然後紛紛稱頌司徒大人的宏才偉略。

那些鮮卑貴族也來觀看史碑，與其說是觀看，毋寧說是挑剔。他們的心裡都對崔浩十分牴觸，不斷地到太武帝那裡告崔浩的狀，但因崔浩是個有用之人，太武帝對他的才華很是欣賞，

所以一般情況下，不過是把崔浩教訓一頓而已。但這回，鮮卑族的權貴們認真地觀看了路邊的史碑，找到了一處又一處「暴揚國惡」的地方，他們把這些地方記下來，然後串連在一起去面見太武帝，聲淚俱下地「控訴」崔浩的罪行，說他汙辱拓跋氏，罪不容赦！

太武帝是個情緒易於激動的人，聽了這些以後勃然大怒，一拍龍書案，大叫：「漢兒安敢如此無理！馬上拿下！」於是，命令把崔浩逮捕治罪。

崔浩被逮入刑部。辦案的正是鮮卑人，他們早就想整治崔浩了。現有皇帝詔命在此，如何折磨崔浩就隨他們便了。崔浩身體纖弱，根本受不了「大刑伺候」，被打得慘叫不止。審理過程中，崔浩又招認了在修史過程中從他所薦引的寫史人員那裡收受的賄賂。太武帝聞之，更為惱火，於是下令誅殺崔浩，崔氏家族以及與之通婚的范陽盧氏、太原郭氏、河東柳氏，同時被族誅，參與修史的官員胥吏一百二十八人也都被處死，一時間，人頭滾滾，哭聲震野。

太平真君十一年（西元四五〇年）的六月，崔浩被載入囚車，拉往北魏都城南面的刑場。

這個歷仕三代皇帝的名臣，此刻再也沒有了原來的風度神采，他已是白髮蒼蒼，關在獄中多時，更加顯得憔悴不堪。

不知是哪個衛士帶頭，幾十名衛士開始了惡作劇。他們輪流向囚車裡的前司徒大人傾洩膀胱裡的尿液，享受著解除膀胱之脹和凌辱一個大人物的快感。可憐的崔浩，被淋得嗷嗷直叫，不堪其苦。古往今來，宰相一級的人物被誅戮，從來沒有受過這樣的凌辱。

崔浩因文字而被殺了，這是南北朝時期一樁著名的文字獄。但是這場文字禍有著很深刻的歷史原因，崔浩本人在文字方面並非疏忽大意或放手亂寫，而是頗為謹慎的。他因工於書法，

文字血淚

經常受人之託寫《急就章》，從小到老，不憚其勞。他所書寫的文字中遇到「馮漢強」三個字，就一定改寫為「馮代強」。「馮漢強」三個字是隨意組合，不成文句，但「漢強」二字容易被挑剔的人演繹為「漢族強大」。而「代」是北魏的別稱，寫成「代強」，總該沒有問題了。由此事可見，崔浩在文字方面是小心謹慎的。

《國書》撰寫之初，太武帝有「務從實錄」的旨意。人們指摘這部史書「暴揚國惡」，無非是如實記載了北魏統治者一些不大光彩的事蹟。崔浩因史罹禍，不單純是文字之災，而是更為深刻複雜的政治背景所決定的，實際上，這是鮮卑貴族集團打擊漢族門閥士族的一次嚴重事件。

在北魏時期，漢族士族和鮮卑貴族既有共同利益，也有不同的利害，雙方之間，有許多明爭暗鬥。皇帝作為鮮卑貴族的最大代表，對於漢族士族既要利用，又要防範，同時他又不能不受本民族貴族集團的影響，所以才有史碑慘劇的發生。

北魏越來越走著一條漢化的道路，對於漢文化，鮮卑貴族越來越加認同，後來孝文帝進行了較為澈底的漢化。而在崔浩的時代，種族意識、民族意識的鬥爭還是很強烈的，以致於使崔浩做了「刀下之鬼」。

「平生文字為吾累」：烏台詩案

「心似已灰之木，身如不繫之舟。問汝平生事業，黃州、惠州、瓊州。」這是大詩人蘇軾對自己貶謫生涯的寫照。黃州、惠州、瓊州，是蘇軾後半生的主要貶所。黃州，是他貶謫生涯的

「第一站」！

貶謫黃州，與其說是不幸，毋寧說是萬幸。因為他是從殺頭之罪中又撿回了一條命，摸摸腦袋，恍如再生。

黃州貶謫，是「烏台詩案」的處理結果。而這「烏台詩案」，卻是北宋第一號的文字獄！

「烏台詩案」的背景牽涉到「王安石變法」這樣一個重大歷史事件。蘇軾是變法的反對派，蘇軾被捕入獄的罪名即是作詩譏諷新法、謗訕朝廷。但是「王安石變法」的歷史評價是非常複雜的，遠非可以一概而論，而且也並非本書力所能及。但是可以肯定的是，變法與反變法、新黨與舊黨之爭，已逐漸蛻變為權力傾軋的朋黨之爭。「烏台詩案」發生的元豐二年（西元一○七九年），王安石已經第二次罷相，退居於鍾山。而朝中的「新黨」，多是一些已經蛻化的「變法派」。因為王安石推行新法，遭到朝中一些元老重臣的激烈反對，只能起用一班新進之人，這些人資淺位卑，現在有了升進的機會，於是拚命表現，他們不管新法推行的實效如何，總是望

文字血淚

風承旨，說新法如何如何受百姓歡迎，王安石是位個性十分倔強、聽不得不同意見的政治家，他當然只願意聽這些「讚歌」。因此當時的新黨之中，頗有一些品行不端、為士林所鄙薄的人。

譬如呂惠卿，本是王安石一手拔擢起來的，後來為了攫取權勢，竟不惜出賣王安石，把王安石排擠出朝，自己占據了相位。一手製造「烏台詩案」的李定、舒亶等人，也都是聲名狼藉、為士大夫所不齒的小人。

「烏台」也就是御史台。所謂御史台，是朝廷的糾察機構，權力甚大，當時任御史中丞的是李定，這御史中丞是御史台的長官，李定原是王安石的門生，中了進士以後當過定遠尉、秀州判官等地方官。當時王安石推行新法正需要人才的時候，孫覺便推薦他，因善於逢迎所以很得王安石信任。李定的母親去世，按封建禮制，為人子的應辭去官職，守喪三年，而李定貪戀官位，匿喪不報，這在封建社會尤其是禮教盛行的宋代，可以說是很卑鄙的行為，因而當時議論紛紛。另一個和李定一起羅織蘇軾罪名的御史台官員是舒亶，時任監察御史裡行，此人也以善於深文周納、置人於罪而著稱。他們在蘇軾的詩文中找到了許多譏諷新法的內容，於是萬分興奮，具本參奏，彈劾蘇軾侮慢朝廷，甚至有不臣之心，參本上奏後，神宗皇帝下詔逮問蘇軾，一場文字獄由此而興。

離開京師已是八、九年了。從杭州到密州，從密州又到徐州，這一年（元豐二年即西元一〇七九年）三月，東坡奉調為湖州知州，遠離了政治鬥爭漩渦中心的朝廷，身為太守的東坡並未全然超脫。當年王安石推行新法，蘇軾和司馬光等人堅決反對，兩派人物政見不同，朝中充滿危機，蘇軾兩次給神宗皇帝上書，力辯新政之不可行，措辭十分激烈，現在想來，都不禁滿

身冷汗。「陛下自去歲以來，所行新政，皆不與治同道。立條例司，遣青苗使，斂助役錢，行均輸法，四海騷動，行路怨咨，自宰相以下，皆知其非而不敢爭。……自古存亡之所寄者，四人而已，一曰民，二曰軍，三曰吏，四曰士，此四人者一失其心，足以生變。今陛下一舉而兼犯之。青苗、助役之法行，則農不安，與士卒雜處其間，均輸之令出，則商賈不行，而民始憂矣。並省諸軍，迫逐老病，至使戍兵之妻，有同降配，遷徙淮甸，僅若流放，年近五十，人人懷憂，而軍始怨矣。內則不取謀於元臣侍從，外則不責成於守令監司，而專用青苗使者，多置閒局，以擯老成，而吏始解體矣……」上書的時候，東坡甚至懷了必死的決心，「俯伏引領，以待誅殛」。但皇上是寬厚的，並沒有把東坡治罪，但王安石的親戚謝景溫（當時任侍御史知雜事），藉機彈劾蘇軾，說他丁憂歸蜀的途中，濫用政府的衛兵乘舟商販。王安石於是派人窮究此事，但終無所得，只好不了了之。東坡心裡明白，這場風波，當然是因他反對新法的態度引起的。他覺得在朝廷裡很難幹下去，於是便自請外放，熙寧四年（西元一○七一年），他被派做杭州通判，於是帶著眷屬來到了人間麗都——杭州。

杭州也好，密州也好，徐州也好，東坡改變不了他那外向的性格，也改變不了對朝政的關心。他時常把酒臨風，夜泛西湖，笑聲朗朗地吟誦著新作的詩篇，西子湖畔，望湖樓上，他留下了多少千古傳誦的秀句佳什：

水光瀲灩晴方好，山色空濛雨亦奇。
欲把西湖比西子，淡妝濃抹總相宜。

《飲湖上初晴後雨》

58

黑雲翻墨未遮山，白雨跳珠亂入船。
卷地風來忽吹散，望湖樓下水如天。

《六月二十七日望湖樓醉書五絕》

這些詩作幾乎可以說是家喻戶曉。作為一個詩人，杭州給了他那麼多揮之不去、寫之不竭的詩材，而東坡也沒有辜負這上蒼的賜予。

然而，東坡並非僅是一個詩酒流連的文人，並不是我們印象中那個總是舉著酒杯，吟著「明月幾時有？把酒問青天」的「謫仙人」，他還是一個深切關心民生疾苦的地方官，在幾任知州的位上，他為百姓辦了許多實事。在徐州，他組織軍民抗洪搶險，修建防洪堤壩，深受百姓愛戴。

作為父母官，他不時地深入鄉村，考察百姓的生計與生產狀況。「青苗法」等新法的一些政策，由於有關官員為了邀功請賞，爭取政績，在推行中採取了強行分配的硬性規定，給百姓造成了很多痛苦。和著對新法的不滿，蘇軾在他的詩中屢屢排遣這種情緒。如果說「諷刺新法」，像《吳中田婦嘆》這樣一些詩是並不冤枉的。

今年粳稻熟苦遲，庶見風霜來幾時。
霜風來時雨如瀉，把頭出菌鐮生衣。
眼枯淚盡雨不盡，忍見黃穗臥青泥！
茅苫一月壟上宿，天晴獲稻隨車歸；

汗流肩頳載入市，價賤乞與如糠粞。
賣牛納稅拆屋炊，慮淺不及明年飢。
官今要錢不要米，西北萬里招羌兒。
龔黃滿朝人更苦，不如卻作河伯婦！

這裡不僅描繪出青苗法、免役法所造成的流弊，而且用漢朝的龔遂、黃霸這樣恤民寬政的好官來反語譏刺推行新法的官員，這自然難免使新黨諸人如芒刺在背了。

蘇軾是天下聞名的大詩人，他的詩一寫出來便不脛而走，很快便傳到京師。新黨人物對蘇軾的詩文中的「刺」深為不滿，也多方留意。於是他們一天天在收集蘇軾的材料。

蘇軾口無遮攔，蘇軾當然也「筆無遮攔」，他對胞弟蘇轍說過：「我如果覺得某件事情不對，就像飯菜裡發現一隻蒼蠅，非吐出來不可。」而且，他經常大開玩笑，語涉譏刺，常常使用雙關語，使一些謹慎的人聽了都覺得提心吊膽！

剛到湖州任上，他就給神宗皇帝上了一份謝表，表中寫道：「伏遇皇帝陛下，天覆群生，海涵萬族。用人不求其備，嘉善而矜不能。知其愚不適時，難以追陪新進；察其老不生事，或能牧養小民。而臣頃在錢塘，樂其風土，魚鳥之性，既自得於江湖；吳越之人，亦安臣之教令。敢不奉法勤職，息訟平刑。上以廣朝廷之仁，下以慰父老之望。」這份謝表也惹出了麻煩，謝表中所說的「新進」，就是指李定這類新黨中的得勢新貴。這個字眼當然不無嘲諷之意，李定得知，甚為惱火。「這不明擺著是罵我們嗎？豈可忍之！不除此人，不解我心頭之恨！」於是，李定、舒亶、何正臣這幾個御史台官員，便摘出謝表中的幾句，還有蘇軾所作

60

文字血淚

《靈璧張氏園亭記》中「古云君子，不必仕，不必不仕。必仕則忘其身，必不仕則忘其君」等語，鍛成罪狀，說蘇軾「侮慢聖上」，奏請逮捕治罪。

御史台的差吏，奉了皇帝的詔命，策馬飛奔，直往湖州。而湖州太守蘇軾，還在書房裡吟詩，哪裡知道大禍即將臨頭！

七月上旬，剛剛下過幾場暴雨，壓住了暑熱；現在天氣轉晴，太陽出來，轉眼間又熱了起來。蘇軾想起來自己珍藏的那些字畫，自從到了湖州以後，從未拿出來晒過，只恐連日陰雨，使書畫受潮，於是便命人把它們都拿出來，放在院子裡曝晒。

眼前這幅墨竹，是文與可的手跡。文與可即文同是當朝著名的大畫家，湖州畫派的開創者。這位名畫家是蘇軾的表兄，兩人情誼甚篤。蘇軾也善畫墨竹，老師恰正是文與可。文與可畫得太不僅是一位畫家，在為官任上也是一位體察民瘼的好官。在政治傾向上，和蘇軾是相同的，不過文與可不像蘇軾那樣外溢，所以表面看來較為超脫。文與可也以蘇軾為知己，他說：「世無知我者，惟子瞻一見識吾妙處。」

蘇軾一邊看著文與可的墨竹，一邊想起先前的趣事。文與可畫竹，開始時不自貴重，無論誰請他作畫，他都馬上給人家畫；後來求畫的人太多，都拿著縑素求他的墨竹。文與可畫得太累了，便把這些縑素扔在地上，罵道：「乾脆拿這些東西做襪子吧！」後來文與可從洋州太守任上罷職回來，蘇軾正在徐州當太守，文與可給東坡寫信告訴他：「我近來告訴那些士大夫：『墨竹一派，徐州蘇軾所作甚佳，可往求之。』這些縑素，這回可要堆到你那裡去了。」又在信尾題詩一首，其中有「擬將一段鵝溪絹，掃取寒梢萬尺長。」蘇軾覆信說：「竹長萬尺，應當

用絹兩百五十匹，知兄倦於筆硯，就把這些素絹給我吧！」文與可看了以後，笑道：「我是隨便寫的，真有二百五十匹絹，我就用它來買田歸老了。」可是，就在當年的正月二十日，文與可病逝於陳州，蘇軾想到此處，手撫畫卷，有淚如傾。

蘇軾正在怔怔地想著心事，家人忽來報說弟弟子由派人來了。東坡把他請進客廳，那個人氣喘吁吁，身上沾滿了灰塵，急急地向蘇軾報告說御史台派人來逮他，請他速作準備。原來蘇軾的好友王詵駙馬先在朝廷聽到了消息，連忙派人到南京找到子由，請他設法通知蘇軾，於是子由派來的信使提前一步趕到了。

聽了這個消息，蘇軾愕然，半天說不出話來。李定那些人的敵意，蘇軾是知道的，但沒有想到災禍來得如此之速。家裡人勸他：「老爺，還是暫避一時為好，收拾一下，趕快走吧。」

蘇軾長嘆一聲道：「普天之下，莫非王土。縱使躲到天涯海角也無濟於事，徒然連累家人和朋友，不如泰然受之吧。」

不到兩個時辰，御史台的差吏到了。根本不容通報，這位御史台的官差皇甫遵帶著士兵便闖了進來。登時庭院裡充滿了緊張、恐怖的氣氛，四個士兵分立兩旁，手裡握著腰刀，真是如臨大敵一般。蘇軾身穿太守的官服迎了出來。因為有了思想準備，他的臉色很鎮定。皇甫遵當堂宣布了皇帝的詔命，要蘇軾跟他即刻動身。

蘇軾說：「我知道我冒犯了朝廷，早晚有此一劫，恐怕難逃一死，請允許我與我的家人告別。」

老爺被朝廷逮捕，全家人驚懼萬分，無不哭泣，蘇太太哭得最是傷心，看到官差如此凶

悍，大家都感到老爺此一去是凶多而吉少，恐怕成了永別。

蘇軾自有蘇軾的幽默，即便是在如此嚴峻的時刻，他仍然不失這種幽默的性格。他用手為

太太拭去眼淚，笑著說：「夫人，臨別我給你講個故事聽吧。宋真宗東封泰山，歸來途中，遍

訪天下隱者，得到杞人楊朴，楊朴本以能詩著名。真宗召見楊朴，問他能否作詩，他回答說：

『不能。』真宗又問他：『臨行有人作詩送你嗎？』楊朴又回答說：『也沒有。惟有臣妻寫了

一首絕句：且休落拓貪杯酒，更莫猖狂愛詠詩。今日捉將官裡去，這回斷送老頭皮。』真宗大

笑，賜還歸山，並且給其一子官做，以為養資。那麼現在夫人難道不能也像楊處士妻子一樣，

寫一首詩送我嗎？」聽了丈夫的趣話，蘇太太忍俊不禁，破涕為笑了。

長子蘇邁，陪同父親一起隨押解的官差到京師去，父子踏上這凶險的路程，家人望著他們

的背影，止不住又哭聲一片……。

剛剛行到宿州，御史台的命令又下，搜查蘇軾家中文稿。於是州郡長官望風希旨，派遣如

狼似虎的吏人。到了蘇府，團團圍住，把蘇府上下翻了個底朝天，將所有詩稿、文稿盡行搜

去。蘇軾家人幾乎被嚇死。差人走後，蘇太太氣得哭罵：「就是因為好著書，才惹出來這些災

難，把人嚇得這樣！」於是把書燒了大半。待案件結束後，蘇軾回到家中，搜尋整理，已經損

失了十之七八了，詩人禁不住跌足嘆息。

押解赴京的路上，蘇軾以為這次自己必死無疑了，便起了自殺的念頭，過揚子江時，便要

自投江中，一死了之，但是差吏看管甚緊，使他沒有死成。到了御史台的監獄裡，他又要以絕

食求死，後來神宗派使者到獄中，對獄吏有所叮囑約束，獄吏對蘇軾較為客氣，才使蘇軾打消

了這個念頭。

聽到這位大詩人被朝廷逮捕拿問，湖州、徐州、杭州一帶百姓無不憂慮。於是他們為蘇軾作解厄齋一個多月。

蘇軾從七月二十八日被捕，八月十八日關進御史台監獄，然後便開始了長達三十多天時間的審訊。

李定拿出蘇軾在杭州時期前後的詩作百餘首，要詩人承認是在惡意攻擊朝廷，最明顯的要數寫在杭州的《山村五絕》了。如第二首：

昔為太守，今為囚徒。李定看著坐在被告席上的蘇軾，心中不禁一陣得意，不過表面上裝得十分嚴肅。

煙雨濛濛雞犬聲，有生何處不安生。
但令黃犢無人佩，布穀何勞也催耕。

御史們指摘這是諷刺朝廷鹽法峻刻，不便於民，當時販私鹽者多帶刀仗，詩中取西漢時龔遂故事，意謂但使鹽法寬平，令人不帶刀劍而買牛買犢，則自力耕耘不勞勸督。這不是嘲諷鹽法之苛嗎？

如第三首：

64

老翁七十自腰鐮，慚愧春山筍蕨甜。

豈是聞韶解忘味，邇來三月食無鹽。

御史們指出，這首詩的諷意更為明顯。詩中意謂：山中之人飢貧無食，雖老猶自採筍蕨充飢，當時鹽法太峻，僻遠地區沒有鹽吃，動經數月。古之聖人，能夠聞韶樂而忘味，山中小民，又怎可淡而無鹽？其實，蘇軾所寫，乃是當時實錄。蘇軾曾記述說：「私販法重，而官鹽貴，則民之貧而儒者，或不食鹽。往在浙中，有數月食無鹽者。」（《上文侍中論榷鹽書》）這是當時朝廷鹽法峻刻所致。

如第四首：

杖黎裹飯去匆匆，過眼青錢轉手空。

贏得兒童語音好，一年強半在城中。

御史們指出，這是諷刺青苗法、助役法之不便。詩中說農民得了青苗錢，馬上就在城中胡亂花了。

再如《游風水洞二首》中「世事漸艱吾欲去，永隨二子脫譏讒」之句，是誹謗朝中大臣為小人爭進；《八月十五日看潮五絕》其四有句：「東海若知明主意，應教斥鹵變桑田。」諷刺朝廷水利之難成；《戲子由》詩中有云：「讀書萬卷不讀律，致君堯舜知無術」，是諷刺新法之法律不足以致君堯舜。諸如此類，不一而足，前後所摘，有七八十處。

蘇軾渾身有口也無法辯解，只好承認詩中多有批評譏刺新法之意。

有些詩作，並無深意，只是即興之作，但也被深文周納，指為「謗訕」，如《和陳述古十月開牡丹四絕》之一：

一朵妖紅翠欲流，春光回照雪霜羞。
化工只欲呈新巧，不放閒花得少休。

御史指為此詩乃是譏諷當時執政大臣，以比化工但欲出新意，使小民百姓不得休養生息。

還有更可怕的羅織，御史們摘出蘇軾的《王復秀才所居雙檜二首》其二，作為置他於死地的「殺手鐧」。詩云：

凜然相對敢相欺，直幹凌空未要奇。
根到九泉無曲處，世間惟有蟄龍知。

他們拈出這個「龍」字，說蘇軾有「不臣之意」。因為「龍」象徵在位的皇帝，應該只能說龍在天上，不能說龍藏在地泉裡。御史王珪說這是「不臣孰甚」！這個罪名倘然成立，蘇軾的頭又安可保全？這是李定他們最為毒辣的一招，如果說前面所述那些詩還有批評時政的蛛絲馬跡，那麼這首《雙檜》中的「蟄龍」被御史說成是侮慢皇帝，有不臣之意，這可純粹是無端的羅織罪名，「欲加之罪，何患無辭？」

蘇軾可並沒有給嚇糊塗，他當然知道這個罪名的份量。御史聲色俱厲地問：「快說，『蟄

龍』究竟有無諷意?」蘇軾徐徐答道:「王安石詩中有『天下蒼生待霖雨,不知龍向此中

蟠』,我詩中的『蟄龍』,便是此龍!」御史聞之,瞠目結舌,半晌說不出話來。

李定、舒亶他們下決心置蘇軾於死地,他們整理好案卷上報給皇帝,列舉了蘇軾許多詩文

中的「罪證」,說他侮慢皇帝,嘲諷大臣,不尊敬朝廷,舉出數點理由論證蘇軾該殺。「臣叨

預執法,職在糾奸,罪有不容,豈敢苟止。伏望陛下斷自天衷,特行典憲,非特沮乖戾之氣,

抑亦奮忠良之心,好惡既明,風俗自革。」李定的意見再明確不過了,那就是一個字:殺!現

在,只等著神宗皇帝的批覆了。皇上的態度究竟是怎樣的呢?御史們還不清楚。

蘇軾在獄中已是兩個月了,連續的審訊,使他身心極為疲憊。好在宋朝優遇士大夫,沒

有肉刑,不然他早就被打得體無完膚了。審訊已近尾聲,案子快要完結了,朝廷究竟會如何

處置他呢?李定、舒亶這些小人,早就對他切齒扼腕,審訊中又處處羅織,栽以「欺君」罪

名,御史台的意見必是死刑。皇上只是照準,自己的「老頭皮」就非斷送不可了!蘇軾躺在

台獄的木板床上,呆呆地望著鐵檻,不免一陣陣胡思亂想。月光清冷,獄室內外一片黯淡。

已是深秋十月了,蘇軾感到了秋風的侵逼,身上一陣陣發冷,就著月色,看看自己的手臂,

一條條青筋凸現出來,倘若照照鏡子,一定是「斯人獨憔悴」吧。想著想著,蘇軾又發出了

一高一低的鼾聲……。

早晨,陽光射進了獄室。獄門開了,「噢,是給自己送飯來的。」自從進了台獄,都是長子

蘇邁來回送飯,在親戚家裡做好,然後走很遠的路送到獄中。蘇軾與蘇邁約好,平日無事,送

飯時只送肉與青菜,萬一有了凶信,便送魚做為信號。蘇邁一直是按這個約定給父親送飯的。

最近，糧食吃光了，蘇邁到陳留去取，蘇軾聞到了一股香味，打開蒙在籃子上面的毛巾一看，菜盤裡放著一條鮓魚。這豈不是告訴他，朝廷已經定下把他處死嗎？蘇軾腦袋「嗡」的一下，一片空白……（蘇軾哪裡知道，這是一場虛驚。親戚一時忘了蘇邁的囑咐，想給他烹條魚換換口味，卻把蘇軾驚呆了。）

東坡自忖必死，不免前思後想，自己的前半生經歷，一幕幕在頭腦裡映過。他思念家人，想到蘇太太臨別時的淚水，不免唏噓再三。他想見子由一面。子由是他最親愛的弟弟，兩人情感之深篤，遠遠勝過一般的兄弟。他和子由一起離開家鄉，赴京趕考，又一起金榜題名，當時傳為一時佳話，真可謂是「兩枝仙桂一時芳」。後來又一起宦海浮沉。可是由於官所異地，他們卻很少見面，更多的是書信往來，詩詞唱和。兄弟倆政治觀點始終相同，但性格卻明顯有別，子由內向、謹慎，不易衝動，遇事冷靜；子瞻卻豪放、樂觀，有什麼吐什麼，心中的祕密掩飾不住。子由的性格倒更像個穩健的兄長，子瞻反倒似一個活潑的弟弟。弟弟子由無論是在書信裡還是當面，都不斷地提醒他，倒像他的保護神！

蘇軾時時懷念子由，他給子由的詩詞中留下了千古不朽的雋永傑作。嘉祐六年（西元一○六一年），兄弟倆在鄭州分手，子由寫了《懷澠池寄子瞻兄》，蘇軾的和詩寫出了「人生到處知何似？應似飛鴻踏雪泥；泥上偶然留指爪，鴻飛那復計東西」的名句；熙寧九年（西元一○七六年）的中秋佳節，蘇軾在密州任所，面對天上皎潔的皓月。他舉杯遙思子由，寫下了家喻戶曉的《水調歌頭》：「……轉朱閣，低綺戶，照無眠。不應有恨，何事長向別時圓！人有悲歡離合，月有陰晴圓缺，此事古難全。但願人長久，千里共嬋娟。」現在，東坡想到自己恐怕

文字血淚

命不久矣，提筆寫下了兩首給子由的詩，以為絕筆：

聖主如天萬物春，小臣愚闇自亡身。
百年未滿先償債，十口無歸更累人。
是處青山可埋骨，他年雨夜獨傷神。
與君世世為兄弟，又結來生未了因。

柏台霜氣夜淒淒，風動琅璫月向低。
夢繞雲山心似鹿，魂飛湯火命如雞。
眼中犀角真吾子，身後牛衣愧老妻。
百歲神遊定何處，桐鄉知葬浙江西。

（《予以事系御史台獄，獄吏稍見侵，自度不能堪，死獄中，不得一別子由，故作二詩授獄卒梁成，以遺子由，二首》）

寫罷這兩首詩，把它疊好，交給獄卒梁成，求梁成轉交給子由。梁成素來敬重蘇軾的學問人品，因而對蘇軾十分客氣，處處照顧他，每天還弄來熱水，讓蘇軾燙腳。蘇軾覺得梁成可靠，把這兩首詩託付於他。梁成鄭重收好，對蘇軾說：「先生儘管放心。萬一先生不測，我一定會把它交給子由先生的。」

神宗這幾天悶悶不樂，心中頗為煩躁，御史台送上來的案卷他已翻閱了再三，但他難下決

心來殺蘇軾。蘇軾固然對新政不滿，處分是必然的；但如果按御史台的意見處以極刑，恐怕也太過分了吧。御史以「世間惟有蟄龍知」為主要罪狀之一，說蘇軾有「不臣之心」，這明顯是深文周納。御史台的態度，反倒引起了神宗的不滿。前幾天王珪來呈送案卷時，特意指摘《雙檜》詩，說這是「不臣孰甚！」神宗聽了，拂袖站起，冷冷地搶白說：「詩人之詞，怎能這樣分析！蘇軾自詠檜樹，與朕有何相干？」王珪聽罷，方才不敢言語。昨天，神宗暗中派一個小宦官到獄中去查看蘇軾的起居之狀，小宦官回來稟報說：「蘇軾適才睡下，鼻息如雷。」神宗對左右說：「朕知道蘇軾心中沒有什麼大的虧心之處，故此能安睡如常！」

幾天前，下面呈來故相王安石的親筆急信，這位退隱鍾山的故相，聽說蘇軾被捕下獄，且有性命之虞，十分著急，馬上給神宗上書，請皇上赦免蘇軾死罪。信中有言：「安有盛世而殺才士乎！」這更提醒了神宗，國朝以來，優遇士人，未嘗有殺士大夫之先例，何況又是蘇軾這樣的天下奇才呢？平心而論，神宗深為欣賞蘇軾的才華。

可是，御史台諸卿非要堅持他們的判決，態度十分堅決，說倘若寬貸蘇軾，就是廢弛國法，使整個變法前功盡廢。舒亶前日又來請示，說蘇軾與眾人勾結，「公為朋比，可置而不誅乎？」無異於是催促神宗趕快下詔處處蘇軾以極刑。

神宗的臉色陰鬱，在宮中踱來踱去。

年事已高的太皇太后曹氏，看到神宗不悅之狀，問他究竟有何心事，神宗回答祖母（曹后是仁宗的皇后，英宗即位，曹後垂簾聽政。神宗即位，尊位太皇太后）說：「現在廷臣中有人謗訕朝政，御史準備處以極刑，等待最後的裁處。」太皇太后說：「莫非說的是蘇軾吧？昔日

仁宗策士，得軾、轍兄弟，大悅，說：『我今又為子孫得兩個太平宰相！』蘇軾、蘇轍，是仁宗皇帝給你留下的人才啊！我近來不豫，你說要大赦天下，為我祈禳，可嘉你一片純孝之心。可是無須你赦天下兇殘之徒，只要赦免了蘇軾，我願足矣！」神宗聞之，慌忙給祖母叩頭，說：「皇孫即依太皇太后之旨！」

神宗下詔，貶蘇軾為黃州團練副使，本州安置，不得簽署公事。

蘇轍、張方平、司馬光、范鎮等與本案有關者，或貶謫，或罰銅。

至此，「烏台詩案」宣告結案。

蘇軾年底出獄，真是恍如再生，他摸了摸自己的後脖梗，自言自語道：「不意老頭皮尚在！」

正是元豐三年（西元一○八○年）的元月一日，蘇軾離開了京師，踏上去貶所黃州的征程。

路漫漫，風蕭蕭，還有多少磨難、坎坷在等著這位大詩人！

「平生文字為吾累」，蘇軾一生，果如斯言！

「烏台詩案」是北宋最有名的文字獄。它的政治背景，是王安石變法時期的新舊黨爭，蘇軾在政治上屬於舊黨，而且是舊黨的一員幹將，御史台的官員舒亶、李定等都屬新黨的營壘。這場詩禍的根源便在於黨爭間的傾軋。

御史台指摘蘇軾之詩以為「罪狀」的，其中果真有對新法譏諷「謗訕」的（如前所舉），蘇軾未必有多大的「冤枉」。但是因為詩中對新法有所諷刺便投入大獄，並欲置以重刑，這本身就是文字獄的惡劣行為。而在一般沒有政治內涵的寫景抒情之作中，挑出個別字從這點上看，蘇軾未必有多大的「冤枉」。

眼來，深文周納，鍛鍊成罪，指為有「不臣之意」，這就更為惡毒了。舒、李等人雖為新黨，但其人品之卑下，不為士林所齒，於此事足見一斑。由此可見，北宋中後期的新舊黨之爭，固然有變法與反變法的內容，但其中的朋黨色彩是較為明顯的。幸好北宋的政治環境相對來說是較為開明的，宋神宗也比較清醒，所以這場詩禍的結局不至於太慘。

《車蓋亭》詩：蔡確的厄運

北宋黨爭的一個重要武器，就是文字獄。「烏台詩案」風波剛息，《車蓋亭》詩案火焰又起。不過，受害人由舊黨的骨幹蘇軾，變成了新黨的中堅蔡確。而用文字獄來陷人以罪的手法卻如出一轍。

北宋元祐元年（西元一○八六年），年甫十歲的哲宗趙煦即位，由高太后代為攝政。太后在政治上傾向舊黨，深惡新黨，因而她一操政柄就貶黜新黨人物，舊黨的骨幹紛紛得到重用。司馬光被任為門下侍郎，等於副相。蘇軾從貶所召回，幾個月內迅速升遷，從七品升到三品，任翰林學士知制誥，差一步就可以拜相了。其他舊黨人物也都得以重用，朝政面目全非，新法已經全部廢止。儘管蘇軾為了堅持新法中的合理部分而與司馬光力爭，但司馬光堅執不聽，將新法統統廢掉。為此，蘇軾氣得在家裡大喊：「司馬牛！司馬牛！」

新黨人物被黜，首當其衝的是宰相蔡確。

蔡確（西元一○三七～一○九三年），字持正，泉州晉江（今中國福建）人。此人有智數謀略，尚氣敢為，不護細行。登進士第後，仕途頗為得意。當時王安石推行新法，正需要得力人才，受王安石、鄧綰等人的薦引，不斷升遷。元豐五年（西元一○八二年），拜尚書右僕射兼

中書侍郎，登上相位。當時他與王珪同居相位，雖位在王珪之後，但他名為次相，實專大政。

王珪以左僕射兼門下，居正相，卻只是「拱手而已」。蔡確一時間權勢炙手可熱。

蔡確當政時，對於士大夫也屢興羅織之獄，打擊異己力量，而當他失勢外貶之後，自己又飽受文字獄的構陷，令人覺得可嘆可悲。

蔡確被貶，出知安州（今中國河北新安）。他的心情是苦悶而無聊的。翻手之間，朝政全然變異，新黨人物七零八落，貶於四方，他也從相位上跌了下來，感到人生是如此慘澹。雖然是盛夏酷暑，他卻覺得心裡十分悲涼。

安州的西北角有一座亭子，名車蓋亭，顧名思義，亭如車蓋。車蓋亭在山環水抱之中，在亭上俯瞰，一條蜿蜒清亮的河水從亭子腳下流過，那便是溳溪。亭子有八個飛簷，宛如八隻展翼欲飛的鳥兒。在盛夏的火熱之中，這車蓋亭無疑是人們願意遊憩的所在。

蔡確公事之餘，時常漫步到此。望著重巒疊嶂和清漪碧水，他似乎忘卻了許多煩惱，但這些煩惱又時而冒了出來。安州畢竟不是朝廷之上，雖然身為貶官，卻遠離了官場的紛囂，那些相互之間的傾軋、攻訐，此刻似乎都變成了山那邊飄渺的雲霧。他感到了一種從未有過的輕鬆與釋然。難怪陶淵明當年對自己的隱居生活是如此津津樂道，原來山野之間果真蘊含著人生

「真意」啊！

蔡確畢竟不是陶潛，在官場沉浮中，他歷練得刻薄、老辣，有許多對手敗在他的手下，他常常感到一種勝利者的快感。但是這次他輸了，而且輸得很慘，這並不說明他沒有能力，沒有智慧，而是時運變幻，太后當權，新黨人物的黜退，是情理之中的。儘管宣布處分的時

文字血淚

候，都有一個冠冕堂皇的理由，但是誰都明白「欲加之罪，何患無辭」的道理，並非今日，自古而然啊！

在安州，他心靈的傷痕，似乎得到了大自然的撫慰。公事不多，客亦稀少，他常常一個人踽踽而來，坐在亭子裡往山間眺望，飄然出岫的雲朵，時時喚起這位知州的靈感，於是他一口氣寫下了十首絕句，這就是著名的《夏日登車蓋亭》詩。為使讀者了解詩的原貌，不妨全錄於此。

公事無多客亦稀，朱衣小吏不須隨。
溪潭直上虛亭裡，臥展柴桑處士詩。

一川佳景疏簾外，四面涼風曲檻頭。
綠野平流來遠棹，青天白雨起靈湫。

紙屏石枕竹方床，手倦拋書午夢長。
睡覺莞爾成獨笑，數聲漁笛在滄浪。

靜中自足勝炎蒸，入眼兼無俗物僧。
何處機心驚白鳥，誰人怒劍逐青蠅。

西山彷彿見松筠，日日來看色轉新。

聞說桃花岩石畔，讀書曾有謫仙人。

風搖熟果時聞落，雨滴餘花亦自香。
葉底出巢黃口鬧，波間逐隊小魚忙。

來結芳廬向翠微，自持杯酒對清暉。
水趨夢澤悠悠過，雲抱西山冉冉飛。

矯矯名臣郝甑山，忠言直節上元間。
古人不見清風在，嘆息思公俯碧灣。

溪中曾有戈船士，溪上今無佩犢人。
病守翛然唯坐嘯，白鷗紅鶴伴閒身。

喧豗六月浩無津，行見沙洲束兩濱。
如帶溪流何足道，沉沉滄海會揚塵。

蔡確寫畢這十首絕句，胸臆略覺舒坦。但他何嘗想到，這十首詩又給他帶來更糟糕的厄運，而透過箋注此詩來羅織罪名，使他遭到更大劫難的是吳處厚。

吳處厚是福建邵武人，登進士第，大概還比蔡確年長幾歲。吳、蔡之間，本來還有一段師

76

文字血淚

生之誼。年輕時，蔡確曾經跟吳處厚學賦。吳處厚在皇祐五年（西元一○五三年）中了進士，當時他的詩賦都已經很有名氣。那時蔡確尚未登第，他住在陳州，陳州通判鄭毅夫在士林中秀出群倫，深得學子欽慕。蔡確向鄭毅夫學賦。吳處厚與鄭毅夫乃是「同年」（同科進士）好友，時任汀州司理，他來訪問鄭毅夫，因與蔡確相識，蔡確也從吳處厚那裡學到了作賦的門徑。他們幾個都曾互有交往，毅夫得閒時，幾人曾一起飲酒作詩，登山臨水，頗有雅興。

次年，蔡確金榜題名，中了進士，從此仕途暢達，在朝中越來越有地位。他受到王安石的賞識、薦舉，在新黨人物中脫穎囊錐。蔡確遇事敢言，不苟且因循，令人刮目相看。譬如當時宰相吳充屢次向神宗說新法的不便，提出要廢止新法中較為激進的部分，蔡確據典力爭，他說：「漢朝時曹參與蕭何有矛盾，彼此不睦，但曹參接替蕭何為相後，仍沿用蕭何的法度章程。現在，新法乃是陛下所立，豈容一人挾怨沮止便加廢除！」於是新法得以維護實施。而蔡確在神宗心目中也有了更重要的位置，所以在元豐五年（西元一○八二年）得以拜相。

蔡確與王珪同時為相。吳處厚透過薛師正的關係，見知於王珪，王珪對吳處厚也極力揄揚。蔡確登上相位，吳處厚以為故人當了宰相，自己的前程會更加「光輝燦爛」，他滿懷深情地給蔡確寫了一份賀啟，除了吹捧，主要的意思是希望得到汲引提攜。如賀啟中說：「處厚早辱埏陶，竊深欣躍，豨苓馬勃，敢希乎良醫之求；木屑竹頭，願充乎大匠之用。」搖尾乞憐之態，躍然紙上。

哪裡想到，這位新登台的宰相老爺，對自己的這位「故人」並無多大興趣。他輕蔑地一笑，把賀啟扔過一旁，就再也沒有下文了。今非昔比，蔡某人再也不是幾年前的青衿學子，而

是堂堂大宋朝的宰相了，吳處厚這樣的小官，不值得他多加理睬。

吳處厚還是靠了王珪的薦引，當上了大理寺丞，大理寺是中央司法機關，相當於最高法院。吳處厚任職於大理寺，又在處理舒亶一案時與蔡確結下了怨隙。

舒亶，字信道，浙江慈溪人，他也是著名的新黨人物。王安石賞識他敢於彈劾大吏，無所畏避的態度，而提拔他為得力幹將。如他奉命逮捕畫《流民圖》的鄭俠，在鄭俠篋箱中搜出了所錄的名臣諫草，其中有涉及新法的。舒亶一鼓作氣，按姓名審查治罪。於是他被擢升為太子中允，舒亶用文字獄手段，羅織罪名，彈劾蘇軾，製造了有名的「烏台詩案」，因此而惡名遠颺，士大夫恥之。

舒亶曾糾彈尚書左丞王和甫，王和甫乘間反擊，說他自盜為贓。舒亶當時頗受神宗賞識，以為有恃無恐，力請將此案交付大理寺審理，神宗本來沒想怪罪舒亶，但他自己這樣要求，便下詔交送大理寺審理。

對舒亶一案的審理，牽涉到複雜的黨爭。從王和甫彈劾舒亶的事實來看，本來並非什麼大的過錯。舒亶當時以中丞兼直學士院，按神宗改革後的新官制來說，只能從一處領取俸祿及用品供給，但舒亶仍用學士院的名義，兩處領取。王和甫以此攻擊他「自盜為贓」。此事後面有著盤根錯節的黨爭背景。當時王珪和王和甫都屬舊黨人物，他們合謀要整倒舒亶。當時的情勢很明顯：舒亶得以辨明無罪，皇帝會更加信任，讓他參與大政；如果獲罪，那麼王珪便會薦王和甫登相位，取代蔡確。吳處厚對此事當然是傾向於王珪、王和甫這一邊的。他千方百計，將舒亶鍛鍊成罪，堅持認定舒亶乃是自盜貪贓。當時，大理正王吉甫等二十餘人，都說舒亶只是

「夾誤」，並非「贓罪」。但吳處厚秉承王珪旨意，堅持將舒亶定罪。王珪、王和甫又為之操縱策應，終於將舒亶下獄，定了除名之罪。

蔡確與舒亶都是新黨的中堅，又兼氣味相投，自然不能坐視，當吳處厚堅持將舒亶定罪時，蔡確暗中派人致意，請吳處厚「高抬貴手」。吳處厚本來就對蔡確心中怨恨，心想你蔡丞相也有求於我了，「一夫當關，萬夫莫開」，我就是揪住舒亶不放，看你能奈我何？終於將舒亶定罪。

舒亶雖然得罪，但王和甫並未因此而升遷。御史張汝賢、楊畏等朝臣，先後上疏，論王和甫「以有司陷中司」等罪，將王和甫黜為江寧知府，弄了個兩敗俱傷，新舊黨之間，溝壑更深。

蔡確對吳處厚十分惱恨，大罵吳處厚是「狂妄小人」，決心給他點顏色看看。蔡確指斥吳處厚「一芥小官，竟敢規勸朝廷，離間大臣」，要將他貶職外放。但由於王珪的阻止，此事未成。這個時期，皇上的子嗣屢有夭折，吳處厚趁機上奏：「臣曾經讀《史記》，考察趙氏興廢的過程，在屠岸賈之難時，程嬰、公孫杵臼盡忠節，獻生命，保全趙氏孤兒，大宋王朝擁有天下四海，這二人忠義卻未得彰表，應該訪其墓地，建祠紀念。」皇上覽罷奏疏十分激賞，誇獎此人「有見識」，敢建言。王珪趁時請皇上提拔此人，使之居於館閣之職。蔡確堅決阻撓，蔡確堅決反對，奏言於神宗說：「處厚乃是反覆小人，萬不可近。」王珪每每推薦，蔡確唧恨久之，發誓有機會必當報復。

處厚一直未得擢用，吳處厚對蔡確唧恨久之，發誓有機會必當報復。時間不長，王珪去世，蔡確繼為山陵使，到職第一天，便罷免了吳處厚。後來，在吳處厚的任職問題上，蔡確處處作梗，神宗駕崩，哲宗即位。王珪任山陵使，擢用吳處厚掌管表箋。

位時，吳處厚

使得兩人積怨越來越深。

蔡確丟了相位，先知陳州，不久移知安州，此時吳處厚正在漢陽當知州。兩州之間又發生了矛盾，使原有的積怨又加上了新的內容。靜江指揮卒應當出戍漢陽，蔡確以沒有兵器為由，不予派遣，吳處厚於是移文加以督責，催促快點發兵到位。蔡確又致函給荊南帥唐義問，請他留住不派，唐義問果然不讓靜江指揮卒出戍漢陽。吳處厚聞知蔡確在其中阻撓此事，大為惱怒。以往，蔡確是朝廷宰相，吳處厚當然受其壓抑也敢怒不敢言；現在不同了，兩人都是知州，誰也不受誰的轄制，現在你被貶斥下來，和我一樣作郡，難道還敢如此嗎？」他在知州衙門裡大罵蔡確：「你過去身居廟堂高位，可以害我；現在你被貶斥下來，和我一樣作郡，難道還敢如此嗎？」那位僚屬吟誦了吳處厚的詩作《秋興亭近詩》中的兩句：

雲共去時天杳杳，雁連來處水茫茫！

蔡確聽了，露出嘲諷的笑，說：「這位吳兄還是如此胡言亂語！」那位僚屬回到漢陽後，立刻把蔡確的話告訴了吳處厚。處厚恨恨地說：「蔡確竟敢如此譏笑我的詩作，氣煞我也！他忘了當年是如何向我討教了！」

不久，安州有位舉子吳擴，從漢江販糧到漢陽去，州裡派縣令陳當到漢口接洽。吳擴袖著名刺去謁見陳縣令，兩下攀談起來。吳擴說：「我近日離開鄉里時，蔡丞相作了《車蓋亭》十

文字血淚

首詩，舟中有其詩本，待我歸船後抄寫一份，奉送於您。」陳當聽了自然高興。

雙方交換糧食時，吳擴把詩本送給陳當，陳噹噹時忙於秤糧，無暇來讀，暫且置於袖中，帶了回去。

吳處厚在秋興亭置酒，派人去召陳當。陳當得到太守召見，不敢停留，當天從漢口馳往，一看，太守已經擺酒等候，陳當驚喜交加，連忙感謝太守厚愛。

吳處厚示意陳當不要拘謹，開懷暢飲。接應糧食，勞苦功高。陳當跑得很熱，於是，寬衣解帶，放懷吃喝，吳處厚恰好看到了陳當懷裡帶的詩本，問道：「陳縣令懷中何書？」陳當不經意地說：「適才一位安州舉子所贈在下的蔡丞相之詩。」

說者無心，聽者有意。吳處厚眼珠一轉，心裡已有了主意。他請陳當把詩本拿出來給他看。陳當豈有不讓太守看之理？連忙把詩本呈上，讓太守過目。吳處厚接過詩本，放下酒杯，一首一首地吟誦，讀一首叫一聲：「好詩！好詩！」便再呷一口酒，然後又反覆讀了兩遍，此時，胸中已有成竹，知道何處可以做文章，可以挑出毛病，都盤算得八九不離十了。之後，他又一本正經地對陳當說：「蔡丞相這十首詩，俱是佳作，既饒風骨，且具意境，大有陶潛之風味！陳縣令可否將此詩本借我一觀，我當手書之，朝夕吟詠，以快吾意！」

陳當說：「太守要看，這有何難？抄寫完畢，自當璧還。」

吳處厚說：「豈敢奪人之美？拿去就是了。」

當天晚上，吳處厚就把自己關進了「冬青堂」，插上門，開始「用功」。他要用文字獄這把不見血的刀，來報復蔡確。他的辦法是對蔡詩進行「箋注」，也就是進行政治性的曲解。他找

出詩的「言外之意」，說它們都是謗訕朝廷，且看他是如何「箋注」的：

「何處機心驚白鳥，誰人怨劍逐青蠅！」以譏讒謗之人；

「葉底出巢黃口鬧，波間逐隊小魚忙」，譏新進用事之人；

「睡起莞爾成獨笑」，方今朝廷清明，不知確笑何事？

「矯矯名臣郝甑山，忠言直節上元間。」按：郝處俊，封甑山公，唐高宗欲遜位天後，處俊上疏諫，此事正在上元三年，今皇太后垂簾，遵用章獻明肅故事，確指武后以比太后；

「沉沉滄海會揚塵」，謂人壽幾何，尤非佳語。

這樣一箋注，十首《車蓋亭》詩，就足夠送蔡確進詔獄了。吳處厚寫完了這幾則箋注，告訐蔡確「譏謗君親」。主持朝政的高太后本來就反對新法，對新黨人物大加排斥，眼下舊黨人物都重登要津，現在有人來告新黨的骨幹分子蔡確的狀，恰逢其時，一告一個準兒。

次日，吳處厚迫不及待將他的「箋注傑作」上報於朝廷，告訐蔡確「譏謗君親」。

文字獄果真是整治對立面、打擊異己的好武器。有了這樣的把柄，舊黨人物個個摩拳擦掌，一定要治蔡確的重罪。左諫議大夫梁燾、右諫議大夫范祖禹、左司諫王安世、右司諫王岩叟、左正言劉安世等，連上奏章，「乞正確罪」。一時間，對蔡確問題的態度，成了檢驗朝臣是否忠正的標準。不肯附和重治蔡確的，如御史李常、盛陶、翟恩、趙挺之、王彭年、中書舍人

好好地吃了一頓夜宵；然後上床去睡了，這一夜，他睡得特別香，夢裡竟然有了蔡確被斬首的情形。

82

文字血淚

彭汝勵等，都被罷黜貶官。因為蔡確一案，朝廷上熱鬧起來了。

尚書右僕射兼中書侍郎范純仁，在這個問題面前頗為清醒，他是堅決反對以文字罪人的。

他力陳己見，結果被視為蔡確一黨而遭貶黜。

太后詔蔡確自己辯明，蔡確大叫冤枉，卻難以洗刷得清。他指出吳處厚是「於詩外多方箋釋，橫加誣衊」。可惜「詩無達詁」，怎麼解釋似都有理，加之漢儒解釋《詩三百》力求「微言大義」的傳統在中國綿綿不絕，有心無心都扯到政治上。吳處厚對「矯矯名臣」一首早下斷語，說是「譏謗朝廷，情理切要」，又說：「蔡確謫守安州，便懷怨恨，公肆譏謗，形於篇什。」太后早已有了這種先入之見，聽不進蔡確的辯解。蔡確的辯解也有底虛之處，如說「臣以滇溪舊有郝處俊釣台，因嘆其忠直，見於詩句，臣僚（指吳處厚）謂臣譏謗君親，此一節中傷臣最為深切！」對於緬懷郝處俊的原因雖已講清，但詩中說郝「忠言直節上元間」的用意無法辯明，這在高太后面前，等於默認自己是指桑罵槐了。總之，蔡確的辯解不甚得力，「終不自明」。

其實，辯與不辯，結果不會有什麼兩樣。封建時代的司法，先以認定有罪為前提，有了這個前提，何求不得。那麼多舊黨人物早已瞪著眼睛等著清算新黨呢，有了這樣一個好題材，文章豈肯不作？

於是，太后詔下，蔡確因有「訕上」之罪，遠貶新州。這在當時，就是對大臣最重的處罰了。相對而言，宋代君主，待士大夫較寬，不開殺戒，有罪則貶，罪益重而貶益遠。新州在今廣東，在大庾嶺以南。貶到嶺南，這算是極重的處罰了，一個當過宰相的人，遠貶嶺南，這在

宋代還是第一次！

聽到將蔡確遠貶嶺南的詔命，范純仁對這種以文字罪人的做法深以為憂。他去拜謁太后，在太后簾前，純仁懇切而言：「聖朝務為寬厚之政，不可以語言文字曖昧不明之過，誅竄大臣，此事不可開端。」但是，太后哪裡肯聽？於是范純仁反被指為「確黨」，受到劉安世的彈劾。

范純仁自請外放，明年知潁昌府。

蔡確欲哭無淚，只好邁著沉重的步履，踏上了去新州的迢迢長路。

新州遠在嶺南，海陬天隅，山荒水僻，蔡確心情極為沮抑，到元祐八年（西元一〇九三年），他就死在新州貶所了。臨終之時，他手指北方，悵恨無極，到黃泉路上去望京城了。

製造這場文字獄的「文倀」吳處厚，卻因為舉發有功，徙知衛州，他感到心滿意足，不單是因為有了更好的任所，而且是滿足了他的報復心理。他在家裡大宴三天，張燈結綵，得意地奸笑：「看你蔡確還能把我怎樣？看誰笑到最後？」

但是，士大夫們對於吳處厚充滿了厭惡感，因為他「首興告訐之風，為搢紳復仇禍首」，對這種以文字構陷人的小人，士大夫們當然要退避三舍，惡而遠之了。

不用說別人，他自己的兒子對這種行為都深以為恥。他把《車蓋亭》詩箋註上奏朝廷，等著回音的那幾天，兒子柔嘉進士及第，授太府司戶，回家來探望父母，吳處厚興高采烈地迎出門去，柔嘉接到堂上。柔嘉有些意外，覺得父親如此興奮，恐怕不僅是因為自己中第授官吧？於是，便探問其故。吳處厚對兒子說：「我二十年深仇，今報之矣。」柔嘉又問其詳細情況，吳處厚便把自己如何為蔡詩箋釋，誣之以譏謗君親，然後上告朝廷的經過對柔嘉講了一遍。

84

文字血淚

柔嘉一聽，大吃一驚，他立身站起，正色對父親說：「果真如此，恐非人所為，父親大人平生學業精深，而今為何出此下道？將來何以立於世間？柔嘉既為您的兒子，又何面目見人於天地之間！」說罷，柔嘉馬上辭別父母，離家而去了。

由此可見，文字獄該是如何不得人心！以文字害人，連自己的兒子都鄙夷唾棄。

《車蓋亭》詩案，在北宋是著名的文字獄，文字獄的特色較為典型。吳處厚用箋釋的手法來「發掘」他人詩中的「言外之意」，捕風捉影，深文周納，這也是一大「發明」。詩禍是文字獄中非常突出的一類。宋代文人素質較高，而且政治意識很強，語涉時政者不為少數，因詩而得禍者也就並不稀罕了。但從蔡確這十首絕句來看，並非有意譏謗之作，更多的是抒寫閒適之意，間或也有抑鬱心情的流露。但像吳處厚那樣把「波間逐隊小魚忙」解為「譏新進用事之人」，則純屬牽強附會以為陷害了。

《車蓋亭》詩案與「烏台詩案」相距未遠，都有明顯的黨爭背景，案主一為新黨骨幹，一為舊黨中堅，但因詩得禍的情況十分相近，製造文字獄的人，使用的手法也頗相似。在北宋，文字獄已成為黨爭的重要武器，置人於罪的「殺手鐗」。

詩人皇后：生命在詩禍中凋謝

蕭觀音，遼代傑出的契丹女詩人，道宗的懿德皇后。在宮廷政治鬥爭中，她被權臣耶律乙辛害死，乙辛為她設下了惡毒的文字陷阱！

「鐵馬秋風塞北」，草原和大漠，不僅造就了北方民族的剽悍粗獷，也誕育了許多少數民族的女傑。在契丹王朝中，更以述律平、蕭燕燕這樣殺伐果斷、叱咤風雲的女政治家成為其歷史上不可磨滅的特殊風采。

契丹族女人沒有漢族女人所受那麼嚴重的禮教束縛，她們在草原上馳騁，也在馬上放歌，在契丹的生產生活方式下，她們和男性一樣「鞍馬為家」。因此，遼朝的后妃在政治生活中扮演著更為重要的角色。可以說，在某種程度上，遼朝政治是皇族與后族的聯合壟斷。作為后族代表的后、妃，自然有著更強的政治責任感和使命感。

蕭觀音是這樣一位契丹女性：既不乏清醒的政治頭腦，又有如水的柔情；蕭觀音是這樣一位皇后：既關切王朝的長治久安，又渴望君主的眷愛。然而她卻成了政治鬥爭的犧牲品，三十五歲時便香消命殞了！

遼朝的天下，可以說是耶律氏與蕭氏兩家的天下，蕭氏就是后族。遼朝的皇后都姓蕭。蕭

觀音的父親蕭惠，是聖宗欽哀皇后蕭耨斤的弟弟。蕭惠在興宗朝任樞密使，北府宰相，總領天下兵馬，又娶了興宗的姐姐秦晉國長公主，拜駙馬都尉，封為魏王。蕭惠雖然位重權大，但卻性情寬厚，自俸節儉。

蕭觀音容貌極美，真可以說是光彩照人。既有一種攝人的魅力，又有說不出來的高雅氣質，真如王荊公在《明妃曲》裡所形容的「意態由來畫不成」。而且，蕭觀音還是一位傑出的女詩人，說到遼詩，頭一個就須提到她的詩歌傑作。誰知，最後得禍也竟在詩上！

還是在道宗耶律洪基被封為燕趙國王的重熙年間，就納蕭觀音為王妃——那時，蕭觀音還只是一個幾歲的小姑娘。待耶律洪基繼承大統，當了皇帝，就立蕭觀音當了懿德皇后。

蕭觀音本來深受道宗寵愛。道宗即位的時候，還是位二十五六歲的英俊青年，而蕭觀音此時十五六歲，正是「荳蔻梢頭」、「裊裊婷婷」的妙齡。道宗不僅被蕭觀音的美麗所吸引、所打動。而且，他們還是詩歌唱酬的詩友呢！蕭觀音寫了詩，道宗總是嘖嘖稱賞。蕭觀音又善彈箏，每當她撫琴的時候，道宗常常站在她身後，情不自禁地點領擊節，進入美妙的境界……。

年輕時的道宗，很有一番宏偉的抱負，他不僅想守住祖上留下的這份基業，他還想併吞天下，做一個萬方一統的中原之主。清寧三年（西元一○五七年），道宗曾寫了一首《君臣同志華夷同風》的詩，呈獻給他的生母仁懿太后，詩中表達了這種願望，蕭觀音隨即應制和了一首同題的五律詩：「虞廷開盛軌，王會合奇琛。到處承天意，皆同捧日心。文章通谷蠡，聲教薄雞林。大寓看交泰，應知無古今。」這並非一般的應制之什，而是有著很深刻的政治含意。太

后、道宗讀了之後，都激賞不已。

道宗的性格中，帶著許多契丹貴族的民族特徵，他特別愛好狩獵，後來也因耽於畋獵，荒

弛朝政，受到皇后的勸諫，乃至於成為夫妻漸致疏遠的一個原因，這是後來的事情。清寧二年

（西元一○五六年）的八月，道宗圍獵於秋山。塞北的陰曆八月，已是暮秋時節，秋山蕭索，秋

風颯颯。年輕的皇帝，此時心情很好，他騎在一匹雄駿的馬上，身著獵裝，背著一副用了多年

的強弓。他的馬跑得很快，衛士們的馬緊緊跟隨在後面。蕭觀音率領著宮中的妃嬪，也都去掉

了宮中的濃妝豔抹，與聖上一起出獵。

道宗和他的大臣們、嬪妃們、衛士們所組成的射獵隊伍，到了伏虎林。伏虎林是有名的獵

場，在現在內蒙古巴林右旗西北察罕木倫河源的白塔子西北，是遼朝皇帝的「四捺缽」之一。

所謂「捺缽」，就是皇帝的行在地。傳說遼朝的第四代皇帝景宗親率數騎到此狩獵，虎伏林間

而不敢動，因此得名「伏虎林」。

道宗對自己的騎射本領相當自信。他望著身邊的皇后，敕命皇后賦詩一首為他壯威。蕭觀

音受旨，應聲而吟道：

威風萬里壓南邦，東去能翻鴨綠江。

靈怪大千俱破膽，那教猛虎不投降！

六宮粉黛之首的皇后竟然吟出如此雄壯的詩篇，論氣勢不亞於漢高祖的《大風歌》，真個

是直欲壓倒鬚眉。且詩中之意豈止是詠歎狩獵，正是一派威鎮四方、一統天下的氣象。皇后的

詩大副上意，道宗聞之大喜，把皇后的詩寫下來遍示扈從的文武群臣，高興地連連稱許：「皇

88

文字血淚

后真是女中才子！」翌日清晨，道宗裝束停當，踏著早霜就入林射獵。過了不到半個時辰，林中忽然一陣聲響，如同疾風捲起。真有一隻色彩斑斕的東北虎躥了出來。道宗屏住呼吸，滿引強弓，對準老虎咽喉一箭射去，正中老虎致命要害，那虎咆哮一聲，倒地而亡了。道宗興高采烈，他扔下弓箭，大聲笑道：「朕射得此虎，可謂不愧后詩！」群臣歡呼「萬歲」，聲震林莽。皇后更是笑得開心了。

清寧四年（西元一〇五八年），蕭觀音為道宗生下了皇子濬。濬在八歲時被冊為太子。濬非常聰穎好學，深得道宗喜愛，道宗常對臣下誇耀：「此子聰慧，乃是天授也！」太子濬不僅知書能文，而且也十分愛好騎射武藝。道宗帶他出獵，濬曾三發三中，遇到了十隻鹿，被他射獲了九隻，道宗非常高興，對左右大臣說：「我朝祖宗以來，騎射絕人，威震天下。現在太子雖幼，卻是不墮祖風，此乃社稷之福啊！」到大康元年（西元一〇七五年）六月，太子濬兼領北南樞密院事，開始參與朝政，且一開始就表現出明察忠奸、法度井然的政治才能。

太子濬初出茅廬，開始接觸朝政，使當時朝中一個炙手可熱的權臣寢食難安——這就是道宗朝有名的奸相耶律乙辛。此時的道宗，並沒有隨著年齡的增長而變得成熟，倒是越變越昏庸了，他委權於耶律乙辛，自己卻耽於畋獵酒色，任意縱恣，荒弛朝綱。蕭觀音對他多次勸諫，苦口婆心，他非但無所警醒，反而疏遠冷落了皇后。耶律乙辛乘勢結黨營私，恃寵不法，權傾朝野。現在太子參與朝政，而且是非清楚，使他不得上下其手。於是，陰險狠毒的耶律乙辛精心策劃了誣害蕭觀音母子的陰謀。

這些日子，耶律乙辛心神不寧。對他的屬下，甚至對他的家人都不時地無端發火。前天一

個他平素很喜歡的侍婢不慎失手灑了人參燕窩湯，燙了耶律乙辛的手，他一怒之下竟砍去了侍婢的雙手，手下人這些天越發怕他。他夜裡幾次夢見太子登基，曆數他的罪惡，處他以寸磔之刑。每次從夢中醒來，都是滿身冷汗，然後就再也難以入睡，眼前一幕幕掠過往事……。

耶律乙辛，字胡睹衮，出身於契丹的一個部族五院部。父親耶律迭剌是部族裡有名的窮光蛋，人家送他的綽號是「窮迭剌」。可是，耶律乙辛的命相卻不錯。他娘懷他的時候，夜裡夢見自己用手搏一頭黑色的公羊，竟然拔去了羊的犄角和尾巴。醒轉過來，覺得好生奇怪，不知是凶是吉，於是便請占夢先生為此夢占解。占夢先生說：「此乃吉兆。羊字去了角、尾，正是一個『王』字。你的兒子將來貴不可言，必當封為王侯。」生耶律乙辛時，恰在行途路上，無水洗浴，正在困窘之時，忽見路上乾涸的軌轍中突然湧出清泉。當然這只是傳說而已。

耶律乙辛雖然出身寒門蓬戶，卻極為聰明狡黠，善於察言觀色，討人喜歡。到了成人以後，出落得一表人才，為人狡詐，表面上十分和善，實則城府很深。興宗重熙年間，作為文班吏陪詩入宮。由於他心眼兒靈活，處事乖巧，興宗和仁懿後對他都頗為喜愛，累遷至護衛太保。道宗即位後，也對他相當信任，清寧五年（西元一○五九年）當上了南院樞密使，後又改知北院。

乙辛在政治漩渦中善於觀風轉舵，瞅準機會下注，因而能夠左右逢源，扶搖直上。清寧九年（西元一○六三年）的平定「重元之亂」成為乙辛爬上權力頂峰的契機。乙辛在這次險惡的宮廷內爭中大大地撈了一把，打開了專權擅政的大門。

文字血淚

耶律重元（即宗元）是興宗的同母胞弟，聖宗死後，欽哀皇后稱制，曾經密謀立重元。重元卻把這個「密謀」報告給興宗，興宗十分感激，封他為皇太弟。興宗臨崩之前，並沒有傳位給這位「皇太弟」，而是傳給了趙王耶律洪基，是為道宗。重元沒能當上皇帝，心中十分怨恨。而道宗為了穩定自己的皇帝寶座，一上台便尊「皇太弟重元為皇太叔」，表面上是給重元更高的榮寵，實際上卻是免去了他以「兄終弟及」、奪取皇位的可能性，重元更為不滿。重元父子組成了一個陰謀叛亂的集團，準備起兵叛亂。清寧九年（西元一○六三年），道宗駕獵灤水，重元和他的兒子涅魯古、同黨蕭胡睹等率領四百人，伏於行宮之外，準備弒殺道宗。

重元發動叛亂之前，道宗思想很麻痺，但是耶律良、耶律仁先等重臣卻有所察覺，因而早有防範。亂起之際，道宗命仁先以全權討賊，仁先臨危不亂，環車為營，率近侍三十餘人與賊搏殺。重元亂黨多數投降，涅魯古中矢墜馬，重元受傷而逃，北走大漠，看大勢已去，橫劍自刎於途中了。這場鬧劇宣告結束。

耶律乙辛在平亂中發揮了什麼作用呢？他留仁先在朝有功。在此之前，重元的同黨蕭胡睹忌憚仁先，恐其在亂起時成為重元亂黨的「剋星」，於是想法排擠他出朝，奏請道宗授任仁先為西北路招討使。道宗准奏，而乙辛則奏請道宗將仁先留在朝中，說：「臣新參國政，未知治體。仁先乃先帝舊臣，不可遽離朝廷。」道宗又同意了乙辛之請，把仁先留在朝廷。待重元亂平，道宗想起前因後果，覺得多虧有仁先在身邊，才使自己免遭劫難，於是厚賞乙辛，賜為「匡時翊聖竭忠平亂功臣」，並下詔云：四方有軍旅之事，乙辛可以便宜從事，專擅殺伐。

乙辛抓住了這個機會，掌握了朝廷的軍政大權，當時勢傾中外，門下賄賂不絕。順我者

昌，逆我者亡。凡是阿諛、順從自己的人，一律加以薦拔；忠直不附的，一律斥逐。又與張孝傑、耶律燕哥、肖十三等朋比勾結，形成了以乙辛為首的奸黨。道宗後來廢弛朝政，委權於乙辛，於是時政越來越腐敗。乙辛的權勢達到了極點，他利用手中的權柄迫害了許多正直之士，殺了許多，也放逐了許多。

現在太子參與朝政，且領北院樞密使，以東宮之重行此威權，太子又正直明察，那麼以後還會有我乙辛的好下場嗎？乙辛想到這些，不免惴惴不安，於是他處心積慮地琢磨搬掉自己的障礙的辦法。對了，就先從懿德皇后身上打主意。皇后也是乙辛的眼中釘，她屢次勸諫道宗親賢遠佞，實質上指的便是我耶律乙辛，好在現在聖上對皇后有些厭煩了，除了畋獵、佞佛，就是臨幸那些更為年輕風流的嬪妃，皇后已被冷落多時了。

想到這裡，乙辛的眼睛在黑暗中放出兩道凶光，他獨自獰笑了，一個陰險毒辣的計畫，在這獰笑中已經「創造」出來了。

夜是這般的漫長。北方的秋夜，又送來了如許的無聊與寂寞，寢宮裡燈火依舊明亮，但卻顯得如此空空蕩蕩。牙床上的錦被鋪得整整齊齊，被子上繡的龍鳳圖案卻又似乎在嘆息女主人的孤單。身旁的宮婢已經伏在香案邊睡著了，嘴角還流著一條涎水……。

夜已深深，蕭觀音卻難以入眠。

覽鏡自照，她的容貌依然美麗，但魚尾紋不知什麼時候爬上了眼角，兩滴清淚慢慢地從眼圈裡滾了出來。

聖上已經多時沒有臨幸皇后的寢宮了，從咸雍年間開始，聖上就幾乎不和蕭觀音在一起同

92

文字血淚

寢，而且臨幸的次數愈來愈少，最近的一二年裡，皇上只是象徵性地來過一兩回。皇上現在戀著的是鄭淑妃、蕭美人，還有其他幾位年輕貌美、香豔無比的嬪妃。只要不是正式的場合，皇上總是左擁右嬛，把鄭淑妃、蕭美人摟在身邊，和她們一起飲酒作樂。皇上已經對朝政越來越沒興趣——一切都聽任耶律乙辛處置，但那乙辛明明是個獨擅專權、陷害忠悃的邪佞之輩，皇上卻認為他忠實可靠。皇上依然愛打獵，而且越來越頻繁，然而聖駕出獵再也不帶著蕭觀音了，當然也不用她以詩助威了。取代蕭觀音的是鄭淑妃、蕭美人，她們不會吟詩，卻會撒嬌。

想起這些，蕭觀音心中不免湧出一陣陣哀怨。

皇上久已不來臨幸，究竟為的是什麼？蕭觀音相信自己雖然已經三十有五，但仍不失當年的風姿美態，皇上對自己也不失客氣，自己也還是堂堂正正的皇后。朝廷慶典，還是自己和皇上並肩而坐，接受百官的朝賀。但是皇上顯然是對自己有些厭倦，客氣中使人感到一種說不出的冷淡。上個月的太后誕辰，宴飲之際皇上對蕭觀音表示：過幾日朕去宮中看望皇后。蕭觀音聽了，心中一陣陣激動。回宮以後，讓宮婢把宮室收拾得裡外一新。她對著銅鏡反復梳妝，心中不免一陣陣狂喜，把龍鳳呈祥的錦被鋪了又鋪、展了又展，把鴛鴦戲水的兩對枕頭並了又並，挨了又挨，從日落開始盼聖駕的到來，一直到深夜。第二天、第三天，又復如是，……蕭觀音的心涼了。靜夜中卻傳來緊鄰的鄭淑妃宮中傳出的浪笑，以及為鄭淑妃伴舞的絲竹管弦之音……原來皇上又在淑妃宮中！

蕭觀音感到一陣陣委屈，卻又是無可奈何。眼下的境遇，自己不又是一個幽閉在長門宮裡的陳阿嬌嗎？千金縱買相如賦，脈脈此情誰訴？除了侍奉她的宮婢而外，偌大的寢宮只有形單

影隻的皇后。蕭觀音覺得白天是那麼漫長，日影移動得很慢很慢；蕭觀音覺得夜晚是那麼漫長，漏聲使人煩躁不安。

夜中難寐，蕭觀音想了許多、許多。難道是自己做錯了什麼？使皇上龍心不悅？蕭觀音不是那種只會以女色邀寵的皇后，蕭觀音不做趙飛燕、楊玉環，卻自幼飽讀詩書，深明大理。她敬慕唐太宗的妃子徐惠，時時對太宗進諫，諫阻對外用兵、大興土木，深得太宗的讚賞，在青史上留下芳名。前幾年，皇上常來臨幸的時候，蕭觀音時常趁機進諫朝政得失。勸皇上自己抓住朝政大事，不可使別有用心的大臣擅權，只恐壞了朝綱。「皇上豈不聞太白詩云：『君失臣兮龍為魚，權歸臣兮鼠變虎』，還望皇上多多留意。」皇上大不以為然。蕭觀音更為擔憂的是，皇上耽於畋獵，時時出圍。皇上的御騎號為「飛電」，可見其大不止此。皇上騎著「飛電」，常常一馬當先，馳入深林邃谷，衛士扈從們都找不到。皇上最擔心如此下去，怕什麼時候會發生不測，宛如風馳電掣一般，瞬息百里，隨從們的馬，哪個也趕不上。她曾數次對皇上口頭進諫，皇上頗有厭煩之態。但蕭觀音對此深為憂慮，甚至夢見皇上在伏虎林中墜馬，摔得血流滿面，驚醒之後，蕭觀音掌起燈來，讓燕哥拿來筆硯，披衣坐起，連夜寫了一封《諫獵疏》，疏中諫道：

妾聞穆王遠駕，周德用衰。夏社幾屋，此游畋之往戒，帝王之龜鑑也。頃見駕幸秋山，不閒六御。特以單騎從禽，深入不測。此雖威神所居，萬靈自為擁護；倘有絕群之獸，果如東方所言，則溝中之豕，必敗簡子之駕矣。妾雖愚，竊為社稷憂之。惟陛下尊老氏馳騁之戒，用漢

94

文字血淚

文吉行之旨，不以其言為牝雞之晨而納之。

道宗覽畢諫疏，心中十分不悅。他是遼道宗，而非唐太宗，他沒有納諫的雅量，更沒有改過的毅力，皇后的《諫獵疏》文采倒是不錯，可是話裡話外把我比做穆王、太康，說我游畋無度，這不是輕視於朕嗎？我契丹祖宗，以弓馬而創大遼基業，騎射一道，是萬不能荒廢的。朕飽參經史，深通儒、道、釋典籍，不亞於中原天子；朕縱騎如飛，百步穿楊，不敢說武藝絕倫，卻又是古今帝王幾個能比的？皇后多慮，喋喋不休，甚是心煩！道宗表面上接受了諫疏，並且煞有介事地在朝堂上嘉納幾句，但心中實實不以為然。從那以後，皇上就很少到皇后宮中來了。而那豔冶的鄭淑妃、蕭美人，趁時爭寵，把皇上哄得如入醉鄉，左右聽的全是纏綿的情話，滿是阿諛順從之詞，哪裡還願意去聽皇后的逆耳忠言呢？

想到這裡，蕭觀音無可奈何地嘆了一口氣。貴為皇后，卻不能主宰自己的命運，無非又是一個「陳皇后」，古往今來，這長期冷落的處境不是從我蕭觀音開始，大概也不是在我這裡結束吧。當年唐玄宗時楊貴妃和梅妃江采蘋爭寵，梅妃失寵，遂命其宮院為「回心院」，盼望玄宗能夠回心轉意，眷愛如初，蕭觀音又何嘗不盼望道宗的重新眷顧、歡愛如昨呢？觀音抹去淚痕，展開素箋，用她那娟秀的筆跡寫下了千載流傳的《回心院詞》十首，詞云：

掃深殿，閉久金鋪暗。游絲絡網塵作堆，積歲青苔厚階面。掃深殿，待君宴。

拂象床，憑夢借高唐。敲壞半邊知妾臥，恰當天處少輝光。拂象床，待君王。

換香枕，一半無雲錦。為是秋來轉展多，更有雙雙淚痕滲。換香枕，待君寢。

鋪翠被，羞殺鴛鴦對。猶憶當時叫合歡，而今獨覆相思塊。

裝繡帳，金鈎未敢上。解卻四角夜光珠，不教照見愁模樣。

疊錦茵，重重空自陳。只願身當白玉體，不願伊當薄命人。

展瑤席，花笑三韓碧。笑妾新鋪玉一床，從來婦歡不終夕。

剔銀燈，須知一樣明。偏是君來生彩暈，對妾故作青熒熒。

爇薰爐，能將孤悶蘇。若道妾身多穢賤，自沾御香徹膚。

張鳴箏，恰恰語嬌鶯。一從彈作房中曲，常和窗前風雨聲。

蕭觀音浸染在一種自己營造的幻覺之中，恍惚之間，皇上突然而至，揮去黃門侍者，扶皇后坐在繡帳裡，聽她吟詠自己的新詩，輕輕撫弄著她的雲鬢，把她緊緊地擁在懷中。觀音閉上眼睛，用濡濕了淚水的睫毛去迎接皇上那厚實的嘴脣……。

皇上，你在哪裡？蕭觀音睜開雙眼，還是空空的宮，煢煢的她，只有燈火若明若暗，只有更漏一聲一聲地咬齧著她的心！

耶律乙辛已經盤算好了多時，只是等待一個下手的藉口。他害人來，從不手軟，也從不寬緩，必欲置之死地。他已安排好宮婢單登探聽皇后的消息。單登本是耶律重元妻婢，重元之亂平定後，入宮為婢。單登雖然年紀輕輕，卻十分乖覺且機靈狡詐，她長得俏麗豐盈，很能使人神魂顛倒。她見乙辛勢大，早就委身於他，而且當了乙辛在宮中的「耳目」。乙辛叮囑單登這些天密切注視皇后的起居動靜，尤其是皇后的心情。單登跑到乙辛這裡，告訴他，皇后新作了《回心院詞》十首，極為纏綿悱惻。宮中伶官無人能演奏此曲，只有伶官

96

文字血淚

趙惟一有這樣的音樂才能。因此，皇后近來數次召惟一進宮演奏《回心院詞》。趙惟一年輕英俊，在諸伶中技藝超群。乙辛聞之，得意地笑了。在他眼珠轉動的瞬間，一個害人陰謀的實施方案已經想好了。他拿出兩錠金子賞給單登，把單登抱在自己腿上，捏著她那動人的鼻尖，說：「我的小美人，你可幫了本王的大忙。事成之後，本王還有重賞。這齣戲還真離不了你這個角兒！」單登摟著乙辛的脖子，嗲聲嗲氣地撒嬌：「奴才哪裡敢望厚賞，王爺不要卸磨殺驢，已是奴才萬幸了！」乙辛連忙起誓：「本王豈敢如此！倘是這樣，天誅地滅。」單登摀住乙辛的嘴：「誰叫王爺咒誓來著？只望王爺別忘了奴才便是！」乙辛抱起單登，進了床帳……。

乙辛命手下文士，寫下了《十香》淫詞，十分豔冶逸蕩，以此作為誣陷皇后的「釣餌」。

《十香》詞云：

青絲七尺長，挽出內家裝。
不知眠枕上，倍覺綠雲香。

紅綃一幅強，輕闌白玉光。
試開胸探取，尤比顫酥香。

芙蓉失新豔，蓮花落故妝。
兩般總堪比，可似粉腮香？

蜻蜓那足並，長鬢學鳳凰。
昨宵歡臂上，應惹領邊香。

和羹好滋味，送語出宮商。
定知郎口內，含有暖甘香。

非關酒兼氣，不是口脂芳。
卻疑花解語，風送過來香。

既摘上林蕊，還親御苑桑。
歸來便攜手，纖纖春筍香。

鳳靴拋合縫，羅襪卸輕霜。
誰將暖白玉，雕出軟鉤香？

解帶色已戰，觸手心愈忙。
那識羅裙裡，消魂別有香？

咳唾千花釀，肌膚百和裝。元非嗅沉水，生得滿身香。

乙辛「造」了這《十香詞》，就唆使單登拿著它去騙取皇后手書。單登帶著《十香詞》拜見皇后，騙皇后說這是宋朝的皇后所作，希望能得到懿德皇后的親筆御書，那便堪稱「雙絕」。

蕭觀音拿過《十香詞》，觀覽一過，說：「此詩文辭倒還工緻典麗，只是意思過於豔冶了吧？既是宋朝皇后所作，我就抄寫一遍吧。」於是，蕭觀音便飽蘸筆墨，手書了《十香詞》。她哪裡知道這是耶律乙辛設下的陷阱。書寫完畢，蕭觀音猶然覺得這首詩過於豔冶，不甚合於后妃之德，於是又在紙尾寫下自己所作《懷古》七絕一首，以示對《十香詞》的分析批判態度。

《懷古詩》曰：

宮中只數趙家妝，敗雨殘雲誤漢王。
惟有知情一片月，曾窺飛燕入昭陽。

這首七絕，明明是借懷古以寓諷喻之旨，言趙飛燕以女色而誤國，亦是針對《十香詞》而發。乙辛得之，連讀三遍，正欲在雞蛋裡挑骨頭，讀來讀去，恰好在詩中尋得「趙惟一」三個字，正中他的下懷。乙辛如獲至寶，高興萬分，拊髀而笑：「吾事成矣！」他的眼前似乎出現了皇后被皇上賜死，素練勒住皇后雪白脖頸的悽慘情景，他咬著牙根說：「蕭觀音，看你還能活上幾日？你死之後，我再圖太子，一個一個地收拾！」

耶律乙辛一面指使單登和教坊的朱頂鶴，拿著皇后手書的《十香詞》作為證據，誣告皇后

98

與趙惟一私通；一面又親寫密奏進行誣陷。奏疏編造謊言，把「莫須有」的「宮廷緋聞」寫得活靈活現。奏疏中說：

於時皇后以御製回心院曲十首，付惟一入調。自辰至酉，調成，皇后向簾下目之。遂隔簾與惟一對彈。及昏，命燭，傳惟一去官服，著綠巾，金抹額，窄袖紫羅衫，珠帶烏靴。皇后亦著紫金百鳳衫，杏黃金縷裙，上戴百寶花髻，下穿紅鳳花靴，召惟一更入內帳，對彈琵琶，命酒對飲。或飲或彈，至院鼓三下，內侍出帳。登時當直帳，不復聞帳內彈飲，但聞笑聲，登亦心動，密從帳外聽之，聞后言曰：「可封有用郎君。」惟一低聲言曰：「奴具雖健，小蛇耳，自不敵可汗真龍。」后曰：「小猛蛇，卻賽真懶龍。」此後但聞惺惺若小兒夢中啼而已。院鼓四下，后喚登揭帳，曰：惟一醉不起，可為我叫醒。登叫惟一百通，始為醒狀，乃起，拜辭。後賜金帛一篋，謝恩而出。其後駕還，雖時召見，不敢入帳。后深懷思，因作《十香詞》賜惟一。惟一持出誇示同官朱頂鶴。朱頂鶴遂手奪其詞，使婦清子問登。登懼事發連坐，乘暇泣諫。后怒，痛笞，遂斥外直。但朱頂鶴與登共悉此事，使含忍不言，一朝敗露，安免株坐，故敢首陳，乞為轉奏，以正刑誅。臣惟皇帝以至德統天，化及無外，寡妻四婦，莫不刑於。今宮帳深密，忽有異言，其有關治化，良非渺小，故不忍隱諱，輒據詞並手書十香詞一紙，密奏以聞。

道宗覽罷乙辛密奏，登時勃然大怒，下詔命北府宰相張孝傑和耶律乙辛審理此案。乙辛得旨，喜不自勝，正欲假此以害皇后。張孝傑是個貪婪奸詐的邪佞之輩，他久在相位，謀私舞弊，無所不為，常說：「無百萬兩黃金，不足為宰相家。」他早就和乙辛沆瀣一氣。乙辛專權

岡上，橫行一時，張孝傑處處附和乙辛。他受命治獄，當然是按乙辛之意窮治其獄。他們以《十香詞》和《懷古詩》為物證，鍛成此獄，上報導宗。道宗稍稍冷靜一下，對案情略有疑竇，還沒有下決心處死皇后。道宗指著《懷古詩》問張孝傑：「此詩乃是皇后罵趙飛燕，如何便作十詞？」張孝傑奏道：「此詩正是皇后懷念惟一，故有此作。」道宗又問：「卿何以知之？」孝傑對曰：「『宮中只數趙家妝』『惟有知情一片月』二句中包『趙惟一』三個字。」他這樣一說，道宗怒火又燃，遂決意處死皇后，於是令皇后蕭觀音自盡。

蕭觀音接旨，如雷擊頂。她無罪於聖上，無罪於社稷，她賢德仁淑，深明大義，雖無大功於國家，亦可問心而無愧，一片清白，日月可鑑，而今被人構陷，因詩得禍，又背以淫肆之名，何其冤耶？蕭觀音自盡之前，乞請面見道宗，以為訣別，竟然不得龍恩准許。於是，蕭觀音望帝所而拜，飽蘸血淚，寫下了讀之令人腸斷的《絕命詞》，詞云：

嗟薄祜兮多幸，羌作儷兮皇家。承昊穹兮下覆，近日月兮分華。托後鈞兮凝位，忽前星兮啟耀。雖鷽累兮黃床，庶無罪兮宗廟。欲貫魚兮上進，乘陽德兮天飛。豈禍生兮無朕，蒙穢惡兮宮闈。將剖心兮自陳，冀迴照兮白日。寧庶女兮多慚，過飛霜兮下擊。顧子女兮哀頓，對左右兮摧傷。共西曜兮將墜，忽吾去兮椒房。呼天地兮慘悴，恨今古兮安極？知吾生兮必死，又焉愛兮旦夕？

皇后的宮門緊緊地閉上，一條白練結束了蕭觀音的華年。風蕭蕭，雲慘慘，聞者莫不冤之，一代詩人皇后含冤而亡。

文字血淚

大康三年（西元一○七七年），耶律乙辛又謀殺了太子濬與太子妃。

大康九年（西元一○八三年），耶律乙辛奸黨失勢，罪惡敗露，謀逃入宋及私藏兵器事發，被誅殺。

乾統初年，追諡蕭觀音為宣懿皇后，合葬慶陵。

這是遼朝歷史上僅為我們所知的一場「文字獄」。顯然，蕭觀音成了遼廷內部政治鬥爭的犧牲品。對《懷古詩》的羅織不過是「文字獄」的「初級」手段，皇帝的昏庸與殘忍專橫，才「成全」了這惡毒的誣殺！

一代詩人皇后，遼代的詩史因她而煥異彩，她卻因詩而致禍。那慘麗的《絕命詞》伴著詩魂飄搖而上重霄！

「罪己」與殺人

金熙宗皇統九年（西元一一四九年）四月裡的一天夜裡，烏雲密布，沒有一顆星斗，漆黑的夜色傳來了無邊的隱隱雷聲。忽然狂風大作，雷鳴電閃，暴風雨以摧古拉朽之勢席捲了整個京城。

連續兩三天的大風雨，毀壞了無數的民居、官舍，上百年的老樹連根拔起，瓦木人畜都被捲走了十幾里遠；很多人家因為暴風雨的災害而流離失所，在這場暴風雨中，京城一帶死傷了數百人。

不僅是民居，連皇帝的寢宮都遭到了雷電風暴的襲擊。在暴風雨之夜，雷電震壞了寢殿的飛簷，有一個大火球飛入熙宗的寢宮，竟然燒了熙宗的幃幔。熙宗被這種情形嚇壞了，連忙跑到別的殿裡暫避一時。

中國封建時代的統治者，對於這種意外的自然災害是很敏感的，往往視之為「天譴」，也就是上天的警告。自從漢代大儒董仲舒提出「天人感應」、「人副天數」的一套理論，對於統治者的思想發生了深遠影響。董仲舒說：「凡災異之本，盡生於國家之失。國家之失，乃始萌芽，而天出災害以譴告之。」（《春秋繁露・必仁且知》）認為天用災害和怪異對人君敲警鐘，說

文字血淚

明上天關懷人君，使之不要鑄成大錯。這種觀念在某種意義也有積極的一面，使統治者能夠有所戒懼，有所收斂。

熙宗完顏亶是金王朝的第三代君主，是道地的女真貴族。但他深受漢文化濡染，很熟悉儒家傳統中的「災變天譴」的思想觀念。夜裡的火球穿過寢宮，使他餘悸在心。於是他便召來翰林學士張鈞，詢問這場暴風雨與火穿寢宮的原因與徵兆。張鈞便稟奏說：「如此災異，乃是上天的警示。現在國中財力匱乏，言路堵塞，朝中有奸小弄權，惟望陛下察之。」

熙宗便問張鈞：「依卿之見，當做何處？」

張鈞沉吟片刻說：「陛下仁被四海，百姓知恩感戴。然上天既有譴意，似應下詔罪己，以釋天怒。」

熙宗聽了，深以為然，於是就命張鈞草擬「罪己詔」。張鈞是漢族儒士。他覺得既然是為皇上代擬「罪己詔」，便應按漢族君主的慣例來寫。「罪己」便當「深自貶損」，方能感動上天。於是，在文中出現了「惟德弗類，上干天威」以及「顧茲寡昧，眇予小子」等語。這些本來都是罪己詔裡濫用了的制式，卻惹來了殺身之禍。

熙宗身邊有個寵臣蕭肄，本是奚人，他善於逢迎諂諛，很受熙宗的青睞，一步步升到參知政事（副宰相）。他雖然不是道地的女真人，但在政治上卻代表著女真貴族集團的利益。對於漢人儒士，他抱著仇視的態度。他不像那些女真軍事貴族那樣無所顧忌，劍拔弩張，而是採用非常陰險卑劣的手段，找機會整治漢族士人。張鈞慘死於劍下，便是蕭肄構陷的結果。

這是一場很典型的文字獄，但這文字獄只是最後的結果，之所以產生，有著深刻的歷史

原因。

作為金朝統治者的女真貴族，在文化上經歷了很大的發展躍遷。女真文化迅速提高，主要是接受漢文化滲透影響的結果。在開國前和開國之初，女真人民風純樸，文化落後，沒有漢人的那種等級森嚴的封建秩序，君臣之間，也沒有天壤相隔的界限。太祖阿骨打時期，君臣雖然有這種名分，實際上卻沒有什麼尊卑等級的嚴格區分。有樂同享，有財同用，乃至不分彼此。至於房舍、車馬、衣服、飲食之類，都沒有什麼差別，看不出誰是君，誰是臣。太祖阿骨打所享受的特權只有一所房子，叫「乾元殿」。這個「皇宮」的周圍，栽了一些柳樹，就算是禁圍。「皇宮」的裡面，繞牆都是大炕，沒事的時候，這個「皇宮」就鎖上，把它打開，太祖便和臣下盤腿混坐炕上，那些后妃躬侍飲食。太祖常常自己到臣下之家，君臣毫無隔閡，攜手握臂，咬頭扭耳，至於同歌共舞，不分尊卑。所謂君臣關係是原始而純樸的。

太宗完顏晟時期，也仍然是保存了女真民族的純樸文化形態，在君臣關係上與太祖時期所差無幾，太宗本人就常常在河裡野浴，甚至和別人一樣在草原上放牧，當然也就談不上什麼尊卑關係。

太宗之後，便是金熙宗完顏亶，情況與太祖、太宗時期就大不一樣了。熙宗小的時候，金人已經入侵中原，滅遼之後得到漢族儒士韓昉作為熙宗的老師。韓昉等漢族士人向熙宗灌輸的是漢族統治者的一套尊卑秩序，等級觀念。熙宗非常欣羨漢族皇帝的威儀尊嚴。熙宗像效中原王朝的典章制度。對於漢族文士，他也多加倚重，如宇文虛中出使金朝後被留下，因此仕於金朝，被尊為「國師」。當時的一些典章制度，都請宇文虛中參與制定，參用唐宋之法加以修改、

文字血淚

增損。

熙宗受漢文化的影響，倚重於漢士如韓昉等。與原先女真族尊卑不分的純樸人際關係越來越遠。因此，引起那些老臣們的強烈不滿。由於等級森嚴的尊卑秩序，不是特定的慶典等，臣下見到皇帝都很難了。於是那些女真貴族首先就對熙宗嘖有煩言。他們看熙宗「宛然一漢家少年」，而熙宗對這些舊貴族也很鄙視，把他們看成「無知夷狄」，君臣之間有了很大的隔閡。

由於熙宗對漢文化的羨慕，對漢族儒士的倚重，引起了女真貴族的嫉恨。他們對一些有影響的漢士，往往羅織罪名，以達到排擠打擊的目的，如宇文虛中與女真貴族之間就存在著很深的矛盾。他對女真人以「礦鹵」目之，所以那些女真人的「達官貴人」往往「積不能平」，於是便想盡辦法進行構陷，構陷的方式也是利用文字獄。

女真貴族在製造文字獄方面並非高手，但他們利用了熙宗的矛盾心態。熙宗崇尚漢文化，在輿服典制方面都仿效漢族皇帝。而在文化上，他有一種深層的自卑感，他雖然與漢族文士多所游處，但又惟恐這些漢士在內心裡瞧不起他這位女真皇帝，所以他變得頗為多疑；而且他畢竟是女真人，代表的是女真貴族集團的利益，容易聽信女真貴族的挑撥。熙宗雖然欣賞漢文化，對於弈棋戰象、品茶論畫很是嚮往，但他的漢文功底畢竟相當有限，再加上別人的教唆與他自己的多疑，就製造了以文字殺人的悲劇。

宇文虛中本是南人，在宋朝就已大有文名，北宋徽宗年間任過起居舍人，國史編修官。仕於北朝後，雖與韓昉俱掌辭命，地位很高，但熙宗對他並不放心。宇文虛中為皇帝宮殿撰寫榜署文字，本來都是頌揚嘉美的文字，但有人卻摘出其中個別字加以曲解，說他謗訕朝廷，於

是周納以成罪狀。皇統六年（西元一一四六年）二月，女真貴族唐括酬斡的家奴杜天佛，受主子的指使，誣告宇文虛中謀反，熙宗命刑部審理，結果拿不出證據，便羅織虛中家裡的圖書為「反具」，硬說他私藏逆書，圖謀不軌。虛中感到既冤枉又可笑。便說：「死，對我來說，是在情理之中的，但以家存圖書為謀反證據，實在令人不解。南來的士大夫家都有許多藏書，像高士談家的書就比我更多，難道他也謀反嗎？」虛中這樣一說，反而把高士談也牽連進來。虛中與高士談一同被熙宗殺害了。宇文虛中的死，已經具有了文字獄的特點。

熙宗後幾年更為多疑嗜殺，張鈞之死，便是蕭肄利用了熙宗這種性格特徵而進讒言的結果。

張鈞為熙宗代擬的「罪己詔」寫完之後，熙宗對其中一些古奧的詞語難以理解，便讓蕭肄來翻譯解釋。張鈞平素恃才自傲，對於那些女真貴族不理不睬，對於蕭肄的人格品行尤為鄙薄，有時甚至當面揭穿蕭肄的諂媚嘴臉包藏的禍心，因而蕭肄對張鈞早就懷恨在心。現在皇上讓他來解釋張鈞代擬的「罪己詔」，機會來了，蕭肄禁不住心花怒放，他要趁此機會除掉張鈞，以洩心頭之恨。於是，他就開始「編排」了。

「弗類，就是『大無道』的意思，寡者，就是孤獨無親」，蕭肄一邊這樣胡亂解釋，一邊用眼角偷覦著熙宗的表情。

聽了第一句，熙宗的眉頭就皺了起來，聽到第二句，眉毛開始立了起來，熙宗好生惱火：「張鈞，朕待你不薄，你怎敢如此欺朕？」蕭肄一看收到了效果，又故意停頓了下來，來了個「欲擒故縱」。

熙宗發現蕭肄吞吞吐吐停頓下來，不耐煩地說：「快講，張鈞還說些什麼？」蕭肄故意裝

成一副誠惶誠恐的樣子⋯「臣恐觸怒天顏，故此不敢往下細講。這『罪己詔』中多有悖逆文

字，臣不知該不該照張學士的原意來說？」

熙宗揮了揮手：「朕赦你無罪，照直來講便是。」但從熙宗的表情來看，心中的怒火，已

被蕭肄煽起來了。

蕭肄聽聞此言，就更添油加醋地解釋起來：『昧』，就是『人事弗曉』，不明人間事理，

『眇』，就是『目無所見』，如同瞎子，對一切都茫然無知。『小子』，是嬰孩之稱，竟敢把陛下

比做三歲孩子，陛下，臣實在不忍往下解釋了。這都是漢人托文字來罵主上，果真好生歹毒！」

熙宗心中的怒火越燃越烈，聽到此處，他禁不住熱血上湧，把手中的茶杯往御書案上猛立

一摔，茶杯碎成幾塊，茶水濺了龍袍，蕭肄連忙給皇上擦拭。熙宗高聲喝道⋯

「來人！去把翰林學士張鈞帶來，朕要親自問他，因何如此侮慢於朕？」

不多時，張鈞被御林軍押到堂前，跪在熙宗面前，熙宗怒問：「這『罪己詔』裡都說些什

麼東西，句句都是對朕的侮罵輕蔑之詞？」

張鈞聽了，目瞪口呆，心想⋯這是從何說起？「罪己詔」是皇帝對於上天的「賠罪」，用

來回答「天譴」，消弭災異。當然要說一些自我貶損的話，不然，還叫什麼個人的「罪己詔」呢？這

在漢人的朝廷裡，也不過就是一種「例行公事」，寫的都是制式，沒有什麼個人的想法、寫

法。他想解釋，但龍顏大怒，使他在廷上縮頸股慄，結結巴巴解釋了幾句，熙宗早就不耐煩

了，根本不聽他的解釋，命衛士把張鈞廷杖一百。

一百大棍打下來，張鈞已經皮開肉綻，血肉模糊，昏死了幾次，又被冷水澆醒。他看到蕭

肆在熙宗耳邊嘀嘀咕咕，心裡頓時全都明白了，他手指著蕭肆，趴在地上，有氣無力地說：

「你這欺君罔上的奸臣，我到陰間也饒不了你！」

熙宗本想就此作罷，把張鈞削職為民也就算了。蕭肆在旁邊拖著哭腔給熙宗火上加油：

「陛下聽到張鈞之語否？他豈止是在辱罵臣下，更是在罵陛下，請陛下早斷，除此逆黨！」說

罷，跪在熙宗腳下，使勁磕頭。

熙宗見此情形，火又復起，他雙眉倒豎，牙咬得咯咯直響，一轉身，從衛士腰間抽出一口雪亮的寶劍，把劍插進張鈞口中，嘴裡氣咻咻地嚷著：「看你還罵朕不？看你還敢罵朕？」寶劍從張鈞口中刺進，一直豁到耳根，然後又一翻腕，張鈞的左邊面頰，全被割了下來，慘叫之聲縈繞在皇帝的宮廷之中。熙宗還覺得不解心頭餘怒，又讓衛士把張鈞剁成肉醬。

翰林學士張鈞因為代熙宗擬寫「罪己詔」而慘遭殺身之禍，而以文字構陷儒士罪名的蕭肆，卻因之受賞升官，熙宗賜給他通天犀帶，對他格外褒賞。

熙宗到此尚不肯罷休，還疑神疑鬼，以為張鈞還有幕後指使者，於是便加以追查。左丞相宗賢進讒言，說幕後的人可能是太保完顏亮，因而將完顏亮等貶謫為領行台尚書省事。

完顏亮就是弒殺熙宗而奪帝位的海陵王。熙宗完顏亶是太祖嫡孫，完顏亮也是太祖之孫，對於皇帝的寶座，他是久懷覬覦之心的。熙宗對完顏亮也頗有防範之意。張鈞草詔獲罪遭到殘殺，熙宗還因此而懷疑完顏亮，這就使這場文字禍有了皇室之間互相傾軋，爭奪帝位的背景。

完顏亮被貶出京城至良鄉，忽然又被熙宗召還。完顏亮心中恐慌，不知熙宗為什麼這麼快就召回自己，惟恐遭到不測，到了朝廷上，原來是又將他復職為平章政事。雖是一場虛驚，但

完顏亮也十分驚懼，更加快了篡位的準備。皇統九年（西元一一四九年）十二月，完顏亮和他的黨羽裡應外合，弒殺了熙宗。完顏亮登上了皇帝的寶座，同時很快就消滅自己的反對派，殺了曹國王宗敏，左丞相宗賢，並將自己的黨羽一一加晉爵。

蕭肄在熙宗朝一直受寵，他憑恃皇帝的恩倖，傲視同列，與完顏亮不睦。完顏亮即位當了皇帝，給大臣們加官爵，也給蕭肄加封為銀青光祿大夫。過了不幾天，完顏亮突然召見蕭肄，質問他：「學士張鈞所犯何罪而被殺？你又有何功勞受賞？」蕭肄嚇得汗如雨出，口不能言。完顏亮又說：「朕殺你易如反掌，只是這樣做，會有人認為我挾私報復。」於是，下詔將蕭肄除名，放歸田裡，禁錮起來，行動不得出於百里之外。

張鈞代熙宗草擬「罪己詔」而慘遭屠戮，蕭肄對其文字斷章取義，妄加曲解，羅織罪名，這個事件有較為典型的文字獄意義，但又不止於文字獄，而是牽涉到一系列複雜的政治問題。這其中有女真貴族集團與漢族士人的互相爭鬥，也有皇室成員之間的彼此傾軋。張鈞因文字而被殺，不過是個偶然的契機而已。

文字獄，權奸的武器

被人萬世唾罵的南宋第一號大奸臣秦檜，以出賣民族利益、向敵人苟和投降為其「畢生事業」，他永遠地被釘在歷史的恥辱柱上！

無論誰以何種名義、何種角度要為這樣一個奸臣翻案，也無論是誰打著一種怎樣高深的理論旗號，人民都不會認同的。秦檜是被人民所不齒的敗類。用不著以什麼「先進的」理論去為秦檜「正名」，這是徒勞的，因為他陷害、打擊忠良義士的手段太歹毒、太卑劣了！

終秦檜一生，用來打擊、迫害主戰派的最主要武器，就是文字獄！

在秦檜的宰相府中，有一座別緻而壯觀的閣子，閣上有一個醒目的黑漆橫匾，匾上有五個燙金的大字：「一德格天閣」。這是炙手可熱的當朝宰相秦檜經常在此讀書、休憩之所。在閣的頂上，寫著趙鼎、李光、胡銓三個人的姓名，秦檜常常飯後坐在閣中，盯著這幾個名字出神，心裡盤算著如何除掉這三個人。因為這三個人都是主戰派的有名人物，也是堅決反對秦檜賣國求榮醜惡行徑的大臣，秦檜把他們視為眼中釘，一定要置之死地而後快。最先受到秦檜迫害的是胡銓。

在南宋的愛國志士中，胡銓是名聲極響的一位。胡銓（西元一一○二～一一八○年）字邦

文字血淚

衡，號澹庵，吉州廬陵（今中國江西吉安）人。建炎二年（西元一一二八年），高宗以策問取士，胡銓所得御題為：「問治道本天，天道本民。」胡銓的回答出語驚人。他在策論中寫道：

湯武聽民而興，桀紂聽天而亡。……今陛下起干戈鋒鏑間，外亂內訌，而策臣數十條，皆質之天，不聽於民。……今宰相非晏殊，參政非韓琦、杜衍、范仲淹。

胡銓的策論有一萬多字，精警深刻。高宗看後，很是歡賞，要把他圈為第一，但高宗身邊的人忌妒胡銓的剛直，向高宗進讒言，把胡銓排在了第五，授撫州軍事判官。紹興五年（西元一一三五年），兵部尚書呂祉以賢良方正推薦他，被任命為樞密院編修官。

紹興年間，秦檜逢迎高宗之意，加緊投降議和，他用陰謀手段排擠了另一位宰相呂頤浩，自己獨攬朝政。然後便推行賣國投降政策。金主完顏亮死後，撻懶主持金國朝議，秦檜以十分屈辱的條件與金人達成和議。紹興七年（西元一一三七年）正月，何蘚使金歸來，帶回宋徽宗和寧德皇后死在金國的噩耗，高宗慟哭發喪，當天便任命秦檜為樞密使。四月，高宗派王倫出使金國迎還梓宮（皇帝的棺材）。王倫是秦檜的親信，當然是奉行屈辱投降的政策。

王倫本是市井無賴，出身貧寒，為任俠之舉，往來於京、洛之間，屢次犯法，但都逃脫了法網。汴京失守的時候，京城人大亂，朝廷手足無措，王倫乘此機會闖到欽宗面前說：「臣能彈壓這種局面。」欽宗正在無可奈何之時，忽然有人自薦說能彈壓動亂，如久旱而逢甘霖，甚是高興，立刻解下腰間所佩的夏國寶劍賜予他，說：「卿能為此，功莫大焉！朕定要厚賞於卿！」

王倫的目的是乘機要官，不趕快伸手，還待何時？於是，王倫「撲通」給欽宗跪下，磕頭說：「臣乃布衣，沒有官職，豈能彈壓？」

欽宗正在用人之際，眼下京城都亂了套，那些平時高談闊論的朝臣到了有事的時候，都面面相覷，沒人敢出來安定局面，飢不擇食，當時拿過一張紙片，親筆寫道：「王倫可任兵部侍郎。」就這樣，王倫從一個市井無賴一下子平步青雲。當下王倫領命帶劍下樓而去，帶著一些惡少，撫定亂民。王倫手仗尚方寶劍，大喊：「皇上有旨，有亂者斬！」都城的騷亂真的平息下來，這便成為王倫發跡的起點。

從建炎元年（西元一一二七年）起，王倫就充任南宋對金國的使臣，往來於宋、金之間。

紹興七年（西元一一三七年）春天，徽宗與寧德皇后的訃聞到臨安後，高宗派王倫為迎奉梓宮使，出使金國。金人以還梓宮與河南舊地為釣餌，誘使高宗稱臣納貢。

到紹興八年（西元一一三八年），金主派張通古、蕭哲為江南招諭使，許歸河南、陝西地，與王倫一起南來。金國的條件是南宋向金稱臣，受金的冊封。兩位金使態度極為倨傲，到了泗州，傳語州縣長官都要出城拜謁，平江知府向子諲堅決不肯出拜，並且掛冠而去，奏請致仕。到了南宋都城臨安，又要百官備禮。金使以「詔諭江南」為名，不稱宋國而稱「江南」，不稱「通問」而稱「詔諭」，實際上是把南宋當作藩屬。

秦檜命禮部侍郎兼直學士曾開，草答國書，體制與藩屬相同。曾開堅決不肯起草，秦檜以名利地位為誘餌，說：「皇上虛執政的位置以待君，君盡可起草。」曾開不買他的帳，高聲回答：「開只知有義，不知有利，敢問我朝對待金人，究竟用什麼禮節？」秦檜嚅嚅道：「如

文字血淚

高麗之於本朝。」高麗是宋朝的附庸國，向宋朝稱臣納貢，秦檜把宋對金的關係比作高麗對宋朝，就是明確這種稱臣納貢的關係。曾開聽了勃然而怒。

應富國強兵，尊主庇民，為何出此喪權辱國之策？」秦檜惱羞成怒，對曾開說：「主上以盛德當大位，公定，還有何言？公自取盛名，那就不要前程了？」曾開始終不肯草詔，自請罷職。曾開又與同僚張燾、晏敦復、魏矼等數十人聯名上疏，極言不可議和。於是朝野上下，一片反對苟和之聲。

胡銓得知秦檜、王倫攛掇高宗向金國稱臣乞和，氣得劍眉倒豎，連續三日，寢食難安，一團怒火憋在心中，不吐不快。對於秦檜、王倫這些投降派，這些賣國賣主的小人，恨不能食肉寢皮，方解心中之恨。堂堂大宋王朝，豈能向番邦俯首稱臣？思來想去，他決心向高宗上疏，力陳己見，請斬秦檜、王倫這些奸臣之頭，然後整軍備戰，收復神州！

胡銓也知道，此疏一上，高宗不會高興，或許會大發雷霆，而秦檜就更不會饒過自己，但他不能不寫，即使貶官，即便殺頭，也在所不惜！「我胡銓一人倒霉，喚醒天下人的民族正氣，值得！」胡銓命家人把一壺烈酒送到書房，他熱血沸騰，除去袍帽，在書房裡來回走著，一排排燃著怒火、挾著雷電的犀利字句，在他心中奔突而來。他覺得渾身有些顫抖，把筆墨蘸飽，鋪開箋紙，奮筆疾書：

臣謹案，王倫本一狹邪小人，市井無賴，頃緣宰相無識，遂舉以使敵，專務詐誕，欺罔天聽，驟得美官，天下之人切齒唾罵。今者無故誘致虜使，以「詔諭江南」為名，是欲臣妾我也，是欲劉豫我也。劉豫臣事金人，南面稱王，自以為子孫帝王萬世不拔之

業，一旦豺狼改慮，猝而縛之，父子為敵。商鑑不遠，而倫又欲陛下效之。夫天下者，祖宗之天下也，陛下所居之位，祖宗之位也。奈何以祖宗之天下為仇敵之天下，以祖宗之位為仇敵藩臣之位！陛下一屈膝，則祖宗廟社之靈盡汙草萊，祖宗數百年之赤子盡為左衽，朝廷宰執盡為陪臣，天下士大夫皆當裂冠毀冕，變為異服。異時豺狼無厭之求，安知不加我以無禮如劉豫也哉？

寫到此處，胡銓站起身來，把筆擱下，自己給自己斟上一杯烈酒，一飲而盡。他的情緒更加激動，眼睛通紅，把座椅拍得「啪啪」作響。門外侍候的書僮聽到響聲，以為出了什麼事情，急忙推門進來，看到主人這副樣子不知說什麼好，胡銓揮了揮手，示意讓他出去，自己又坐下來寫：

……今內而百官，外而軍民，萬口一談，皆欲食倫之肉。謗議洶洶，陛下不聞，正恐一旦變詐，禍且不測。臣切謂不斬王倫，國之存亡未可知也。

胡銓覺得王倫似乎已被押赴刑場，公開處決，千萬軍民往他身上扔石頭，吐唾沫，「解恨！解恨！非斬這個壞蛋不足以平天下人之心。」

不僅是王倫，更壞的是秦檜，還有那個完全隨著秦檜轉的參知政事孫近。這兩個人是罪魁禍首，更該斬！於是，他又寫道：

雖然，倫不足道也，秦檜以腹心大臣而亦為之，陛下有堯、舜之資，檜不能致君如唐、

114

文字血淚

虞，而欲導陛下為石晉。……孔子曰：「微管仲，吾其披髮左衽矣。」夫管仲，霸者之佐耳，尚能變左衽之區，而為衣裳之會。秦檜，大國之相也，反驅衣冠之俗，而為左衽之鄉。則檜也不惟陛下之罪人，實管仲之罪人矣。孫近傅會檜議，遂得參知政事，天下望治有如饑渴，而近伴食中書，漫不敢可否事。檜曰敵可和，近亦曰可和；檜曰天子當拜，近亦曰當拜。臣嘗至政事堂，三發問而近不答，但曰：「已令臺諫、侍從議矣。」嗚呼！參贊大政，徒取充位如此。

有如敵騎長驅，尚能折衝禦侮耶！臣切謂秦檜、孫近亦可斬也。

揭露了秦檜、孫近的醜態，胡銓覺得特別痛快。對這種竊踞高位、禍國殃民的人，舉國上下都切齒痛恨。胡銓為人們喊出了心聲，自己感到興奮，就是自己下地獄，也是值得的，胡銓又滿飲一杯，揮筆寫道：

臣備員樞屬，義不能與檜等共戴天，區區之心，願斷三人頭，竿之藁街，然後羈留虜使，責以無禮，徐與問罪之師，則三軍之士不戰而氣自倍。不然，臣有赴東海而死爾，寧能處小朝廷求活邪！

胡銓寫罷擲筆，高聲吟誦一遍，覺得很滿意。他又想到，此疏一上，必會引起皇上震怒，奸梟秦檜，也會不遺餘力地迫害他，胡銓很清楚自己面臨的處境，他要對妻子說清楚。於是便叫書僮把妻喚到書房。

每逢胡銓把妻子喚到書房談話，總是有很重要的事情。胡銓的妻子不僅姿容秀美，而且知書達理，深明大義。她來到書房，把門掩上，問道：「夫君何事喚我至此？」胡銓將這份寫好

的上疏拿給她看，妻子看了一遍，又看一遍，放上此疏，對胡銓說：「秦丞相賣主求榮，乃千夫所指，且正掌權要，炙手可熱。夫君上疏，乞斬秦檜、王倫，想必曉得其中利害吧？」

胡銓對妻子說：「此疏一上，必然震動朝野，然禍亦不遠矣。只恐連累於你和全家！」妻子臉色變得嚴肅起來：「夫君所為，乃是正義堂堂的大事，妾無所畏懼！君能為烈士，妾亦甘為烈士妻也！」胡銓又拿過一隻酒杯，倒滿杯酒，他和妻子深情對視，兩人一飲而盡。

胡銓抗疏上奏，果然震驚朝野。有人已將此疏刊刻，在臨安城裡，廣為傳布。人們奔走相告，拍手稱快，人們心裡想說而又不敢說的話，都讓胡銓寫出來了。一時間，很多人都能背誦這篇名文。

秦檜看到此文，卻氣得渾身發抖，他知道這篇檄文的厲害，眼下臨安城裡有誰不知，有誰不曉？這對於議和，對於自己的名聲都極為不利。秦檜躲進他的內書房，思謀了半天，想了一條「以退為進」的計策。

次日一早，他自戴枷鎖，上朝去見高宗，拜伏在高宗腳下，請皇上賜他一死。秦檜一邊哭一邊說：

「臣為陛下披肝瀝膽，為宗廟晝夜籌劃，然思慮不周，致有疏虞。今胡銓上疏乞斬臣頭，勢在必得。誠能以謝天下，臣又何惜此頭？臣帶臣頭來矣！」

高宗被秦檜這一套搞得心亂如麻。方今與金人和議，正賴此人。宋使到金，金主每問秦檜近況，又說要想議和，必須秦丞相出面。要想議和求安，秦檜乃是第一要害人物。胡銓的上疏，高宗看了，殊為氣憤，竟要斬我大臣之頭，又說南宋是「小朝廷」，狂妄至極！但是，天

116

文字血淚

下軍民之心被胡銓這篇文章煽動起來了，高宗覺得甚是被動。

高宗俯身扶起秦檜，御手為秦檜拭淚，又命人趕快為秦丞相除去枷鎖，讓秦檜坐在一旁椅子上，撫慰秦檜說：「愛卿與王倫代朕受過，朕心中豈能無感？卿盡管忠心為朕辦事，朕對卿全然信賴！南北講和，休養生息，乃是朕之策也。」

秦檜對高宗說：「多謝陛下洪恩，臣敢不盡心竭力！然胡銓破壞和議，該作何處呢？」

高宗說：「胡銓之事，一付愛卿處置，不勞卿上奏於朕了。」

秦檜有了高宗的旨意，更加有恃無恐，他立即傳訊胡銓，說他「狂妄凶悖，鼓眾劫持」，胡銓據理力爭，痛斥秦檜。秦檜更加惱怒，他把胡銓除名，編管昭州。然後，以皇帝詔書的形式播告中外。

消息傳出以後，台諫官與其他朝臣很多人都出面疏救胡銓，一時間許多諫疏堆到了高宗的御案上。秦檜迫於公論，將胡銓改為監廣州鹽倉，後來又改為簽書威武軍武官。

臨行之時，很多同僚都來為胡銓送行，朝士陳剛為胡銓寫了送別文字，其中有這樣的句子：

屈膝請和，知廟堂禦侮之無策；張膽論事，嘉樞庭謀遠之有人。身為南海之中，名若泰山之重。

這裡對胡銓高度評價，並且抨擊了朝廷的「屈膝請和」政策。秦檜得知之後，對陳剛加以迫害，將他貶為虔州安遠縣（今中國江西）的知縣。

秦檜對胡銓一直耿耿於懷，一有機會，便進行打擊迫害。紹興十二年（西元一一四二年），秦檜又唆使諫官羅汝楫彈劾胡銓「飾非橫議」，然後將胡銓除名，編管新州（今中國廣東新興）。

秦檜這幾年來的橫行霸道、殘害忠良，給南宋朝野蒙上了一層黑暗陰沉的氣氛。抗金名將、民族英雄岳飛被害，宰相趙鼎等人遭到秦檜的構陷而被流放。所以士大夫們對於秦檜的所作所為是敢怒不敢言的。這次胡銓被遠貶新州，很少有人敢來送行或寫詩文相送的了。但也有不怕危險來以詩詞慰送胡銓的士大夫。最有名的是王庭珪和張元幹，他們也都遭到秦檜文字獄的迫害。

王庭珪（西元一〇七九年～一一七一年），字民瞻，號瀘溪，他是南宋的著名詩人。胡銓臨行之際，王庭珪作了《送胡邦衡之新州貶所二首》來為胡銓送行：

囊封初上九重關，是日清都虎豹閒。
百辟動容觀秦牘，幾人回首愧朝班。
名高北斗星辰上，身墮南州瘴海間。
不待他年公議出，漢廷行召賈生還。

大廈元非一木支，欲將獨力拄傾危。
痴兒不了公家事，男子要為天下奇。
當日奸諛皆膽落，平生忠義只心知。

端能飽吃新州飯，在處江山足護持。

這兩首詩對胡銓稱頌備至，說他「名高北斗」，同時，又指秦檜等人為「奸諛」，浩然正氣充溢字裡行間。秦檜一夥看到這兩首詩恨得直罵。他們的爪牙歐陽永安告王庭珪「謗訕朝政」，但當地的守臣曾愷、王玫等都不加追究。一直到紹興十九年（西元一一四九年），洪州知州沈昭才又將此案翻起，將王庭珪送往辰州編管。

胡銓赴新州貶所，一路山高水迢，艱難萬分，路過福建時，卻得到一位忘年知音，七十六歲的老詞人張元幹的熱情接待。此次遠謫新州，大多數士大夫都被秦檜的淫威嚇怕了，「畏罪鉗舌，莫敢與立談」，因為他們看到原來讚賞、同情胡銓的人，都遭到了秦檜的打擊迫害，所以，除了七旬詩人王庭珪以詩相送而外，胡銓這一路是走得十分寂寞無慰的。現在白髮蒼蒼的前輩詞人張元幹熱情備至，將胡銓接至家中，不能不使這個硬漢感動得熱淚盈眶。

張元幹雖然年事已高，但卻精神矍鑠。他鬚髮皆白，但面色紅潤，真當得住「鶴髮童顏」四個字。張元幹性格爽朗，笑起來聲音極響。他手挽胡銓，到客廳坐下，命家僕給胡銓泡上武夷山的新茶。胡銓感動地對張元幹說：「銓負罪遠竄，淒風苦雨，今蒙老前輩如此熱誠相接，銘感不置。」張元幹哈哈笑道：「邦衡何罪之有！君乃天下正氣之所鍾，中華士人，引以為豪。老夫今日與君相會，乃三生之幸！」兩人縱談國家大事，可恨豺狼當道，山河破碎，神州陸沉，不禁感嘆唏噓再三。

晚上，張元幹擺下酒席，為胡銓接風洗塵，酒過三巡，兩人又忍不住縱談國事，痛罵權奸

秦檜禍國殃民，渴望能有克復神州之日。胡銓放箸置杯，離席站起，向張元幹要過牆上寶劍：

「晚生舞劍一回，以佐酒興。」就在酒席之前舞起劍來。劍光閃閃，風聲呼呼，胡銓將滿心的憂憤都聚集在劍尖上，要用這寶劍斫去那佞臣之頭。

胡銓收式，張元幹拍案叫絕：「舞得好，壯哉！」張元幹說：「老夫適才吟得一首壯詞，以為今日之念。說著，讓家人拿過筆硯，就在旁邊的桌上，寫下了炳耀千古的名作《賀新郎‧送胡邦衡待制赴新州》：

夢繞神州路，悵秋風、連營畫角，故宮《離黍》。底事崑崙傾砥柱，九地黃流亂注，聚萬落千村狐兔。天意從來高難問，況人情老易悲難訴，更南浦，送君去。

涼生岸柳催殘暑。耿星河，疏星淡月，斷雲微度。萬里江山知何處？回首對床夜語。雁不到，書成誰與？目盡青天懷今古，肯兒曹恩怨相爾汝？舉大白，聽《金縷》。

這首詞慷慨悲壯，道出了這位愛國詞人的心聲，抒發了對投降派的滿腔憤怒，尤其是把矛頭對準了投降派的後台——高宗，「天意從來高難問」，就是隱指趙構本人的投降心理。胡銓讀罷，擊節叫好，高聲吟誦三遍，又抄錄了一份帶在身邊。

是夜，張元幹與胡銓同住一室，秉燭夜談，直到漏斷星稀……。

張元幹的這首詞同樣被秦檜所記恨，到紹興二十一年（西元一一五一年年），便藉故把久已致仕的張元幹再行革職除名。但秦檜的這種報復，對於耄耋之年的老詞人來說，已經無所謂了。

文字血淚

胡銓到了新州貶所，秦檜並沒有放過他，文字之禍也就總是像魔影一樣尾隨而來。新州守臣張棣承風希旨，看秦檜眼色行事，時時注意調查胡銓的動靜，以求抓住把柄，進一步置之以死地。

胡銓在山荒水僻的新州，沒有知己，也不便自由行動，甚是寂寞無聊，只能以詩自慰。而秦檜一夥慣用的整人伎倆就是文字獄，他們不斷尋找他們的迫害對象的文字毛病，更多的是「莫須有」！胡銓在新州曾有一聯詩被張棣所深文周納。這聯詩如次：

萬古嗟無盡，千生笑有窮。

這本來是一種人生感慨，並無影射。「無盡」與「有窮」相對為文，不過虛指。張棣為了向秦檜討好，竟然在這聯詩中找到了「問題」。張棣也步吳處厚的後塵，來個箋注，說「無盡」是指宰相。徽宗時有個宰相叫張商英，自號為無盡居士。「有窮」是古所謂有窮后羿也。再加以引申，借張商英來比宰相秦檜。那麼，這兩句就變成影射秦檜了，實在是過於不倫不類。但這也是文字獄常用的羅織方法。

張棣「鍥而不捨」，抓住了更為明顯的「罪證」，那就是胡銓在新州的詞作《好事近》，這首詞如是寫道：

富貴本無心，何事故鄉輕別？空使猿驚鶴怨，誤薜蘿秋月。

囊錐剛要出頭來，不道甚時節。欲駕巾車歸去，有豺狼當轍。

張棣看到這首詞，如獲至寶，這「豺狼當轍」是什麼意思？不是分明指著丞相嘛！東漢順帝時，梁冀當權，張綱斥之為「豺狼當路」，當今之世，非指丞相，還能指誰呢？於是，張棣便將此詞和上面那聯詩一起上奏給秦檜，說胡銓以詩詞譏訕朝廷，辱罵當朝丞相。

秦檜覽之，越發大怒，下令將胡銓再貶吉陽軍編管。這吉陽軍是現在的海南崖縣，胡銓再一次被遠貶到海南蠻荒之地。

張棣告訐胡銓後，即升遷，但不久他就暴卒於車中，人們拍手稱快，說這是害人的報應。

秦檜作惡多端，一直用文字獄來迫害胡銓，到秦檜死去之後，胡銓才得量移衡州。孝宗即位後，胡銓得到復職重用，一直活到八十多歲。這位正氣浩然的愛國志士，深受文字獄的茶毒，卻堅強地挺了過來。

再看秦檜對趙鼎的迫害，也有相當的文字獄成分。

趙鼎（西元一〇八五年〜一一四七年），字元鎮，解州聞喜（今中國山西）人。被稱為南宋的「中興賢相」。趙鼎在朝為相，秦檜開始時惟鼎是聽，所以趙鼎非常信任他。秦檜挑撥趙鼎與張浚的關係，使趙鼎對張浚不滿，而信任於秦檜。待秦檜拜相後，便千方百計排擠、傾軋趙鼎。秦檜主張投降議和，並向高宗請求「若陛下決欲講和，乞專與臣議，勿許群臣預。」高宗答應他：「朕獨委卿。」於是秦檜獨攬朝綱，並將趙鼎排擠出朝。趙鼎執政時的局勢是，南北分立形勢已成，兩敵相持，如果沒有特殊的機會可乘的話，是難於取勝於對方的。根據這種形勢，趙鼎主張「專以固本為先」，富國強兵，而後再圖收復故土。他堅決反對秦檜的投降政策。罷相以後，秦檜仍一再貶斥他，先是謫官居興化軍，又移漳州，再貶為清遠軍節度副使，

文字血淚

潮州安置，最後放逐到吉陽軍（今中國海南崖縣）。

趙鼎到吉陽軍後，向朝廷上了一封謝表，謝表中表現了他堅強不屈的性格。表中有言：

白首何歸，悵餘生之無幾；丹心未泯，誓九死以不移。

秦檜見到這份謝表，一讀之下，十分惱恨，他惟恐趙鼎東山再起，又恨趙鼎整治不垮，氣得他說：「此老倔強如昔。」於是，便暗下決心，準備徹底除掉趙鼎。

紹興十七年（西元一一四七年年）秦檜專門給吉陽軍下令，要按月申報編管人員存亡名單。趙鼎明白，這是秦檜要對自己下毒手了，他做好了自盡的準備，這樣可以不牽連子孫。他託人對兒子趙汾說：「秦檜必欲殺我。我如果先死了，你們就沒有危險，不然，禍及我趙家一門。」他在銘旌上寫下這樣一聯令人讀之感慨萬端的詩句：

身騎箕尾歸天上，氣作山河壯本朝。

這是趙鼎最後的遺言。之後趙鼎就絕食而死。朝野上下，國中百姓，聽到趙鼎的死訊，無不悲憤萬分。

趙鼎死後，秦檜仍不甘心，他自己雖也老病在身，但仍做垂死前的掙扎，又把趙鼎之子趙汾打成「大逆」之罪，又將與趙鼎、趙汾有關係的人都牽連進此案，最後，搞了個五十三個人的黑名單，並準備把這些人都處死。然而，這最為狠毒的一招未及實行，秦檜本人便一

命嗚呼了。

李光也是秦檜的主要打擊目標。秦檜迫害李光的主要手段也是文字獄。

李光（西元一○七八年～一一五九年），字泰發，越州上虞（今中國浙江）人。崇寧五年（西元一一○六年）登進士第。南渡後，地位漸顯，紹興八年（西元一一三八年年），任參知政事，在朝中有很高威望。

秦檜要與金人媾和。朝士反對和議的人非常之多，議論洶洶，秦檜要用李光的名義壓制朝議，所以建議高宗任用李光。不久後秦檜要取消淮南的軍備，陰謀剝奪諸將兵權，李光開始認識到秦檜的醜惡嘴臉，與之力爭說：「金人狼子野心，議和不可恃，軍備不可撤！」秦檜看到李光不肯阿附自己，於是開始排擠打擊李光。秦檜薦引自己的親信鄭億年為資政殿學士，李光當面反對他這樣做。李光又在高宗面前痛斥秦檜說：「觀檜之意，是要壅蔽陛下耳目，盜弄國權，懷奸誤國，陛下不可不察。」秦檜自然大怒。李光第二天便自請外放出朝，但秦檜唸唸不忘整治、迫害李光。

紹興十一年（西元一一四一年年）冬，秦檜的爪牙万俟卨承奉秦檜之旨，誣告李光「陰懷怨望」，貶光為建寧軍節度副使，藤州安置。四年以後，再貶海南瓊州（今中國海口），接著秦檜又製造了李光《小史》的文字獄。

在荒僻遼遠的瓊州，李光無所慰藉，遂以文字自慰。他在簡陋潮濕的住所裡撰寫《小史》，卻不知道朝廷明令嚴禁野史，他的家鄉在此命令下已經焚書萬卷。李光撰寫《小史》，以填充空寂無聊的時光，他覺得心中很充實，很安適。

124

文字血淚

他的兒子李孟堅，不諳世事，把父親寫作《小史》的事宣揚了出去。那些躲在暗處隨時準備「攫人而食」的鬼蜮正愁無處下口，這下有了把柄，於是，李光被誣以「私撰國史」，還有與胡銓詩賦唱和，「譏訕朝政」，再貶昌化軍（今中國海南昌江）。

李光的弟弟李寬、長子孟傳、三子孟醇、四子孟津都受株連，次子孟堅因為宣揚《小史》語涉「謗訕」，處罰尤重，被押到峽州（今中國湖北宜昌）編管，把李光一家弄得七零八落，殘破不堪。

李光的性格是堅強的，他在貶所，論文考史，怡然自適，年逾八十，仍然筆力精健。

秦檜不僅以「私撰國史」為罪名，一再迫害李光，同時，還透過文字獄來迫害與李光有聯繫的人。

南宋文學家胡寅，時任徽猷閣直學士，他因與李光通信，「朋附交往，譏訕朝政」，被秦檜處分，罷除官職，送新州編管。

程瑀，龍圖閣學士，因與李光通信，並向李光贈縑帛，在信中說：「近來朝官吸取教訓，都不敢說話，令人嘆息」，被貶三級。

潘良貴，徽猷閣待制，提舉江州太平宮，因給李光寄茶葉，寫信，也被貶三級。

王躍（官職不詳），因上書為李光求情，被除名送辰州編管。

除上述這些人而外，還有一些人因與李光通信，有文字之交而得禍。可見，秦檜當朝時文網之密，專以文禍害人。

秦檜不僅是一個賣國賊，也是一個專搞文字獄來害人的「專家」。宋朝採取「右文崇士的政

策，朝臣絕大多數都是士大夫。秦檜要推行投降路線，以售其奸，面臨的障礙主要是大多數有愛國意識與正義感的士大夫。秦檜對於他們，不遺餘力地加以打擊迫害，而最主要的武器，就是文字獄。秦檜本人是進士出身，深諳其中奧妙所在；他所構陷打擊的對象，大多是士大夫，這就決定了南宋初年文字獄的必然性與普遍性。

秦檜製造文字獄的主要手段是「莫須有」。他以「莫須有」的罪名殺害了民族英雄岳飛，也同樣用這種辦法來炮製文字獄。「莫須有」說到底，也就是「無中生有」，通常是把詩文書信的某些「言內」之詞引申為「言外」之義。「言內」並無悖逆之意，引申出來的意思被強加上悖逆之意。如此羅織，何求不得？只要想整你，你是難以逃掉的。

秦檜搞文字獄有一個突出特點是其「綿延性」（姑妄名之吧），因為宋朝對士大夫優容，處理犯官的形式是貶謫，而無殺頭之痛，罪越大貶得越遠。所以對於要整的對象，難於一次達到整死的目的。秦檜製造的文字獄，往往不是一次性的，而是盯住不放，多次下手，不斷地抓住同一個人，找他的文中之「錯」，一貶再貶。趙鼎案、胡銓案、李光案，都體現出這樣一個特點。

再就是株連的普遍性。比起明朝朱元璋、朱棣，動輒就禍滅九族、滅十族的野蠻殘酷來，宋朝的文字獄不能不說是相對文明的。對案主本人都不誅殺，對於家屬的株連也是有限的，而且要找個藉口。但是，秦檜搞文字獄仍具有廣泛性或普遍性的特點，株連的對象主要是寫案主本人有文字交往的朋友、同僚。誰如果與案主略有聯繫，或是書信往來，或是詩詞唱酬，即受株連，降職、除名、編管，搞得人人自危，「萬馬齊喑」。這種株連似乎沒有「滅九族」那樣野

126

文字血淚

蠻，其實是更深刻、作用更壞的。

趙翼論及「秦檜文字之禍」時說秦檜當政時，「第語言文字，稍觸其忌，即橫遭誣害，更不可數計矣。矣檜又疏禁野史，許人首告，並禁民間結集經社，甚至司馬倣自言《涑水記聞》，非其曾祖光所著，李光家亦舉光藏書萬卷悉焚燒之。其威焰之酷，真可畏哉！」（《廿二史箚記》卷二十六）概括了秦檜時期文字獄的情況與特點，的確使人感到「可畏」。文字獄成為秦檜殘害忠良的主要武器，南宋初年也形成了中國文禍史上的一個高峰！

朱元璋的「文字學」

出身貧苦，當過和尚的朱元璋，登上了皇帝寶座，成了大明王朝的開國之主。

當了皇帝後，並非以往的「流寇」、「禿賊」，但對於自己的出身與經歷，這個洪武皇帝並不覺得光彩，時時怕被人提起。

馬上打天下，可是不能馬上治天下。那些隨他南征北戰的生死弟兄——大明王朝的開國功臣，都被朱元璋一個一個收拾掉了，天下是我老朱家的，不許別人有非分之想。「狡兔死，走狗烹，高鳥盡，良弓藏。」留著這些猛將，搞不好會危及我朱氏江山！朱元璋開始重用文臣，徵辟儒士，求才納賢，網羅大批士人進入統治機構，幫助這位皇帝興禮樂、定制度。許多士大夫到朝廷裡為官。但是朱元璋在士大夫中間，總是心理上有些不自在。因為自己以農民起義起家，這被士大夫階層視為「盜賊」；自己當過僧徒，也覺得不怎麼光彩，心靈深處不免對自己的出身有一種自卑和壓抑。

偏偏有些士人對這個當過「盜賊」的太祖皇帝，心裡面並不以為然。再看到朱元璋殺功臣，心狠手辣，所以不願出仕，敬而遠之。皇上徵召，很多士人拒不赴闕。太祖對於這些不願意為他服務的士人也毫不客氣，大加誅戮。趙翼談到明初文人入仕以後多被屠戮的情形時說：

文字血淚

「文人學士，一授官職，亦罕有善終者。」所以在明初太祖時期，形成了一個文字獄的高潮。

洪武初年，太祖開科取士，目的是網羅文士，表現出重視文士的傾向。那些功勛重臣對此嫉恨不平，於是便認為太祖偏向於文士了。太祖對大家說：「世亂需用武，世治要靠文，這並非偏私於哪一面。」那些功勛大臣又乘機對太祖說：「固然如此，陛下所言甚是。但這些文人們很會譏訕嘲弄人，而且讓你不知不覺。比方說張九四對文人儒士十分重視禮遇，於是便請文人給他起個雅一點的名字。文士便給他起名為：『士誠』。」太祖聽了，不解地問：「這個名字不是很美嗎？難道有什麼不妥之處？」進言者說：「《孟子》中有『士誠小人也』之句，他哪裡知道呢！」這個進言的「諸勳」中人，乘機挑撥朱元璋，曲解《孟子》，玩了一點小小的文字遊戲。朱元璋對於《孟子》不熟悉，但卻對《孟子》中的民主傾向又很反感，他對《孟子》的內容很少了解。現在聽別人這麼一說，心有所悟。他便找來《孟子》，翻到《公孫丑》下篇，查對一下原來的意思。太祖的文化素養不高，從小也沒念幾天書，對文義理解淺薄。當時的書又沒有標點符號，所以他就按照「譏訕」的思路來看，讀成了「士誠，小人也」不由得對讀書人大起疑心，深加戒備。其實，《孟子·公孫丑》中的「士誠小人也」一語，乃是齊人尹士聽到孟子一番話以後所作的自我批評，應讀為「士，誠小人也」，而句讀一變，就成為一句譏訕之語了。

經人這麼一挑唆，太祖似乎開了「竅」，他也學會了用這種手法去解釋文字。這一解釋不要緊，許多文士便紛紛掉了腦袋。

太祖時期的文字獄，從表箋之禍開始。表箋之禍前代文禍所無，乃是朱元璋的一大發明。

何謂表箋之禍？明初制定：凡遇正旦（歲首）、冬至、萬壽聖節（皇帝生日）等節日，以及為皇太后、太皇太后上尊號和冊立太子等慶典，官府必須上表箋祝賀。此外，遇有恩典賞賜依例須上謝恩表。這些本來都是官樣文章，但是朱元璋卻望文生義，用獨特的眼光去解讀，往往從字形、字義、字音、文法上歪曲原意，給作者羅織罪名。

略舉表箋禍的幾例。

浙江某府學教授林元亮，為海門衛長官作《謝增俸表》（當時各地方官所作表箋多是由教官代筆的），表中有「作則垂憲」一句，這當然是吹捧朱元璋的。哪會想到，朱元璋讀了大怒，因為「則」與「賊」音近，他就疑心作者是藉機譏他曾經當過「盜賊」，於是便下令殺了作者。

賀表中有「則」字的很多，作者一開始誰也不會想到一個「則」字能被聯想為「賊」字，從而招來殺身之禍。

北平府學訓導趙伯寧，為都司作《萬壽表》，其中有「垂子孫而作則」的字句，同樣，被太祖所殺。

福州府學訓導林伯璟，為按察使寫《賀冬表》，表中有「儀則天下」字句，也被太祖所殺。

桂林府訓導蔣質，為布政使、按察使作《正旦賀表》，表中有「建中作則」一語，被太祖所殺。

澧州學正孟清，為本府作《賀冬表》，有「聖德作則」一語，也被太祖所殺。

這些都是以「則」音嫌於「賊」，算是「賊」的忌諱。

還有關於「僧」的忌諱，也大致上是以諧音法來罪人。有的是直接諧「僧」字，有的是與

130

文字血淚

「禿」、「髡髮」等意思相關連的諧音。

常州府學的訓導蔣鎮，為本府作《正旦賀表》，表中有「睿性生知」一語，被朱元璋所殺。朱元璋認定「生」字就是譏他曾經為「僧」。

尉氏縣教諭許元，為本府作《萬壽聖表》，其中有「體乾法坤，藻失太平」的話，也被朱元璋所殺。朱元璋讀到這份賀表，覺得「法坤」兩字格外刺眼。用他的「文字學」方法來解讀，「法坤」諧音「髮髡」，「髮髡」也就是沒有頭髮，這不是譏刺自己當過和尚嗎？於是，下令馬上將作者斬首了。

杭州教授徐一夔，在賀表中寫了這樣幾句：「光天之下，天生聖人，為世作則。」朱元璋讀了以後，大怒不止，他拍著桌案說：「這不是句句都在罵朕嗎？生就是『僧』，因為我曾經為僧。光，就是薙髮；則，不就是說我是賊嗎？馬上把寫表的人殺了！」於是，便把徐一夔斬首了。

這真是一種十分新穎的文字學，脫離具體的語境，牽強附會，硬扯到他的特殊忌諱上。

兗州知州盧熊，看到印文上篆體的「兗」字很像「袞」字，便上表請求改正，不曾想朱元璋拍案大怒，說：「秀才無理，便道我『滾』哩！」盧熊的學問、道德在當時都很有名，朱元璋覺得不好輕易殺他，於是硬按住火氣，過了不幾天，便借個別的理由把他殺掉了。

還有，書法家、中書舍人詹希原奉命書寫太學集賢門的匾額，寫「門」字的時候，右邊一豎收筆稍重，朝內勾起。朱元璋看了看，突然大發雷霆，說：「我正要開門納賢，詹希原卻要

把門堵死，阻塞我的進賢之路。」下令把詹希原殺死。

懷慶府學的訓導呂睿，為本府作《謝賜與表》，表中有「遙望帝扉」一句，被朱元璋意會為「帝非」，他就只有掉腦袋這條路了！

亳州訓導林雲，為本府作《謝東宮賜宴箋》，有「式君父以班爵祿」一句，結果也受到朱元璋的屠戮。朱元璋把「式」意會為「弒」，那就成了「弒君父」。

朱元璋這樣隨意殺人，殺人的根據就在於他的那套胡亂聯繫的「文字學」。天下的教官被他殺了許多，誰也不知道哪個字犯了皇上的忌諱，毫無疑問地腦袋搬家。於是大家都不知這表箋文字該怎麼寫了，大家只好上疏，請求皇上頒發一套標準的表箋用語和格式，大家照著一抄便是了。太祖還真搞了一套格式、用語，自己親自動筆寫了文章，作為範文，頒行天下，使大家都能遵守。這套東西「出籠」之後，表箋文章就省事多了。其實，不用另外打稿，抄下來簽上名字就行了。教官們有章可循，總算是少了一些掉頭的機會。

表箋之禍雖然稍有緩解，但是太祖的「文字學」還在繼續深入。而其他的文字形式，無心中也觸發了朱元璋的忌諱與猜疑因此被殺的例子還有很多，其中有些十分荒唐可笑，根本風馬牛不相及，朱元璋居然能扯到一起，結果可想而知，無非是人頭落地。

有一個和尚，為了給朱元璋拍馬屁，獻了一首謝恩詩，詩中寫道：

金盤蘇合來殊域，玉碗醍醐出上方。
稠疊濫承天下賜，自慚無德頌陶唐。

文字血淚

這是感謝皇上賞賜之恩的，絕無他意。他把太祖時代比作「陶唐之世」，極盡稱頌之情，哪知道這首詩竟惹了大麻煩。朱元璋居然把個「殊」字解為「歹朱」，即「歹徒朱元璋」之意，又把作者的自謙「無德」，看作是罵他「無德」，大怒道：「你用『殊』字，是指我為『歹朱』；又說什麼『無德頌陶唐』，是諷刺我無德，雖然想以『陶唐』來頌我而不能。」於是，便下令殺了這個獻詩謝恩的和尚。

還有一個和尚，法號一初，是元朝末年的高僧，明初受太祖的徵辟到了南京，在僧司裡做官。有一天，看到籠中的翡翠鳥，忽然來了詩興，遂題詩一首云：

見說炎州進翠衣，網羅一日遍東西。
羽毛亦足為身累，那得秋林靜處棲。

一初大師的本意無非是看破紅塵，但是朱元璋讀了此詩，別有「詮釋」，他指責一初和尚說：「你這首詩的意思無非是不願為我朝服務，說我法網太密吧？」於是，把一初殺掉。

另一位高僧止庵的命運和一初頗為相似。止庵在西園漫步，吟成《夏日西園詩》七律一首：

新築西園小草堂，熱時無處可乘涼。
池塘六月由來淺，林木三年未得長。
欲淨身心頻掃地，愛開窗戶不殺香。
晚風只有溪南柳，又畏蟬聲鬧夕陽。

朱元璋讀到此詩，還是用他那種獨特的眼光、獨特的心態進行「闡釋」，他喝斥止庵，說這是諷刺時政：「你詩中的『熱時無處可乘涼』，不是說我刑法太嚴嗎？你又說『六月由淺』、『三年未長』，是說我立國規模太淺，不能大興禮樂。『頻掃地』、『不燒香』，是說我恐人議論而濫開殺戒，不肯積德修善嗎？」這全都是挨不上邊的牽合，連一點蹤跡都沒有的事，倒是朱元璋心虛，怕別人如此看他、議論他。這個事情的結局自然是止庵又賠上一條性命。

朱元璋當和尚，自然對佛教有感情，明朝開國後崇興佛教，自然與此有關；但是，他以文字罪人，卻毫不顧惜同類，和尚們都被他殺怕了。據說，朱元璋一日偶然到一處寺廟裡去遊玩，飲過主持獻上的香茶，便到寺院各處去轉轉，當他轉到塔林的外牆邊上，看到牆上有一首題壁詩，詩是題詠布袋佛的，但是朱元璋看了，又起了疑心，很是惱怒，原來詩是這樣寫的：

大千世界浩茫茫，收拾都將一袋藏。
畢竟有收還有散，放寬些子也何妨！

這首題壁詩也許本無寓意，朱元璋看了以後，如芒刺在背，他認為詩的作者是借布袋和尚來影射自己，勸他放寬法網。於是，再也沒了遊興，把全寺的和尚們召集起來，追查此詩的作者，結果無人承認，於是便下令把全寺僧眾殺了個一個不留，偌大個寺院，橫屍滿地，慘不忍睹！

因詩得禍的還有一些人，死得都非常冤枉。譬如御史張尚禮，曾寫過一首宮怨詩，詩云：

文字血淚

庭院沉沉畫漏清，閉門春草共愁生。

夢中正得君王寵，卻被黃鸝叫一聲。

宮怨詩是中國古典詩歌中的傳統題材，描寫宮女被冷落的幽怨。這類詩本來多是泛詠，並非都切近當世。這首詩在藝術上也是很高妙的，沒有正面寫宮女的被冷落，而是寫夢中受到皇帝的寵幸，卻被黃鸝的啼聲驚醒，美夢化作灰煙而去，留下的只是無盡的悵惘。朱元璋讀了此詩，甚為不樂，認為這首詩是諷刺他宮中的隱情，於是便把張尚禮下蠶室，受宮刑，最後弄死。

還有一個官員陳養浩，是僉事，寫了一首詩，其中有慨嘆之語：「城南有嫠婦，夜夜哭征夫。」朱元璋讀後，非常惱火，認為這是譏刺朝政，於是便把陳養浩投入水中淹死。

狀元張信，被太祖任用教諸王子寫詩。他舉了杜甫的「舍下筍穿壁，庭中藤刺簷。地晴絲冉冉，江白草纖纖。」這四句詩作為學詩的法式。太祖不學無術，根本不知是杜詩，卻妄猜張信是以詩譏誚「天朝」。他拍堂狂叫：「堂堂天朝，何譏誚如此！」不由分說，就把他腰斬了。

還有一位詩人叫孫蕡，在胡藍黨獄中，因題畫詩而株連受死。朱元璋製造了駭人聽聞的胡惟庸、藍玉案，株連被殺的有四萬多人，在查抄之中，發現了孫蕡為藍玉寫的一首題畫詩，於是便把孫蕡作為「藍黨」判處死刑。孫蕡被押到刑場，行刑前，態度自若，信口吟了五絕一首：

鼉鼓三聲急，西山日又斜。

黃泉無客舍，今夜宿誰家？

這是五代詩人江為的《臨行詩》。孫蕡被斬以後，朱元璋問監殺指揮：「孫蕡臨死時說了什麼話沒有？監殺指揮就把孫蕡所吟之詩向他複述一遍。哪知朱元璋聽後大叫：「何不早奏？」他覺得此詩甚好，如果及時把孫蕡的好詩報告給他，孫蕡就不會被殺了。朱元璋自以為愛才，其實孫蕡所吟也並非己作。盛怒之下，朱元璋下令殺了監殺指揮。這些文字殺人案血跡斑斑，卻又都映出朱元璋的愚蠢和淺陋無知，可悲中又有可笑。

在太祖時期的文字獄中，高啟之死，對於詩壇，對於文學史的損失是最大的。

高啟（西元一三三六年～一三七四年），字季迪，號青丘子。他很小便有才名，博學工詩，與楊基、張羽、徐賁齊名，人們比之為「明初四傑」。高啟為其冠冕。高啟元末隱居於青丘，洪武初年，召修元史，授翰林院國史編修。

在明代詩人中，高啟是最有成就、最有才華的一位。明代文壇領袖李東陽評價高啟在詩界的地位時說：「國初稱高、楊、張、徐。高才力聲調，過三人遠甚。百餘年來，亦未見卓然有過之者。」高啟才華橫溢，清新俊拔，尤其是七言歌行和律詩，更是雄豪奇放，個性十分鮮明。

高啟的文才、史才，為朱元璋所欣賞。洪武三年，高啟被擢升為戶部右侍郎。但高啟堅辭不就，他自陳年少，難堪重任，因而不受其辭，回青丘教書度日。這種態度，朱元璋當然是不太高興的。他後來以文字獲罪見殺，禍根其實便是在此時種下的。

高啟先有一首《題宮女圖》已經惹了麻煩。詩云：

女奴扶醉踏蒼苔，明月西園侍宴回。

文字血淚

小犬隔花空吠影，夜深宮禁有誰來？

此詩詠歎宮闈之事，但是非常含蓄隱約。洪武初年，宰相李善長的子侄與宮女有曖昧關係，此詩可能是有所指而發。朱元璋看了以後很不高興，但是又難指實，因為詩的末句，完全可作兩種解釋。一可解釋為，除了熟人以外，誰還會在如此深夜到宮中來呢？另外，還可以解釋為，在這樣的深夜裡，還能有誰來呢？朱元璋感到心裡彆扭，但又無法定罪，於是隱忍未發。

高啟回到蘇州以後，本以為可以遠禍全身了，誰知禍患仍然躡蹤而至。

蘇州曾是張士誠稱王的所在，所以朱元璋對蘇州甚是注意。他委任精明強幹的魏觀為蘇州知府。高啟本是魏觀的好友，魏觀到蘇州後，經常邀集高啟等。魏觀把蘇州治理得很好，整頓風俗，興辦事業，百姓都很稱讚這位知府。

地方上的事情辦得很有個樣子，初具規模以後，魏觀看到蘇州府的衙門很是低窪狹小，反覆考慮後，決定把蘇州府衙門遷回到張士誠故宮的舊址。同時，魏觀還主持興修水利，疏濬了淤塞已久的錦帆涇——是春秋時吳王行舟的水道。

魏觀在蘇州頗有作為，卻引起其他官員的嫉恨。有人便以這兩件事——「復宮」、「開涇」作為口實，誣告魏觀是「心有異圖」，所謂「異圖」，無非是說你要謀反。朱元璋本來就是一個氣量狹小、猜忌心特強的人，他既用人，又疑人，還大肆殺人。聽了對於魏觀的告訐，朱元璋立刻派御史去進行調查。派去的御史草率隨意地坐實了魏觀的罪名，同時，便把高啟、王彝等

137

作為魏觀的同黨一同定罪。魏觀在重建府衙時，按照傳統風俗舉行了上樑儀式，特請高啟寫了一篇《上樑文》。文中有「虎踞龍盤」的制式，用來形容蘇州的地理形勢。而魏觀的仇家抓住了這一句無限上綱，告魏觀有不臣之心。

從特定的含義來說，「虎踞龍盤」是與南京聯繫在一起的。三國時諸葛亮評論南京的地形說：「鍾山龍盤，石頭虎踞，此帝王之宅也。」以後「龍盤虎踞」就成為一個成語，說「龍盤虎踞」，便使人想到南京。南京當時又是明王朝的國都。好猜疑的朱元璋便認為在別的地方使用這個成語，就是犯了忌。其實，從廣泛的含義來說，「龍盤虎踞」無非是形容地勢的險要雄偉，高啟用它來形容蘇州，又有何不可？但朱元璋本來已對高啟不滿，有了這個「罪證」，又豈能輕易放過。於是等待高啟的，便是殘酷的結局。

高啟被腰斬於南京。魏觀也被活活腰斬，王彝也因魏觀案被處死。

明太祖朱元璋，是瘋狂製造文字獄的能手。在他的屠刀之下，不知有多少屈死的冤魂。洪武時期形成了一個前無古人、後無來者的文禍高峰。而受害者絕大多數是全然無辜的。

朱元璋對於文人學士，一方面要用，一方面又疑，而疑的後果就是：殺！他對茹太素說的話「金盃同汝飲，白刃不相饒」，最能表現他的心態。一方面可以和你開懷共飲，一方面可以毫不留情地砍下你的腦袋！

朱元璋製造文字獄的手段，是很荒唐可笑的，也可以說，在文字獄史上也是檔次最低的。

朱元璋用他荒謬的「文字學」手法來歪曲原意，羅織罪名，只要你寫文章，就無法逃脫他那「豐富的想像力」。一是望文生義。比如「門」字稍微勾起，朱元璋會說他「閉門」，「塞我賢

文字血淚

路」。二是任意拆字。像把「殊」字拆成「歹朱」等。三是強作諧音，然後再任意聯繫。如用「則」來諧「賊」，以「法坤」諧「髮髡」。有些是朱元璋從他的安徽口音出發來胡亂聯繫的，使你防不勝防，諸如此類，荒謬至極。但是刀把子操在朱元璋手裡，這個斗大的字不識幾籮的皇帝，卻用他可憐的一點文字知識胡亂「說文解字」，出發點便是他的疑心。

明朝太祖時期，是文字獄史上最荒謬而又最血腥的一頁！

波瀾迭起的萬曆文禍

為了立儲之事，明神宗傷透了腦筋。神宗的皇后無子，在王妃生子朱常洛和鄭妃生子朱常洵之間，選擇哪一個立儲，一時成了焦點。

按封建時代的常例，皇帝立嗣以立長立嫡為原則。常洛和常洵皆非嫡生，按道理應立皇長子常洛。但是神宗對皇后、王恭妃等都較為冷落，只對這個鄭妃眷愛不衰，大有「三千寵愛在一身」之勢。萬曆十四年（西元一五八六年）鄭妃生下常洵，神宗馬上即晉封鄭妃為貴妃。而王恭妃生下常洛已是五年，卻未聞加封，很明顯見出鄭貴妃的專寵。

鄭貴妃自然知道自己在神宗心目中的至上上地位，她何嘗不想讓自己的兒子當上太子？兒子如果當上太子，將來就可繼承大統，登上皇帝寶座，那自己就是太后，終身有了倚靠。

鄭貴妃又不禁想到自己的現在和將來。眼下雖得皇上的專房之寵，但是朝臣卻把自己看成禍國的尤物，比之於妲己。神宗迷上自己之後，已經多年不朝，不理朝政，朝廷諸臣意見很大，不斷上疏切諫。儘管上疏的官員屢遭斥逐，但還是有不怕死的朝臣進諫。有朝一日，山陵崩塌，自己可就……想到這些，鄭貴妃不禁不寒而慄。為常洵謀立太子，成了鄭貴妃最大的心病，在皇上的懷抱之中，一邊撒嬌，一邊懇請立常洵為太子。

對於鄭貴妃，神宗所喜愛的也許並非僅是她的天姿國色，還包含了她的性格。因為在紫禁城內外，皇上都是獨一無二的至上權威，同時他也是一尊偶像，別的嬪妃在他面前是誠惶誠恐的百依百順，而這非但不能引起神宗的興趣，反而覺得有些乏味，他感到一種精神上的孤獨。而這個鄭貴妃，她和皇上有共同的讀書興趣，又深知這位萬曆皇帝的心中苦悶，她敢於大膽地走進皇上的心靈世界。雖然是姬妾，她並不把自己僅當作皇上的肉慾工具，而實際上，她已經是皇上的精神支柱。鄭氏在萬曆十一年（西元一五八三年）由淑嬪升為德妃，次年又進為貴妃，成為萬曆皇帝生活的重心。萬曆多年疏於政務，不能不說他溺愛鄭貴妃是個重要的原因。

面對躺在自己臂彎中的鄭貴妃，皇上越發憐愛不已。可是對於這位千嬌百媚的愛妃提出的這個重要要求，卻不敢貿然答應。他抹去鄭貴妃臉上的兩滴清淚，不由得嘆了一口氣。作為一個從小深受封建傳統教育的皇帝，他當然深知立長立嫡乃是天經地義的規矩，廢長立幼給王朝政治將會帶來什麼樣的影響與波動，他不能不加思量。他雖然貴為天子，但是朝臣的輿論，不能不對他構成一種制約力量。有些朝臣，尤其是那些諫官，常常依據孔孟大義對皇上的行為提出規諫。儘管自己貶逐了一些多事的朝臣，但輿論卻對自己很不利，所以對於鄭貴妃的要求，他感到十分為難。自從晉封鄭妃為貴妃，內外臣工已大有輿論，說陛下有可能廢長立幼，而且均以為不可。面對立儲問題，萬曆皇帝感到陷入了尷尬的僵局。

鄭貴妃不依不饒，見皇上不敢痛快答應，她撅起嘴來，轉過身去，不許皇上碰一下。皇上只好含糊答應，以博鄭貴妃的破顏一笑。

自從皇上冊封鄭妃為貴妃，朝臣們對此事相當關注。皇長子常洛年已五歲，生母王恭妃並

未得以晉封；而鄭妃剛生下常洵不久，便晉封其母為貴妃，這預示著什麼呢？一是對鄭貴妃的專寵，二是廢長立幼之可能。貴妃的地位僅次於皇后，而在其他嬪妃之上。按照倫理和習慣，這種尊榮應該首先授予皇長子的母親恭妃王氏，而皇三子的母親德妃鄭氏卻後來居上，在朝臣們看來，正是本末顛倒。

以首輔大學士申時行為首的朝臣們，對於此事深感憂慮。立儲之事乃是「國本」，關係到王朝命運。廢長立幼，在他們看來，乃是萬萬行不得的。其實，對於常洛和常洵，朝臣們倒無法說出孰賢孰愚，但是長幼秩序乃是不可廢棄的大統，這一點是不能造次的。更重要的是，常洵的生母乃是鄭貴妃，這是朝臣們側目而視的人物。皇上視之為掌上明珠，愛之不倦，而正因為專寵此女，竟對朝政心灰意懶，乃至於多年不朝。因此，在朝臣們的眼中，這鄭貴妃與唐玄宗的楊貴妃無異。如果立了常洵為太子，鄭貴妃的勢力恐怕就更加穩固，就會更多染指朝政，甚至危及大明江山。這該如何是好？朝臣們商議一下，決定上疏請立東宮太子，當然是請求冊立皇長子常洛。上疏中這樣奏道：

臣等聞早建太子，所以尊宗廟，重社稷也。自元子（皇長子）誕生，五年於茲矣，即今麟趾蠡斯，方興未艾，正名定分，宜在於茲。祖宗朝立皇太子，英宗以二歲，孝宗以六歲，武宗以一歲，成憲具在。惟陛下以今春月吉，敕下禮部，早建儲位，以慰億兆人之望，則不勝幸甚！

萬曆皇帝看了此疏，正中心病，他心裡不想立皇長子，但又不能馬上逆情悖理提出立常洵

為太子，那樣馬上會在朝臣中引起軒然大波。萬曆皇帝皺了皺眉頭：這件事拖下去再說吧。如何批答呢？只好這樣說：「元子嬰弱，少待二三年，冊立未遲。」他以為這樣一拖，群臣也就無話可說了。

批旨發下，群臣仍然緊盯此事，而且越來越直截了當。戶科給事中姜應麟、吏部員外郎沈璟，又上疏抗奏：

竊聞禮貴別嫌，事當慎始，貴妃所生陛下第三子（萬曆皇帝第二子常洛，生下不到一歲便夭折了），猶亞位中宮，恭妃誕育元嗣，撥之倫理則不順，質之人心則不安，傳之天下萬世則不正，請收回成命，先封恭妃為皇貴妃，而後及於鄭妃，則禮既不悖，情亦不廢。陛下誠欲正名定分，別嫌明微，莫若俯從閣臣之請，冊立元嗣為東宮，以定天下之本，則臣民之望慰，宗社之慶具矣。

這封上疏語言比較激烈，直捅到事情的實質要害。指責萬曆封鄭妃為貴妃於理不順，於人心不安。並請皇上收回成命，先封恭妃為貴妃。而且直接籲請冊立皇長子為東宮太子。如此直率的指責，萬曆自然難以接受。

這疏一上，萬曆看了幾句，便勃然作色，把它拋在地上：「冊封貴妃，與立儲有何相干？臣下怎得妄言謗朕？」當時便手下詔令：「鄭貴妃侍奉勤勞，特加殊封；姜應麟妄議朕非，貶降至極邊荒地；沈璟降級外調。敕令閣臣知之。」申時行、王錫爵等，接奉敕命之後，又入朝面請，擬減輕姜應麟罪名。神宗怫然不悅：「朕將他們降處，並非為了冊封，只恨他

143

無故推測，疑朕廢長立幼。我朝立儲，自有成憲，朕亦不能壞了祖宗規矩。」申時行等聽了，唯唯而退。

對於立儲之事，慈聖太后也頗為關心。萬曆皇帝對自己的生母慈聖太后（李太后）頗為敬畏，而太后對他也督導甚嚴。在萬曆大婚之前，他與母親慈聖太后同住於乾清宮，太后對皇帝能否克盡厥職和勤奮學習都極為關懷，皇帝的其他行動也經常得到她的指導。萬曆當皇子時的伴侶馮保，在萬曆登極後擢升為司禮監太監，成為宮中職位最高的太監。馮保經常向慈聖太后報告宮內外、包括皇帝本人的各種情況，太后因此能夠耳目靈通，萬曆皇帝卻因此而漸生畏懼。慈聖太后教子極為嚴格，如果「大伴」馮保作出對皇帝不利的報告，在太后的盛怒之下，皇帝就會受到長跪的處罰。關於立儲和冊封的事，慈聖太后自然也了解到了朝臣們的態度和議論，她準備找個機會對萬曆教導一番。對於皇帝的這種做法，她是頗為不滿的。

一天晚膳之時，萬曆侍膳，也就是與母后一同進餐。太后忽然放下調羹，正色問皇帝說：「朝廷眾臣請求立儲，你為什麼不立皇長子？」萬曆答道：「他是個都人子，不便冊立。」太后突然大怒，把筷子往桌上一摔，厲聲反問：「你難道不是都人子嗎？」萬曆嚇得避席伏地，久不敢起。所謂「都人」，是內廷對宮女的稱呼，太后也是由都人而進，所以太后才如此反問。

待到萬曆十八年（西元一五九○年）正月，皇長子已經九歲了，萬曆親御毓德宮，召見申時行、許國、王錫爵等，商議立儲之事。申時行等自然是援「立嫡以長」四字，奏於帝前。萬曆說：「朕無嫡子，長幼自有次序，這個朕何嘗不知？但是長子還很幼弱，所以稍遲。」申時行、許國、王錫爵等，商議立儲之事。申時直到太后怒氣漸平，萬曆方才起立。

144

行等乘間請奏：「元子已經九齡，蒙養豫教，正在今日。」萬曆頷首稱善。

申時行等叩首而退，剛出宮門，忽見司禮監追出留住他們：「皇上已經宣皇子入宮，與先生們一見。」申時行等再返入宮。皇長子、皇三子先後到來。萬曆召過皇長子，在御榻右面，讓他向著光亮站好，讓申時行等觀看，並問：「卿等看此子狀貌如何？」申時行等仰觀片刻，齊聲奏道：「皇長子龍姿鳳表，岐嶷非凡。」又道：「皇長子春秋漸長，理應讀書。」王錫爵也說：「皇上前正位東宮，時方六齡，即已讀書，皇長子讀書已晚呢。」萬曆說：「朕五歲便能讀書。」說著時，又指著皇三子說：「是兒亦五歲了，尚不能離乳母。」於是，又把皇長子的手拉到膝前，撫摩嘆惜。申時行等又叩頭奏道：「有此美玉，何不早加琢磨，使其早成大器？」萬曆說：「朕知道了。」申時行等方才退下。

誰料此事被鄭貴妃探聽到了，心中十分懊惱，對著萬曆皇帝含嗔撒嬌，弄得萬曆無可奈何，只好低首下心，求她息怒。貴妃於是乘勢要挾，拽著萬曆同到大高元殿，拜謁神明，設了密誓，約定將來必立常洵為太子，又由皇上親筆，寫明誓言，緘封玉盒交與鄭貴妃。

鄭貴妃初步達到了目的，變嗔為喜，對於皇上竭力奉承，千嬌百媚。萬曆自此更入情魔，沉湎於酒色，對於朝政不聞不問，也不上朝，每天日高三丈，大臣俱已待朝，卻不見皇上出來。時常派宦官出來說皇上聖體違和，著即免朝，以後竟然循為慣例，不再上朝了。甚至於舉行郊祀廟享的大禮，萬曆也不出來，都是派官員替代。對於朝臣上的奏疏，也不批答，朝廷和地方上缺官也不補，想要辭官也沒有得請之路，朝綱久廢。朝臣們心灰意冷。

對於這種情形，正直的言官覺得忍無可忍，只好採取激烈的言辭來刺激惰性十足的萬曆皇

帝，於是，便引來文字之禍。大理評事雒於仁，憂憤於皇上的昏惰，上《酒色財氣四箴》，直接攻擊皇帝的過失，十分激切尖銳，箴前有疏云：

臣聞嗜酒則腐腸，戀色則伐性，貪財則喪志，尚氣則戕生。陛下八珍在御，觴酌是耽，卜晝不足，繼以長夜，此其病在嗜酒也。寵十俊以啟倖門，溺鄭妃靡言不聽，忠謀擯斥，儲位久虛，此其病在戀色也。傳索帑金，括取幣帛，甚且掠問宦官。有獻則已，無則譴怒，李沂之瘡痍未平，而張鯨之資賄復入，此其病在貪財也。今日榜宮女，明日杖中官，罪狀未明，立斃杖下；又宿怨藏怒於直臣，如范儁、姜應麟、孫如法輩，皆一詘不申，賜還無日，四者之病，膠繞身心，人莫知而不能言，豈藥石所可治？……陛下之溺此四者，不曰操生殺之權，人畏之而不敢言；則曰居邃密之地，人莫知而不能言。不知鼓鐘於宮，聲聞於外，幽獨之中，指視所集。且保祿全軀之士，可以威權懼之；若懷忠守義者，即鼎鋸何避焉？臣今敢以四箴獻，若陛下肯用臣言，即立誅臣身，臣雖死猶生也，惟陛下垂察。

雒於仁可真是「捨得一身剮」了，他直接批評萬曆皇帝「嗜酒」、「戀色」、「貪財」、「尚氣」，毫不客氣，直捅病根，並且點名批評鄭貴妃，指責皇上因溺愛鄭妃而擯斥忠謀，這麼激烈的指斥抨擊可以說是古今罕見。

萬曆皇帝見了這《酒色財氣四箴》，如芒刺在背，氣得大發雷霆，非要處死雒於仁不可。

但時值歲暮，馬上就要過年了，不便濫動刑殺，只好將疏留下，待到過年之後再行處置。

過了元旦之後，皇上在毓德宮召見閣臣申時行等，一定要將雒於仁判以死罪。申時行反復勸解，但皇上之意難以回轉，申時行便改換策略，這樣對萬曆皇帝說：「這篇東西不能公之於

文字血淚

外，恐外人會信以為真。希望陛下對於仁曲賜優容，令於仁去位就是了。」萬曆聽了這番話，

認為有理，於是便頷首同意了。過了沒幾天，即將雒於仁謫為庶民。

雒於仁雖被貶黜，但是「爭國本」的風波並未完全平息。中國封建社會還真有一些忠鯁之

臣，為了統治階級更為長遠的利益，不怕坐牢，不怕殺頭，以死諍諫，留下了凜然風節。萬

曆時期的「國本之爭」，也頗能見出一些朝臣的忠正之氣。雒於仁而外，仍有許多大臣不斷上

疏，請立太子以固「國本」。但是都被皇上「留中」不發，不置可否。

到萬曆二十年（西元一五九二年），禮科給事中李獻可看到皇帝久久沒有立儲的朕兆，心

中甚為憂慮，但又不敢再明言立儲之事，上疏請求對皇長子進行「預教」（出閣讀書）。疏中

說：「元子年十一矣，豫教之典，當首春舉行。」萬曆對此十分敏感，他是把「預教」和立儲

聯繫起來看待的，而實際上，李獻可的疏請「預教」，也是「醉翁之意不在酒」，也是把「預

教」作為立儲的先聲的。

對李獻可提出的「預教」，萬曆沒有辦法治之以罪。皇長子已經十一歲了，難道能這樣一

天天混下去，不接受教育嗎？這於情、於理都說不通，所以人家提出「預教」這個問題來，是

蠻有道理的。但是「預教」不無潛台詞所在，請「預教」實際仍是「爭國本」的組成部分，這

使萬曆十分惱火，卻又無法治罪。於是他便反覆閱讀這份奏疏，企圖在文字上找到毛病。

這一找果然有所收穫。他在疏中摘出了誤書的弘治年號，憑這個來治李獻可的罪，說李獻

可是「違旨侮君」，下令將他貶官外調，隨他上疏的六科諸臣一律奪俸半年。

這份不講道理的「御批」一下，馬上便在群臣中激起了風波。大學士王家屏率先封還御

批，極力勸諫。給事中孟養浩再上疏切論皇上此舉不妥，為李獻可辯護，孟養浩的上疏激切明快，慷慨陳詞，疏中有言：

一字之誤，本屬無心，乃遠蒙顯斥，臣愚以為有五不可：元子天下本，預教之請，為宗社計，不惟不聽，且從而罰之，是坐忍元子失學而敝希宗社也。不可者一；長幼定序，明旨森嚴，天下臣民，既曉然諒陛下之無他矣，然預教冊立，本非兩事，今日既遲回於預教，安知來歲不游移於冊立。是重啟天下之疑。不可者二；父子之恩，根於天性，預教有益元子明甚，而陛下罪之，非所以示慈愛。不可者三；古者引裾折檻之事，中主能容之。陛下量侔天地，奈何言及宗社大計，反震怒而摧折之。天下萬世，謂陛下何如主？不可者四；獻可等所論，非二三言官之私言，實天下臣民之公言，加罪獻可，是所罪者一人，而實失天下人之心。不可者五。

不僅是孟養浩，很多朝臣都上疏抗議。萬曆愈加惱怒，他認為孟養浩「欺君惑眾」，必須懲一儆百，於是命錦衣衛把孟養浩廷杖一百，打得股開肉綻，然後削籍為民。

這廷杖的刑罰乃是非常殘酷的，被打的都是廷臣。無論多大的官員，只要皇帝一不高興，下令廷杖，便拖到午門之外，用專用的木棍來打。打時的情形是這樣的，眾官穿著朝服陪列在午門外西墀之下，左面是中使，右面是錦衣衛的校尉，各三十員。下面站立旗校百人，都手執木棍。宣讀完皇帝的廷杖命令之後，一個人用麻布兜，把犯官從肩膀、脊背以下束住，左右不能動，另一人縛住兩腳，四面牽拽，只露出臀部來受杖。受刑人頭面觸地，地上的塵土塞滿口中。

148

被杖的人，大半事前知道，都先吃點藥來準備挨打，這樣才能得以不死。而如果事先沒有心理準備，倉促間受杖刑的，打上十杖就難以活命了。倘先有意待杖，打一百杖也未必能死，但多數落下了嚴重的殘疾。被杖人的輕重死活，也和行仗、監杖的特務關係甚大，錦衣衛校尉行杖時，看監杖的司禮太監的兩隻靴尖。如果兩隻靴尖向外成八字形，那麼，他們還不致於將人打死，如若兩隻靴尖向內一斂，那麼被杖者就休想活命了。

孟養浩被打成重傷，僅存一息，又被削官為民，無非是因為上了這「五不可」的奏疏，拂了皇帝的龍麟。

不僅孟養浩遭此慘毒，還有其他許多諫官，也因之受累，同時被罷免的諫官有十一人之多，朝臣無不駭嘆，一時間朝廷沉寂，無人再敢言事了。

然而，「爭國本」的風波一直在延續，朝臣們仍在為立儲之事呼籲。

萬曆二十一年（西元一五九三年）正月，萬曆下手詔給王錫爵，命冊封皇長子與兩個弟弟（常洵及周端妃所生子常浩）同時冊封為王。大學士王錫爵只好奉詔擬旨，而朝臣因喧嘩，對王錫爵大不滿意。三子並封為王，那麼，皇長子能否立為太子就很難說，常洵就有建儲立嗣的可能，這抑或便是皇上的意圖所在。由於朝臣輿論強烈，此事只好暫時擱置下來。

到萬曆二十二年（西元一五九四年）二月，皇長子方出閣講學。萬曆二十八年（西元一六○○年）十月，給事中王德完又上疏請求建儲，結果再受廷杖，除名削籍。

萬曆二十九年（西元一六○一年）十月，皇長子常洛終於被立為太子，而鄭妃之子常洵被封為福王。福王的婚費和府邸，十倍於常制，表現出皇帝對他的特殊寵遇。而按照明代的制

度，皇子封王之後，要到自己的封地去，雖然可以窮奢極欲地享受，但不能干預地方行政事務，也不能隨便離開自己的封地。這實際上是怕藩王坐大，養成羽翼，危及皇權。但福王受封後，萬曆並未讓他「之國」，也就是到自己的封地去。這樣，就隱含著福王「奪嫡」的危機——至少朝臣們是這樣憂慮的。於是又鬧出了《憂危竑議》和《續憂危竑議》兩場接踵而至的文禍。

起因是這樣的：刑部侍郎呂坤，撰了一部書叫《閨範圖說》，顧名思義，是講婦德「閨範」的，並以插圖解說。太監陳矩把它購入宮禁之中，萬曆便把它賜給了鄭貴妃。鄭貴妃對《閨範圖說》的內容很感興趣，竟自「對號入座」，覺得自己很合「閨範」，可以借此提高自己的聲名。如果把它重新刊刻，再把自己加進去，不是更好嘛！

鄭貴妃把自己的想法對哥哥鄭國泰透露了，國泰拍手稱好，十分贊成，並且主動把這件事承擔下來。於是，鄭國泰又重刻《閨範圖說》，首列漢朝的明德皇后，最後把鄭貴妃的姓名，也刊入其中。

鄭貴妃一看，十分高興，樂得手之舞之，足之蹈之，並且親為撰序，其中有「儲位久懸，曾脫簪待罪，請立元子，今已出閣講學，籍解眾疑」等語，大有「此地無銀三百兩」的風味，令人啼笑皆非。

這部書傳出宮禁，明眼人一看便知是為鄭貴妃樹碑立傳。於是，有人撰寫了《閨範圖說跋》，又叫《憂危竑議》。此文托為朱東吉問答。東吉，意即東朝，這篇文章託名朱東吉來駁斥呂坤原著，大意說《閨範圖說》中，首載明德皇后，實際是借諷鄭貴妃。明德皇后由宮人進位中宮，鄭貴妃也將援此例。鄭貴妃重刊此書，實際是預為奪嫡。書名稱《憂危竑議》，是因為呂坤嘗

150

文字血淚

有「憂危」一疏，作者借此加以譏諷。

那麼，這書的作者「朱東吉」是誰？「朱東吉」是化名無疑，真正的作者到哪裡去尋呢？

於是，鄭貴妃、鄭國泰到處追查，一時間疑神疑鬼，弄得人心惶惶，真正的作者沒有查到，卻抓住了替罪羊。替罪羊便是給事中戴士衡和全椒縣知縣樊玉衡。戴士衡上疏彈劾過呂坤，說他「逢迎掖庭」，實際上是借彈劾呂坤而指斥鄭貴妃。全椒縣知縣樊玉衡，更是大膽，他直接上疏纖彈鄭貴妃，竟有「皇上不慈，皇長子不孝，皇貴妃不智」數語。鄭貴妃對於二衡懷恨在心，想來想去，這「朱東吉」定是這兩個人。鄭國泰於是反覆推究，認定這「妖書」作者必是戴士衡、樊玉衡。於是，告之於萬曆皇帝。萬曆皇帝將信將疑，鄭貴妃卻纏住他又哭又鬧，逼著皇上半夜下旨抓人，把「二衡」下獄拷問。然後，把「二衡」發配到極遠之地去充軍戍邊。這是第一次「妖書」案的結果。

豈知一波未平，一波又起。時隔不久，又出現了第二起「妖書」案。

萬曆三十一年（西元一六〇三年）冬十一月，有人又寫了《續憂危竑議》，貼在了大學士朱賡府第的門上。朱賡的僕人早上出門，發現了這份《續憂危竑議》，趕快揭了下來，交給主人，朱賡一看，非同小可，文章託名於「鄭福成」，也是問答之體。所謂「鄭福成」，無非是鄭氏之子福王當成。文中大意是：皇上立東宮，乃是不得已，他日必當更易。之所以用朱賡為內閣大臣，是因為「賡」、「更」同音，寓含更易之意。此文辭語詭譎，而且事關朱賡本身，朱賡嚇得渾身發冷，馬上將此文上奏於萬曆皇帝。

萬曆皇帝一看，十分氣惱，下詔大索奸人。數日之間，告訐紛起，銀鐺旁午，廠獄中塞滿

了「妖書」案的嫌疑犯。

嫌疑犯中首當其衝的是郭正域與嶽生光。郭正域是太子出閣時的講官，原先曾是內閣次輔沈鯉的門生。內閣首輔沈一貫與沈鯉之間有怨恨嫌隙，同時也就唧恨於郭正域。這次借此機會將郭正域鍛成罪名，也就打擊了沈鯉。於是，沈一貫便把郭正域當作頭號嫌疑犯，加以非刑審訊。與郭正域有牽連的人，如醫生沈令譽、高僧達觀、僕人毛尚文等，都被逮捕入獄。達觀被拷打致死，沈令譽也差點沒死在獄中，都沒有半點口供。毛尚文因受利誘，編造「妖書」的刊刻日期，但因與事實相距甚遠，偽證不能成立，郭正域的罪名無法坐實，但是刑部還是不肯放過他，認定他為「妖書」作者，要殺掉他。這時太子忍無可忍，站出來為郭正域說話：「你們為什麼一定要殺我的好講官？」手指著沈一貫，讓他講出道理。眾人一看太子動怒，不敢再加害於郭正域。於是，便又把罪名嫁接到嶽生光頭上。

嶽生光是順天府的生員，為人不無才學，但素行狡詐，採取卑劣手段敲詐別人錢財，因而不齒於士林。當時有個富商包繼志，乃是鄭貴妃家族的親戚，家有萬貫又欲附庸風雅，他慕嶽生光的才學，讓嶽生光代纂詩集，屬為己名，當然是給前者很多「稿費」了。嶽生光有意敲詐，便寫了一首七言絕句，以為將來敲詐之用。詩是這樣寫的：

五色龍文照碧天，識書特地擁祥煙。
定知鄭氏乘黃屋，願獻金錢壽御前。

皦生光以「松風狂客」來署名，隱指包繼志。此詩暴揚鄭家密謀朱常洵為太子，為將來鄭姓篡位作準備。皦生光將此詩摻入詩集，一同付印。包繼志本是商人，對詩毫無所解，任憑皦生光弄翰代筆，以為是字字珠璣，即行付梓刊行。皦生光預先將自己的寫本索回燒燬，一面又密託好友，向包繼志索詐，說他詩集中，有謀逆文字，指出「黃屋」乃是天子所居，「鄭主」二字，是指鄭貴妃及皇子常洵。若向朝廷出首，跳進黃河也洗不清了，只好自認晦氣，出錢了結。皦生光又曾教書於鄭國泰家，他又將此詩呈入，恫嚇國泰，國泰也非常害怕，於是情願出錢了事。待

「妖書」一出，鄭國泰便懷疑出自於皦生光之手，把他拘捕到案，加以刑訊。

問官故意問他：「你莫非由郭正域主使？」皦生光雖是狡詐之徒，然並非貪生怕死之輩，陷害郭侍郎？」問官只好把他押入獄中。他瞋目而對：「我何嘗作此書？你等硬要誣我，我不過一死而已，為何讓我迎合宰相意旨。

太監陳矩，正提督東廠事務，屢次提訊，不得要領，怕找不到作「妖書」之人，必然會惹皇帝發怒。如果輾轉攀求，必然株連更多，不如就在皦生光身上了結此案。於是便對皦生光屢用酷刑，把他打得體無完膚，皦生光熬刑不住，便決定招認：「朝廷得我一供，便好結案，否則牽藤結蔓，糾纏不休，不如承認下來，該殺該剮，聽憑處置。」這樣，「妖書」案便好結在了皦生光身上。陳矩將皦生光移交刑部，按罪議斬。而萬曆皇帝仍嫌不夠，加罪凌遲，遂將皦生光磔死。「妖書」一案，是以皦生光的枉死而告終結的。

萬曆一朝，文禍迭起，卻並非單純的文字是非，而都是圍繞著「爭國本」的風波發生。可

以說萬曆朝這些文字之禍，都與「國本」問題相伴相生，表現形式都以文字出現，深層的原因乃在於統治集團內部爭奪繼承權的鬥爭。這個時期的文禍明顯不同於朱元璋時期的文禍，後者是對一些個別文字牽強附會、胡亂拆解，胡攪蠻纏地殺人，體現出明太祖朱元璋的野蠻性。萬曆朝的文禍主要是諫禍，臣下在諫疏中表達的政治觀點，直接觸怒了皇帝，而如李獻可疏請預教案中誤書弘治年號，很明顯是「雞蛋裡挑骨頭」，其實癥結並不在文字之誤上。萬曆朝的文禍還在兩起「妖書」之獄。這是匿名文章引起的文禍。其實，所謂「妖書」，仍然是緊緊圍繞著「國本」問題而展開的，「妖書」的矛頭是指向鄭貴妃的。統治者把嫌疑者當作真正撰書人判罪，從重處置，釀成了兩場冤案，這是非常特殊的文字獄。

一代思想家的慘遇

明神宗萬曆三十年（西元一六〇二年），春三月，李贄在獄中用剃刀自刎。

帶著異端思想強光的一顆巨星，劃破了沉沉夜空，隕落了！

在中國文禍史上，李贄一案有著更為深刻的內涵和意義。它已經超越了具體的文字，具有思想史範疇的重要價值，但其表現形式，仍是文字之禍！

李贄，號卓吾，又號溫陵居士，他是明代著名的思想家，反理學的鬥士。在統治者眼裡，他是一個最為激烈、最為危險的異端分子。

在中國思想史上，明代是一個波瀾壯闊的時代，李贄在其中是個思想解放、勇於衝破世俗觀念的勇士。在明代思想史上，王陽明心學已經奏出了與程朱理學並不諧和的曲調，王學左派諸人，更提出了適應平民需求的哲學呼聲，如王艮提出「百姓日用即道」的革命性命題，與傳統道學相左。顏山農、何心隱的學說，就帶有更強的異端色彩，正如黃宗羲在《明儒學案》中所說：「泰州之後，其人多能以赤手搏龍蛇，傳至顏山農、何心隱一派，遂復非名教所能羈絡矣。」

李贄乃是王學左派的後學，他把這種與理學思想相對立的「異端」思想推向了一個巔峰。

他公開向虛偽的禮教挑戰，提倡人的真性情，反對「以孔子之是非為是非」，公開亮出批判孔孟之道的旗幟。

李贄辭去雲南姚安知府的官職以後，寓居於友人耿定理家中，後又在麻城削髮而入佛寺，寫下了《初潭集》、《藏書》、《續藏書》、《焚書》、《續焚書》等著作，表現了強烈的異端思想傾向，揭露理學的虛偽，與統治階級產生了尖銳的衝突。一些衛道士上疏朝廷彈劾李贄，認為李贄等人「背棄孔孟，非毀程朱」，要求當局懲辦李贄。於是李贄以七十六歲高齡被捕入獄，演出了他人生最後的一幕壯劇。

告別黃安耿家，李贄隻身來到鄰縣麻城，在縣城「維摩庵」安頓下來。這個前任四品知府，已經是花甲之年了。

李贄在知交耿定理家中住了多年，過著平靜的隱居生活。定理與他是志同道合的好友，這自不待言；而定理的長兄耿定向，卻因思想觀念上的分歧，而與他產生了歷久難消的隔閡，這不是個人之間的感情、意氣之爭，而是兩種根本不同的思想觀點。

耿定向先前丁憂守制在家，萬曆十二年（西元一五八四年），他以守制前的職銜起復，官都察院左僉都御史，走馬上任去了。七月間，李贄的知友耿定理溘然長逝於家中，終年才五十一歲。

李贄悲痛萬分，定理是他最為知己的好友，可以生死相托，他背井離鄉、輾轉千里來到黃安，就是奔著定理來的。誰想到，定理卻逝於壯年……。

李贄熱淚滂沱，寫下了幾首感人胸臆的詩作《哭耿子庸》：

文字血淚

我是君之友，君是我之師。我年長於君，視君是先知，……行行還出門，逝者在於斯，反照未生前，我心不動移，仰天一長嘯，茲事何太奇！從此一聲雷，平地任所施，開口問人難，誰是心相知？

——其二

……時來一鼓琴，與君共晨夕，已矣莫我知，雖生亦何益！

——其四

耿定向在八月間榮升為都察院左副都御史，得到弟弟的噩耗，立即給家中寫信，慰問親友，安排後事。其中也給李贄寫了一封信，除了寒暄問候之外，便是討論學問，對李贄的學術觀點提出批評。

李贄給耿定向回了一封長信，把自己久欲言之的不同見解和盤托出，其中最重要的，是對孔學的看法。李贄強調人的主體意識以及獨立意識，不同意依附於孔學而毫無個人建樹。他在這封《答耿中丞》信中說：「『學豈可無術歟』，這是您的『至理名言』，您所以得於孔子，深信不疑，而為家法，我又有何話說。但這乃孔子之言，並非我之言，天生一人，自有一人之用，並不取決於孔子；如果必定取決於孔子，那麼，千古以前沒有孔子，就不能成其為人了嗎？」這些話充分肯定了人的主體地位，反對把人的價值依附於孔子的價值，對於道學家來說，這不啻於是「平地驚雷」。

人不是按統治者意志運轉的工具，人是享受思考權利的萬物靈長！

在真理面前人人平等——「天生一人自有一人之用」，為什麼要廢棄眾人之思，讓大家都

服從孔子，學著他的腔調講講話呢？

李贄並不是蔑視貶低孔子，作為一個獨立思索的人，作為一個追求真理的人，李贄是尊敬孔子的。但如果把孔子奉為神聖不可冒犯的萬世偶像，作為封住千萬活人嘴巴的符咒，使他成為扼殺眾生性靈的法寶，他就必然成了面目可憎的泥胎木偶。李贄所要抨擊的孔子，不是春秋時期的孔子，而是「罷黜百家、獨尊儒術」以後的孔子。

這以後，耿定向幾次來信，無非是不同意李贄的觀點，以孔子之道為定天下之是非。李贄幾次作答，與之展開了論戰，兩方的裂痕已是很明顯的了。

與此同時，鄧石陽也來信討論學問。鄧石陽是耿定向的弟子，李贄在河南任職時，他們本是老朋友，現在當了知府。鄧石陽的信中自稱是濡染心齋之學，但對於心齋之學的一些基本概念都不甚了了，在信中作了歪曲的理解。

李贄在覆信中闡述心齋之學的基本觀點──「百姓日用即道」，這是與程朱理學大相逕庭的。李贄毫不含糊地站在泰州學派的立場上，並以自己的話來闡述這種觀點，李贄明確地講：「穿衣吃飯即是人倫物理，除卻穿衣吃飯，天倫物矣。」這是泰州學派的基本觀念，不過是被李贄發揮得更為直白痛快。在李贄看來，所謂「倫理」，就是人們的基本物質生活欲求，這是與程朱理學的「存天理，滅人欲」針鋒相對的。

李贄最為痛恨朱子之學，他在回覆鄧石陽的信中指出「兄所教者，正朱夫子之學」，對於朱熹本人，他幾乎也是深惡痛絕的。尤其是官方把朱熹作為欽定的神化的專制工具更使人憎恨。

萬曆十三年（西元一五八五年），李贄離開了黃安，他把妻子女兒打發回泉州老家，將身

文字血淚

邊所餘資財都給了家眷，自己隻身來到麻城——在麻城有幾位對他甚為敬重的朋友。其中周柳塘在麻城德高望重，很有地位，熱心地充當東道主；周的女婿曾中野出錢在縣城買下間大屋，使李贄有了棲身之所。

在麻城數月，不僅與周柳塘翁婿十分相得，過從甚密，而且還結識了劉近城、楊定見、丘長孺等一批新朋友。

李贄在麻城，除了與友人詩酒流連之外，就是閉門讀書寫作。但耿定向時常有書信來，苦口婆心地對亡弟的友人進行忠告，勸他不要不自量力地與社會傳統作對，否則將在危險的路上越走越遠。

李贄寫了一封《答耿司寇》的長信作答，把該說的話都吐出來，淋漓盡致地批判了偽道學、偽君子。他指出耿定向以「孔孟之正脈」自居，以排斥「異學」自任，是「執己自是之病」。他反對僅以孔子一人為聖，而認為千聖萬賢皆有可取。

「聖人不責人之必能，是以人人皆可以為聖。故陽明先生曰：『滿街皆聖人。』佛氏亦曰：『即心即佛，人人是佛。』夫惟人人之皆聖人也，是以聖人無別不容已道理可以示人也……耕稼陶漁之人既無不可取，則千聖萬賢之善，獨不可取乎？又何必專學孔子而後為正脈也！」李贄從心學角度出發，肯定了聖賢的廣泛性，推倒孔子的獨尊地位，這當然也是統治者斷不能容忍的。

李贄患了脾病，嚴重消化不良，痛得數月不起，多方吃藥，並聽從郎中及朋友的勸告，改變以往整日與書案為伴的生活方式，多外出活動。

於是，李贄經常和一班朋友遊山玩水，恣意所往，在自然的陶冶中，恢復人的自然天性。他對於那種「非禮勿視，非禮勿聽」的假道學，從來就是極為反感的。偶爾路過書院講堂，到室內坐坐，他也不願以前輩身分勸學或用孔孟程朱理學曉諭諸生，有那種被理學薰得呆頭呆腦的諸生，手捧著經書，拈出幾個刁鑽古怪的問題向他請教，李贄笑笑說：「這時候還不如攜著歌姬舞女，淺斟低唱」，諸生中有帶著妓女的，李贄見了，也說道：「這也強似與道學先生作伴。」

聽了李卓吾的這些話，那些「方巾之士」驚得目瞪口呆，於是謗議蜂起，說李贄「宣淫敗俗」！

其實卓吾並不反對科舉，也不真的反對儒學，而是痛恨理學對於人性的戕害，對於人的獨立意識、主體意識的閹割。

「正人君子」們對於李贄側目而視，都以「衛道者」的面目出現。閒言碎語流遍麻城。李贄面對這種流俗的攻擊，不畏不懼，我行我素。他乾脆提出了自己的一條處世原則：「士貴為己，務自適。」而且更斬釘截鐵地宣稱：「如不自適而適人之適，雖伯夷叔齊同為淫僻；不知為己，唯務為人，雖堯舜同為秕糠。」這又是驚世駭俗之論！

我們不能把李贄的這個言論看成是利己主義，因為這不符合他思想與行為的實際狀況，他欣賞何心隱的捨生取義，痛恨耿定向為保全自己對朋友見死不救。

「士貴為己，務自適」，乃是在封建專制淫威之下，對人的權利、人的主體意志的呼喚。在封建專制制度下，只有君主的特權，沒有人的權力、人的意志，李贄反對屈己從人，主張個體

文字血淚

的權利、個體的自由，在「衛道士」和統治者看來，都是大逆不道。李贄索性專和禮教作對，對於封建禮教，他有意地加以褻瀆。他乾脆以「異端」的面目出現。

萬曆十六年（西元一五八八年年）的夏天，李贄在麻城落髮，這成了一個駭人聽聞的事，一個六十二歲的四品命官在本地出家了。

李贄並非心血來潮，他是決意以「異端」的面目出現在世人面前。

他對好友曾繼泉很懇切地說明了自己落髮的原因：「其所以落髮者，則因家中閒雜人等時時望我歸去，又時時不遠千里來迫我，以俗事強我，故我剃髮以示不歸，俗事亦決然不肯與理也。又此間無見識人，多以異端目我，故我遂為異端，以成彼豎子之名。兼此數者，陡然去髮，非其心也。實則以年紀老大，不多時居人世故耳！」

「遂為異端」，乃是對封建道德、秩序的勇敢挑戰！

薙髮之後，他揮筆寫下了《薙髮》五絕四首，以見其情。

其一云：

薙髮便為僧。
空潭一老醜，
順度恆沙眾，
長明日月燈。

其二二云：

有家真是累，混俗亦招尤。

去去山中臥，晨興粥一甌。

他慨然落髮，以示項羽無東歸之意，可以更為俐落地回擊一切傳統勢力的發難。

落髮後不久，李贄離開了縣城，遷到距城三十里的龍潭去了。龍潭有一座規模不算很小的佛堂——「芝佛院」。這裡的產業是周柳塘的，芝佛院也是他建的私人佛寺。據說建寺挖地基時，挖出三株芝草，很像佛形，故名。這裡的主持是無念和尚，而無念和尚又以李贄為師，李贄在這裡當然是可以適意而行的了。

龍湖是個美好的所在。山巒疊翠，潭影清澈。山下瀑布流下潭中，「砎崖轉石萬壑雷」，遙看則如白練飛懸。

卓吾隱居於此，一可以避世囂，二可以調精神，三可以著書立說。

《初潭集》，即寫成於此。他在該書序言中說：「《初潭》者何？言初落髮龍潭時即纂此，故曰《初潭》也。」

《初潭集》表現了「離經叛道」的精神。他拋開傳統的道德模式來評價人和事，推原抗上謀反篡位的「奸雄」之情，予以新的價值判斷。

「夫天下強國之臣，能強人之國而終身不謀自強，而甘㐀㐀以死者固少也。是以英君多能臣而庸君多強臣也，故言強臣必先之以庸君也。」（《初潭集》卷三）

文字血淚

所謂「強臣」，即是世人所說「奸雄」，李卓吾的看法，不障於道德評價的迷霧。對於「道學」，李贄又擲出了慣用的投槍，仍是揭露道學之虛偽，痛斥道學先生專唱高調，言不由衷，欺世盜名：

「道學其名也。故世之好名者必講道學，以道學之能起名也。無用者必講道學，以道學之足以濟用也。欺天罔人者必講道學，以道學之足以售其欺罔之謀也。噫！孔尼父亦一講道學之人耳，豈知其流弊至此乎！」（《初潭集》卷二十）

李贄所斥者，乃偽道學也，但世上的道學，幾乎都是偽道學。好名者、無用者以及欺天罔人者都必講道學，何等犀利！同時，也把孔子拉上，此乃「始作俑者」，流弊一至於今。這對於以孔子為「萬世至聖先師」的統治者來說，豈不是如掘祖墳！

李贄又批判了道學的「說」、「行」脫離，高言空論：

「講道學者但要我說得好耳，不管我行得行不得也。既行不得，則謂之巧言亦可；然其如『鮮矣仁』何哉！吾是以謂之會說也，以其太說得好，實難到也。」（《初潭集》卷二十）

這也是道學的要害之一，說得好，做不到！

卓吾還有更為犀利、更為澈底的話：

「流弊至於今日，陽為道學，陰為富貴，被服儒雅，行若狗彘然也。」

今日看來，此語或許過於激烈，但不難想見當時的「轟動效應」！

從萬曆十年到萬曆十六年，李贄手不釋卷，筆不停揮，把自己的思想與見解注入著述之中，《藏書》、《焚書》、《說書》等三種主要著作，業已略具規模。

《藏書》乃其一生精神心術所繫，表現了獨到的歷史觀。深知其不容於當世，寄望於後世之理解，故名之為《藏書》，即「藏之名山，傳之後人」之意。

《焚書》是歷年來與朋友往來之信函並答問議論諸文，「大抵多因緣語，憤激語，不比尋常套語」，「頗切近世學者之膏肓」，豈不惹得世人皆欲殺？故名為《焚書》，「夫欲焚者，謂其逆人之耳也。」（《焚書·自序》）

萬曆十八年春，《焚書》初版在麻城刻印出來了，《藏書》中一些史論也已雕版付印。這些令人不安的「精靈」在湖廣一帶迅速傳播，不脛而走。

耿定向恰於這年正月告病回到黃安，《焚書》、《藏書》的印本也傳到了他的手上。《焚書》的鋒芒是對著他來的，他感到憤恨不平，開始布置反攻。

耿定向地位高，門徒眾多，耿定向專門寫了一份《求儆書》——實則是反攻動員令。他的門徒立即聞風而動，對李贄進行圍攻。耿定向自己寫了還擊文章，他的門徒也寫了許多攻擊李贄的文章，如蔡毅中的《焚書辨》等。

萬曆十九年（西元一六○一年），六十五歲的李贄送他的忘年之交袁中道到武昌。卓吾偕中郎還有懷林等人，興致勃勃地登上黃鶴樓，俯瞰浩浩長江，茫茫九派，感懷萬端，意興遄飛。

忽然，躥出一群凶神惡煞般的打手，把李贄圍攏來，他們嚷著要「教訓教訓妖人李贄，讓

文字血淚

你嘗嘗厲害！」

李贄從未到過武昌，當然在武昌也無任何仇家。李贄的頭腦中飛快地旋轉著：莫非是耿定向的門徒所使？這些地痞無賴乃是他們臨時僱用來的。耿定向已經指李贄為「妖人」，那麼，他的門徒「鳴鼓而攻之」也就可以想見了。在黃麻當地對這樣一個年老體衰的人大打出手，恐被輿論不容；於是，便選擇了李贄來武昌的機會，唆使流氓來行兇毆打，以便嚇住這個「遂為異端」的思想鬥士。

袁中郎、侍者常志、常聞、懷林趕緊上前護在李贄身前。

李贄並不慌張，他分開侍者，問那夥人中領頭的：

「你們聲稱要教訓李贄，那麼請問：李贄犯下了什麼十惡不赦之罪？怎見得是左道？所惑何人？」

領頭的張了張嘴巴，答不上來。

袁中郎怒斥這些人在光天化日之下，不得無事生非，觸犯大明律條！

那些地痞知道面前的年輕舉人老爺，不像尋常百姓可以任意欺侮，搞不好會惹亂子，所以面面相覷，無人敢先下手。

中郎怕李贄有閃失，叫侍者們護著李贄「快走」！

那夥人見李贄等遠去，在後面嚷著：「老妖怪，今天便宜你了，改日再做計較。」

武昌受圍攻，是一個危險的信號。衛道士們拉下面皮要「整治」李贄，他們容不得異端思想的任何存在！

離開武昌，卓吾又回到他棲息的龍湖。除了讀書著述之外，他開始整修佛殿。在原有「芝佛院」的上端，就著山麓又修了一套佛殿，名為「芝佛上院」。卓吾還為自己修了藏骨塔。他選擇了這風景宜人的所在為自己的終老之所，他已經快到古稀之年了！

修好了佛殿，不能缺少佛和菩薩的塑像。其中塑了一尊西方接引佛，還有幾個菩薩像。一尊菩薩像塑得面目不端，不能缺少佛和菩薩的塑像。其中塑了一尊西方接引佛，還有幾個菩薩像。一尊菩薩像塑得面目不端，李贄卻拍手稱好，認為這才有神。

李贄又忽發奇想：把孔夫子也請到佛堂裡來。於是，他果真在芝佛院裡供上了孔子像。在佛堂裡供孔子像，本身就有些調侃的意味，不倫不類。於是，卓吾又從而寫了一篇《題孔子像於芝佛院》的妙文，究竟是贊孔還是譏刺道學，讀者一讀之下，自有會心。文曰：

「人皆以孔子為大聖，吾亦以為大聖；皆以老、佛為異端，吾亦以為異端。人人非真知大聖與異端也，以所聞於父師之教者熟也；父師非真知大聖與異端也，以所聞於儒先之教者熟也，儒先亦非真知大聖與異端也，以孔子有是言也。其曰『聖則吾不能』，是居謙也。其曰『攻乎異端』，是必為老與佛也。

儒先億度而言之，父師沿襲而誦之，小子矇聾而聽之。萬口一詞，不可破也；千年一律，不自知也。不曰『強不知以為知』，而曰『知之為知之』。至今日，雖有目，無所用矣。余何人也，敢謂有目？亦從眾耳。既從眾而聖之，亦從眾而事之，是故吾從眾事孔子於芝佛之院。」

這篇文章，可說是遊戲翰墨，但卻十分辛辣。作者指出人們對孔子的崇拜不過是矮人觀場、瞎子看戲，不過是人云亦云罷了，萬口一詞，陳陳相因，千年一律，使天下之人心目廢盲

166

而無用。卓吾似在嘲諷自己，實際是在譏刺道學的人云亦云。文中承認自己供奉孔子並非真心誠意，而只是隨大流盲目崇拜而已。

對於至聖先師，這豈不是大不敬？

萬曆二十八年（西元一六○○年），寒風烈烈的時節，麻城一片陰冷。

麻城城關不知誰貼出了驅李檄文，揚言要為麻城人除害。有人已將消息通報給李贄，請他小心為是，最好暫避一時。

一個風高月黑的夜晚，龍湖芝佛院燃起了熊熊大火，火借風勢，瘋狂地摧毀著佛寺的一切。下院、上院、塔屋，都毀於火中。

火勢稍斂，一群手持棍棒的人在佛院裡搜尋李贄，他們威逼小沙彌，要他交代「妖僧」李贄藏在哪裡？

李贄前此幾日，已匆匆離開龍湖，輾轉流落到北京郊區的通州。

李贄已把麻城當成了自己的故鄉，在那裡造了藏骨塔，便是他的歸宿所在。

但是，一個與社會傳統勢力抗衡的人，不能見容於那個社會，衛道者們必欲置之死地而後快！

到了通州以後，李贄受到友人馬經綸的照拂。馬經綸是北通州前御史，萬曆二十七年（西元一五九九年）春天在京郊與李贄相識，他對李贄相當敬重。當他得知李贄在麻城遭厄的消息，立刻南下，欲迎李贄到北通州。李贄終於聽從友人的勸說，北上到了通州。在通州期間，他很少出門，也很少會客。除非故人，李贄是不予接禮的。某天有一位達官貴人慕名往見，清

167

晨開始等候李贄，李贄卻拒不會面，使這位大人物惱羞成怒。這樣的做法自然會進一步種下禍胎。

萬曆三十年（西元一六○二年）二月，禮科都給事中張問達根據傳聞參劾李贄，說李贄所著書離經叛道，荒謬不經，蠱惑人心。誣衊李贄在麻城與浪蕩子弟同遊庵院，勾引士人妻女入庵講法，有的甚至攜帶被枕與李贄同住庵中，結果使麻城鬧得「一境如狂」。

張問達所代表的不是他自己，也不是某幾個人，而是強大的傳統勢力。李贄並非與他們有什麼私仇，他得罪的是一切衛道士。

於是，朝廷下令逮捕李贄，這位七十六歲高齡的老翁，被錦衣衛捉拿入獄。

李贄所犯何罪？思想罪、文字罪！

明神宗給李贄定的罪名是「敢倡亂道，惑世誣民」，並且明令將他的所有著作盡行燒燬。

李贄被捕入獄後，很長時間沒有結論，就這麼一直關著。皇上龍體欠安，懶得看奏章，再說，李贄的案子也有些棘手，殺他吧，沒有該死的罪；赦了吧，又覺不可，於是久而不決。

李贄雖然病魔在身，又飽經折磨，但在獄中仍然作詩讀書。

試讀他在鐵窗之下吟的詩篇之一：

試讀他在鐵窗之下吟的詩篇之一二：

四大分離象馬奔，求生求死向何門？

楊花飛入囚人眼，始覺冥司亦有春。

（《楊花飛絮》）

文字血淚

年年歲歲笑書奴，生世無端同處女。

世上何人不讀書，書奴卻以讀書死。

（《書能誤人》）

志士不忘在溝壑，勇士不忘喪其元。

我今不死更何待？願早一命歸黃泉。

（《不是好漢》）

卓吾已經下決心以死來回答朝廷的迫害，以死來抗爭這黑暗的世界，「我年七十六，作客平生，死即死耳，何以歸為！」

一天，他招呼侍者給他剃頭，侍者沒有想到將要發生什麼事，也就沒有注意。瞅著侍者轉身找其他物件時，李贄一把抓過鋒利的剃刀，抹在了自己的喉管上……。

侍者聽到聲音，回頭一看，大驚失色。但為時已晚，一切都來不及了。鮮紅的血汩汩地流了出來。

侍者把李贄扶到床上躺正，伏在他身邊，哽噎著問：「和尚痛嗎？」李贄已無法出聲。他用手指艱難地劃著：「不痛。」

侍者又問：「和尚為何要自刎？」

李贄又用手劃道：「七十老翁何所求！」兩天之後，李贄才最後氣絕，脫離了塵世的苦海！

一代思想鬥士，結束了悲劇的一生。他以文字而啟迪人心，又以文字而罹禍，統治者對他的主張視為洪水猛獸，衛道士恨他如掘祖墳。他像一把利劍，劃破思想專制的暗夜。

李贄案也說明了明代文字獄的深化、升位！此時的文字獄，已不再停留在太祖時期那樣胡亂猜字，濫殺無辜，那顯然是文字獄最為低劣的層次。對於李贄的迫害，主要是對其異端思想的整肅。對李贄的著作《焚書》、《藏書》、《初潭集》等，那些衛道士談虎色變，恨得咬牙切齒。這決非個別字句的謗訕，而是整個思想體系、傳統勢力面臨被炸裂的威脅。

但是，思想是禁毀不住的。顧炎武慨嘆：「自古以來小人之無忌彈而敢於叛聖人者，莫甚於李贄。然雖奉嚴旨，而其書之行於人間自若也。」(《日知錄》卷十八)

以文字罹禍，而以思想不朽！

鮮血飛濺的《明史輯略》案

「暮春三月，江南草長，雜花生樹，群鶯亂飛。」這是南朝作家丘遲在其名文《與陳伯之書》中對江南春色的描繪。江南風光，尤其是春日的江南，果真是誘人的所在。

然而，在清朝初年，這江南「佳麗地」竟成了文字獄的重災區。因為江浙一帶乃是人文薈萃之地，「物華天寶，人傑地靈」，湧現出了許多有名的士大夫。江南一帶的文化積澱遠遠厚於北方，「華夷之辨」的正統文化觀念也是根深蒂固的。清朝統治者統一全國時間未久，前朝遺民的反清意識還很濃厚。清朝統治者對於江南士人是嚴加提防的。尤其是把江蘇的蘇州、松江，浙江的杭州、嘉興、湖州作為重要查禁地區。因此文字獄便時常發生於這一帶。在康熙初年，一場震動全國、古今罕見的文字大獄便興於此地。這就是莊廷鑨《明史》案。

江南水鄉，風光美麗的太湖之濱，有一個名聞遐邇的南潯鎮。南潯鎮所以出名，很大因上是莊廷鑨的史案在這裡發生。

南潯鎮上有一個富豪之家——莊家。莊家的主人叫莊允城，在當地可謂數一數二的富戶。但莊允城卻並非腰纏萬貫卻粗俗不堪的土財主，還頗有文才。他的兒子莊廷鑨、莊廷鉞也雅調不俗。尤其是莊廷鑨，更是胸懷大志，以修史自期。

莊廷鑨字子相，從小便非常聰慧，而且勤奮好學，十五歲便以優異成績從縣學選拔出來，進了當時國家的最高學府——國子監。在這位年少才高的學子面前，本來是一條光明燦爛的道路，金榜題名，走馬上任，莊廷鑨也不時地幻想著這幅五彩的圖景。正當他為這幅前景孜孜以求的時候，巨大的不幸降臨到莊廷鑨頭上，他患了一場大病，在床上一臥就是三個月，幾乎到了死亡的邊緣，大病之後，莊廷鑨雙目失明了，如同一場嚴霜摧落了盛開的花朵，五光十色的人生圖景突然消逝，代之以無盡的黑暗。對他來說這個打擊未免太大了，他幾乎承受不住，不知流下過多少絕望的淚水。在一片黑暗的世界裡，還能有什麼作為呢？但他的成名願望並沒有泯滅，他時常念起司馬遷《報任少卿書》中的一段名言：

蓋文王拘而演《周易》；仲尼厄而作《春秋》；屈原放逐，乃賦《離騷》；左丘失明，厥有《國語》；孫子臏腳，兵法修列；不韋遷蜀，世傳《呂覽》；韓非囚秦，《說難》、《孤憤》；《詩》三百篇，大底聖賢發憤之所為作也。

這段名言，使他感觸最深的便是「左丘失明，厥有《國語》」，這簡直是對自己講的呀！「左丘雙目失明，尚能成為良史，寫下不朽的史書，我難道就不能像他那樣做個瞽史嗎？也可以千古流傳，萬世不朽了」。

莊廷鑨立下了「不朽」的心願，於是便一直擱心不下。可是此事想來容易，做來甚難，這一部「偉大的」史書究竟從何下筆呀！資料又在何處？一個瞎子白手起家硬要當個「良史」，談何容易！莊廷鑨為此愁得唉聲嘆氣。莊允城老先生從旁看來，也非常心疼兒子。兒子的心情

文字血淚

他是曉得的，無奈他也沒有這份「補天」之才，不然，他可以親手替兒子來寫呀！

也是天不該絕，莊家的鄰里有一戶大有來歷的人家，那就是明朝宰相、大學士朱國楨的後代。朱國楨在萬曆年間中了進士，後來直升為文淵閣大學士。明熹宗時，他是輔佐大臣。朱國楨除了為後代留下了相當可觀的家產之外，還留下了一部沒有刊刻的《明史》手稿。這位朱國楨作為宰相，在歷史上無甚政績可言，可他的文才卻相當不錯。這部《明史》手稿，固然沒有完全成型，但卻提供了史傳的基礎。據說該書沒有志、表、帝紀、世家等，只有列傳。其中王陽明一傳，就有上下兩卷三百多頁。此書體制可窺一斑。

朱家後代非但再沒出過朱國楨這樣的大名人，連家產也守不住了。家道中衰，難以收拾，到了順治年間，到了變賣家產的地步。此時，朱家已是賣無可賣，於是便要以一千兩銀子的價錢出讓這部史稿。

莊廷鑨聞訊，喜出望外：有了這部尚未「發表」的史稿，再加以潤色加工，不就是一部很好的《明史》嘛！莫不如把它買下來，修訂之後，再以我莊廷鑨的名義刊刻，不就可以千載留名了嗎？莊廷鑨志在「不朽」，意在留名，卻又因心有餘而力不足正在煩惱之際，如今有了現成的稿本，他豈肯放過？於是，便去央求父親莊允城出錢買下此稿。莊允城聞之，欣然而喜，當下取出白銀千兩，一手錢一手稿，買下這部《明史》稿。

書稿到手了，但要作為一部史書刊刻傳世，還有相當大的差距，這一點，無論是莊廷鑨還是莊允城都是很清楚的。莊廷鑨的身體條件和個人才學，與傳世史書的既定目標都所距甚遙，有難以克服的障礙。於是，父子倆商量出一個主意，就是花錢聘請江浙一帶的一些學者名士，

幫助他修改潤色。於是，莊氏父子便聘請了茅元銘、吳之銘、吳之鎔、李礽燾、吳楚、吳心一、張雋、董二酉、吳炎、潘檉章等十八位學士參加修訂。這些江南文士生逢明末清初的鼎革之際，深懷家國之恨，對於清朝的統治心中不滿，現在受到莊家的聘請修訂《明史》，大家聚在一起不免意氣昂憤，很多人並非僅為「孔方兄」而來，卻是要借修史之機來表達自己對異族統治者的鬱憤之情。這些名士聚在莊家邊纂寫、邊交流，動輒扼腕切齒，動輒痛哭流涕，筆端紙上，自然不時地露出反清情緒。這就埋下了這場腥風血雨的文字大獄的禍胎！

立志要使「自己的」史書傳世的莊廷鑨，還沒有來得及享受成書的快樂，便又一次病倒，而且很快就無藥可治、一命歸天了！莊允城對兒子的死痛徹心腑，他深知兒子的遺願，他要把這件事做到底來成全兒子的遺願，於是便到處奔走，僱人刻印此書，定名為《明史輯略》。

南潯鎮還有一位富豪朱佑明，乃是莊廷鑨的岳父，莊允城的親家，他也是好名成癖。莊家買了朱國楨後代所藏的史稿，朱佑明則看中了朱氏後代的一塊堂匾。那堂匾上題「清美堂」三個大字，那本是名家手筆，出自於明代大書畫家董其昌之手，落款為「朱老年親台」，本是題贈給朱國楨，只因未點出名字，朱佑明覺得有漏洞可鑽，便花了許多銀子，買下這塊堂匾，扛回自己家中，懸在中堂之上，拈著鬍鬚欣賞。莊家刊刻《明史輯略》，朱佑明出資贊助，條件是每頁都刻上「清美堂」字樣，

好像他真的就是「清美堂主人」了。

順治十七年（西元一六六〇年）冬，《明史輯略》刊印完成，莊允城、朱佑明都頗感欣慰。

《明史輯略》的問世，卻又掀起了層層波瀾，陰險毒辣的小人，用卑鄙的伎倆，為歷史添上

了一塊塊血汗！

列名於「參訂」的名士，並未都實際參加修訂工作。有些人是預感到此中所伏禍機，而採取了「劃清界限」的態度。其中的查繼佐、陸圻、范驤，他們不僅根本沒有加入「參訂」，而且擔心日後此事招來災禍，於是便在當年十二月出具呈文，向按察使衙門檢舉此案，按察使衙門並未受理，於次年正月將這個呈文轉給學政胡尚衡，胡尚衡批轉湖州府學查明報告。湖州府學的教授趙君宋，可並非是「一心只讀聖賢書」的書呆子，而是擅長打「小報告」、以整人為晉升之階的傢伙。他正不時地窺測周圍，看看有沒有對誰下手的機會；碰到這件事他豈能放過？於是，他花了六兩銀子買了這麼一套《明史輯略》，帶回來好好「研究研究」。終於，他在書中尋繹出幾十處「不法文字」，一面出榜貼於府學之門，一面報送浙江學政胡尚衡。

莊允城對於趙君宋的舉報並沒太在意，他也不準備買趙君宋的帳，他與官場人物有很多交往，更重要的是他財大氣粗，一路上用白花花的銀子開道。銀子流進了那些官員的腰包，上面各部門如都察院、禮部等，就都不理睬趙君宋了。莊允城同時又向通政司、禮部、都察院各呈送《明史輯略》一部（大概是挖改之後的吧）。覺得這樣便萬無一失了。果然，趙君宋所掀起的風浪平息了下去。

朝廷上沒有注意此案，下面卻有人早就嗅出了腥味。浙江督糧道李廷樞聽到了有關此事的一些情形，覺得有機可乘，於是便花了六兩銀子買下了一部《明史輯略》，在字縫裡挑毛病、找問題，然後找到湖州知府陳永明。陳曾是李廷樞的學生，李廷樞直言不諱地對陳講出了用

《明史輯略》來敲詐莊家的主意。兩個人躲在屏風後面策劃了半天，終於有了「錦囊妙計」。陳知府滿口應允願為老師效勞，幫助老師弄來這筆「橫財」。李廷樞聞之，樂得抓耳撓腮。兩人又在後堂舉杯對酌，忘形爾汝，口耳相語。兩人都喝得半醉，李廷樞方才踏著月色，回到自己家中⋯⋯。

陳知府在官場混了多年，見多識廣，他知道該怎樣辦。心裡打好了主意，臉上不禁面露得色。他讓手下人在適當的場合放風，說《明史輯略》有許多問題，有人又到上面去告狀，朝廷已經知道，知府衙門將要奉命查辦「逆書」。這個消息不脛而走，自然很快便傳到了莊允城耳朵裡。

莊允城雖然是個有主見、有膽力的人，加上財大氣粗、又幾經風浪，對這件事不太在乎，但聽到這個消息還是心中有些慌亂。他得先打聽明白再說。莊允城認識衙門裡的一個官吏叫周國泰，他親自登門拜訪周國泰，把禮物和銀子擺在了桌上，周國泰自然滿口答應幫他打探此事。

周國泰在知府衙門裡打探此事，正中了陳府的錦囊妙計。他需要的便是這種效果。周國泰於是成了雙方的使者，一來二去，「交易」達成，三千兩白銀經由周國泰的手進入陳知府的錢袋；《明史輯略》一事由陳知府壓下，並把《明史輯略》的全部刻板收回，由府衙銷毀。

三千兩白銀歸了陳知府，陳知府卻沒有拿出一兩給李廷樞，全部自己獨吞。李廷樞心中十分懊喪，卻又無可奈何。陳知府把《明史輯略》送還給老師，又說了一些好話，李廷樞氣得一句話也沒說出來。

文字血淚

李廷樞想到了他的兒女親家吳之榮，他深知吳之榮在敲詐勒索這方面的「才能」。李廷樞現在不只想詐取錢財，也更想借吳之榮之手好整治一下莊允城，出一口鳥氣！

吳之榮是個什麼樣的人？怎麼說他都不過分。吳之榮本是湖州府歸安縣的知縣，慣會投機鑽營、敲詐勒索。他與李廷樞本是一對仇家，後來卻戲劇性地變成了一對親家，說來真是意味深長。

李廷樞當時在浙江省任督糧道，主要職責是監督徵收糧食和押運糧船，這是一個有實權、有實惠的肥缺，各州縣的地方官都要巴結他。當時浙江省有兩個督糧道，兩人的分工是：一個押運糧船北上進京，一個留在省裡準備次年的漕糧。這一年，輪到另一位督糧道進京，李廷樞留在省裡。那位督糧道是位滿人，歸安縣知縣吳之榮有心「重點」討好他，於是備厚禮送之，而對李廷樞只是虛晃一槍。李廷樞對此十分惱怒，於是便找來歸安縣學的一位諸生名叫張辰生的，許以名利，提供了幾條吳之榮貪贓枉法的劣跡，讓張辰生以個人名義向總督和巡撫處去告。吳之榮卻掌握了張辰生的行跡，把張辰生叫來當面揭破，張辰生嚇得跪地討饒。吳之榮說：「饒你不難，你也必須給我揭發李廷樞。」此事傳揚開去，鬧得不亦樂乎。而吳之榮、李廷樞又都有貪贓枉法的諸多劣跡，兩個人咬得兩敗俱傷。李、吳二人雙雙被治罪，鋃鐺入獄，成了獄中難友。兩個人又恰好關在一個牢房。這對仇家都覺得非常後悔，在獄中握手言和。順治十七年（西元一六六○年），趕上皇帝大赦天下，李廷樞和吳之榮都得到釋放，出獄後又成了兒女親家。

閒居在家的吳之榮，正閒得發慌，窮得無聊，做夢都在想錢。李廷樞把《明史輯略》交給

他，「親家，這回看你的了，事成之後，別忘了分我一杯羹！」吳之榮捻著鬍鬚，瞇起三角眼，很自信地對李廷樞說：「李兄，你儘管放心。有我吳之榮，不怕他不出血！就是鐵公雞，也讓他拔下毛來！」說罷，兩人都嘿嘿地奸笑起來。

這個無恥小人，先對莊家施展他的看家本領……敲詐。

吳之榮揣著《明史輯略》，夜裡敲開了莊家的朱漆大門。他在客廳裡坐下，一雙三角眼往四周亂瞅，看到莊家富麗堂皇的宅院廳室，心裡充滿了一種酸溜溜的感覺，他心裡說：「一定讓你莊允城吐出油水來！不然，你就不知道馬王爺頭上三隻眼！」

一會兒，莊允城從內宅出來，看到是吳之榮，心中一陣噁心，但還是拱手揖讓：「吳知縣，何敢勞動大駕，光臨蓬舍！」吳之榮回了一揖：「莊老先生，您太客氣了。在下聽到一些不利於先生的傳聞，特來相告！」說著，便掏出《明史輯略》，狡點地看著莊允城：「這大概是貴公子的大作吧。而且由莊老先生親自刊刻。可是，上面對此書可是頗為關注啊！據說正要嚴查此書的來龍去脈，我不過是先為先生通報一下！」

莊允城先前曾用錢鋪路，打通了朝廷中的通政司、都察院、禮部這三大衙門，並各送《明史輯略》一部備查，所以心中有底，也就不把吳之榮放在眼裡。再說，莊允城曾是明代著名的文人社團「復社」的成員，意氣甚高，對於吳之榮這樣的卑劣小人從心裡就看不起。他冷笑著對吳之榮說：「吳大人的美意，在下心中領教了，自有區處，大人就不必多費心思了。」吳之榮一看莊允城根本不買他的帳，氣得七竅生煙，他站起身來，三角眼裡放出冷光：「莊老先生，以後可不要為此事後悔啊！如果需要幫忙，在下隨時恭候！」莊允城已有送客之意：「吳

大人請便！我莊某心中有數，多謝關照，後悔與否，老夫一人承擔！」吳之榮悻悻而去，隱身在黑暗之中……。

卑鄙是卑鄙者的通行證！吳之榮這樣的卑鄙小人，正在吐著噬血的舌……。

一不做，二不休。吳之榮惱羞成怒，一定要整垮莊允城。他又揣著那本法寶《明史輯略》，趕到了杭州，直接到杭州將軍府去告發。杭州將軍雖是武職，但是位高權重，一言九鼎，總督、巡撫這些高官，也要看他的眼色行事。吳之榮拜見杭州將軍柯奎，極盡阿諛逢迎之能事，柯奎被拍得很舒服，於是便把《明史輯略》留下來，告訴他，過幾天聽候傳喚。

吳之榮以為奸計得逞，心中笑道：看你莊允城如何了斷這場官司！撰造逆書，罪莫大焉。

你莊允城不肯掏錢出油，就讓你用腦袋作代價！

過了沒兩天，將軍府派了一個下級軍官來告知吳之榮：「將軍有話：我們是武職衙門，地方上這些是非，我們不想多加過問。」說著，便把那本《明史輯略》「完璧歸趙」了。吳之榮聽罷，心涼了半截。

原來，莊家打通了關節，用大筆銀子搬動了松江提督梁化鳳，由他來勸柯奎按下此事。梁化鳳是清廷的一員猛將，曾為清廷立下汗馬功勞。被委任為江南全省提督，加太子太保左都督，晉三等男，可以說是威赫一時。他的面子，柯奎焉能不給？況且，柯奎也得到了白花花的銀子，當然樂得順水推舟，賣個人情。

吳之榮又碰了一鼻子灰，他感到要整倒莊家甚為不易，莫如另尋新路，詐得錢財再說。

像一棵毒藤，氣喘吁吁地窺視著另一棵樹！

新的敲詐對象，便是朱佑明。朱家與莊家本是姻親，又出錢贊助刻印《明史輯略》，朱佑明又不同於莊允城的滿腹經綸和見識，也沒有多高的文化，吳之榮以為用「逆書」一嚇唬他，他便會嚇得篩糠。於是，便放出風來試探，並且讓別人給朱佑明捎話，如果朱家能花上一筆銀子，吳之榮就會放他一馬。

其實，這只是吳之榮的一廂情願。朱佑明沒有那麼好捏，他和長子朱彥紹等商量好對策，又與莊家溝通，準備給吳之榮一個迎頭痛擊。

吳之榮滿以為朱佑明給他備好了賄銀，於是便哼著小調直奔朱府。待他推開朱府虛掩的大門進到院裡，卻連一個成年男子都看不到，朱佑明更是無影無蹤了，空空蕩蕩的大院裡，吳之榮覺得奇怪而又可怕，竟然連個人影子都沒有。他故意咳嗽兩聲，對面的照壁也回應了兩聲，他只好乍著膽子往一個門裡走。

正在這時，忽聽得有個年輕的女人高喊一聲「賊來了！大家抓賊呀！」一霎間，從朱氏大院的各個房門裡衝出來上百號的婦女兒童，一下子把吳之榮團團圍住，又抓又罵，有的揪他的辮子，有的往他臉上吐唾沫，還有一個十幾歲的男孩，把雞屎抹在他的額頭上。吳之榮哪裡見過這種陣勢，他緊緊護住腦袋，把辮子纏在脖子上，拚命地衝出朱府。待他跑出一百公尺遠，聽見後面雖有叫罵之聲，但並無人追來時，方才定了定神。低頭一看，自己的馬褂上滿是汙泥，手上一道道抓痕，一隻鞋子也不知丟在哪裡，這份兒狼狽，就無法形容了。

吳之榮再沒有了來時路上的得意，滿臉晦氣地往前走，剛剛走出一個胡同口，忽聽得一聲斷喝：「站住！」吳之榮嚇得渾身一哆嗦，定睛一看，一隊官兵迎頭擋住了去路。為首的軍官

一努嘴，呼啦上來五六個清兵，扭住吳之榮的胳膊，把他捆了個結實。吳之榮大聲叫道：「你們憑什麼抓人？我是歸安知縣吳之榮！」那軍官冷笑一聲，上前左右開弓給了吳之榮兩個耳光：「你他媽的還拿知縣嚇唬人！從大獄裡出來你就沒老實過！跑到我們烏程地面上來胡鬧，老子今天好好教訓教訓你！」說著，又是一頓拳腳。這隊官兵把吳之榮押出境外，告訴他：膽敢再到南潯來胡鬧，小心你的狗頭！

吳之榮本欲大撈一把，沒想到竟遭此奇恥大辱，回到家裡，便病倒了，一病數日，臥在床上。身如散架，但他卻一直盤算著如何報復。這條毒蛇要施展全部招數，非要置莊、朱兩門於死地不可。暗夜之中，吳之榮把牙齒咬得格格作響，眼睛放出凶光：「好個莊允城！好個朱佑明！我不讓你禍滅九族、滿門抄斬就誓不為人！」

吳之榮輾轉反側，想盡辦法要再給朱佑明找個足以掉腦袋的罪名。他點起燈來，拿過這部《明史輯略》再細細琢磨。書序中介紹資料來源時提到「朱史氏」，這「朱史氏」本指朱國楨，吳之榮眼前一亮，有了絕招兒，在「朱史氏」下面加了「即朱佑明刊」五個字。連起來就是「朱史氏即朱佑明刊」。吳之榮的病登時好了八分，第二天，他就打點行裝，帶好這部「訂補」過的《明史輯略》，到北京城去告通天大狀！

吳之榮這條惡棍進了北京，一場千條人命的文字大獄就要發生！

吳之榮到了刑部衙門，敲響了登聞鼓，他跪在堂前，向刑部尚書呈上了《明史輯略》，狀告莊允城、朱佑明私造逆書，攻擊朝廷，反清意識充斥其間，罪在不赦！

刑部受理此案，勘出此書多有「違礙」。諸如直寫清太祖努爾哈赤的名字和官銜（明建州

181

都督）；直寫清帝國的前身「後金」國號；實錄明將李成梁殺死努爾哈赤的父祖，收養年幼的努爾哈赤等史實；斥罵降清的尚可喜、耿仲明為「尚賊」、「耿賊」，而不遵依清廷令稱「尚王」、「耿王」（二人被分封為智順王、懷順王）；在一些列傳中有「長山釁而銳士飲恨於沙磷，大將還而勁卒銷亡於左衽」之類的語句，慨嘆明軍敗亡於遼東；貶稱滿洲人為「左衽」，寫清軍入關用了「夷寇」、「夷氛」、「奴酋」之類貶稱；記載明末歷史用明朝年號，不用清朝年號；記載了南明三王的即位、正朔，等等。如此眾多的忤逆之處，刑部不敢擅自定案，於是將案情寫成報告，連同吳之榮的告狀信，一起呈給皇帝裁處。

當時的皇帝已經不是順治，而是八歲的幼主康熙。其實，主事的是四個輔政大臣：索尼、蘇克薩哈、遏必隆、鰲拜。順治皇帝究竟是死了還是出家，至今還是一大疑案。不過民間都傳說順治皇帝上五台山，出家當了和尚。順治皇帝一直信奉佛教，曾拜木陳和玉林兩位高僧為師，取法號「行痴」，並且刻有「塵隱道人」、「懶翁」、「痴道人」等佛號鈐章。早有出家之願。加上愛之若命的寵妃董小宛之死，更使順治萬念俱灰，心如枯井，於是便悄然而入五台山。清代大詩人吳梅村曾有一詩云：

　　雙成明靚影徘徊，玉作屏風璧作台。
　　薤露凋殘千里草，清涼山下六龍來。
　　　　　　　　　（《清涼山贊佛詩》）

文字血淚

「清涼山」即五台山，「雙成」乃是傳說中仙女之名，「千里草」暗含「董」字，這裡很明顯是用「董雙成」來喻指董小宛，「六龍」指順治皇帝。吳梅村乃當日之人，此詩顯然是詠歎順治出家之事——不過此事撲朔迷離，難以坐實。

無論怎樣，清廷受理莊氏史案之時，正是年幼的康熙剛剛登基之際，內外局勢頗不穩定。

順治末年，天下並非一片太平，反清復明的勢力仍然時舉烽煙。原魯王的部下張煌言率水軍沿長江活動，時時進攻沿岸城鎮，唐王部下鄭成功的戰艦也在粵、閩、浙沿海巡迴，伺機反攻。

順治十六年（西元一六五九年），鄭、張兩軍會師北伐，江、浙一帶士、民積極響應，此次行動雖遭失敗，但使清廷看到江南一帶人心不穩，反清意識並未完全消失，一遇風吹草動，就可能由星火而燎原。清朝統治者對於江南漢人極不放心，對於略有反清苗頭的士、民都不惜血腥殺戮，惟恐局勢有變，江山不保。

從朝廷內部來看，康熙雖是一代英主，無奈當時年僅八歲，幼沖即位，且剛踐大統，朝野上下人心浮動。顧命四大臣彼此之間明爭暗鬥，互相防範。其中索尼資望最高，但年老多病；蘇克薩哈和遏必隆都聽命於索尼；只有這個鰲拜自恃功高，專橫武斷，久已想獨攬朝綱。這樣，索尼等人與鰲拜之間矛盾很深，互相窺伺。在處理下面呈上來的問題時，都寧嚴勿寬，以免授對方以口實。

在這樣一種政局下，莊氏史案自然是血光當頭了。

傳閱了刑部奏文與吳之榮的告狀信，四大臣都表示問題重大，不宜遲緩，於是，決定派刑部侍郎羅多速赴浙江，捉拿莊允城、朱佑明進京審問，同時提取《明史輯略》書版。

羅多晝夜兼程，趕赴浙江湖州，逮捕莊、朱二人如捉小雞，拴上鐵鏈，打入囚車，這倒十分順利，提取書版卻遇到了麻煩。因為前任湖州知府陳永明曾透過周國泰收受莊家的賄銀數千，然後把李廷樞交給他的《明史輯略》退還，並把整個書版都處理掉了。現在，陳永明已經調離湖州，現任湖州知府是譚希閔。譚知府原是浙江某府推官，前此半個多月才調來湖州，他對於書版之事，可以說茫然無知。面對中央派來的大員，譚知府實話實說，自己初來乍到，對此事毫不了解，況且陳知府交接時從未提起此事。

羅多此次來浙兩項任務之一便是提取書版，現在書版無存，不知下落，自然非常惱火。他吩咐叫來管庫的官吏，庫吏即是在莊允城和陳永明之間牽線的周國泰。眼看事情就要牽連到自己頭上，他決心死保陳永明，他一口咬定《明史輯略》書版一事，陳知府已經移交給譚知府了，現有交盤冊上的記載為憑。

羅多一看，果有記載，譚希閔卻是啞巴吃黃連——有苦說不出，面對冊子上的白紙黑字，欲辯不能。此案審結時，譚希閔被判絞刑，冤哉枉也！

莊允城被抓進刑部監獄，他本想到法庭之上與吳之榮對質，揭他的老底醜聞。其實，這都是天真的夢想。寒冬時節，獄中四壁透風，凍得他瑟瑟發抖，他年事已高，原來一直養尊處優，何嘗受過這圖圄之苦？幾次過堂，飽受酷刑，幾乎體無完膚。思前想後，怨憤滿胸，年關之前，病死於獄中。

刑部並不放過已死的莊允城，處以磔刑，把他的屍體砍成碎塊。

朱佑明也被關在刑部大獄。他太想活命了！他有錢，有數不盡的錢，他相信「有錢能使鬼

推磨」的「真理」，他在絞盡腦汁想這「活命」的辦法。

趙君宋也被關了進來。趙君宋本來是首告此案的人，他只要把原委說清，也許不但無罪，而且有功，因此他在獄中並沒怎麼在意。

放風的時候，朱佑明看到了趙君宋，他彷彿抓住了一根救命稻草，悄悄地、卻又急急地對趙君宋說：「趙老爺如能搭救我一把，我願將家產一半奉送於您！」

朱佑明的豪富，誰人不知，誰人不曉？不用說一半兒，就是十分之一，也夠享受幾輩子的了。趙君宋一聽，眼光發亮：「此話當真？」朱佑明指天發誓：「倘若不真，天誅地滅！」

趙君宋心中有數。朱佑明的罪證，無非是那「朱史氏即朱佑明刊」而已。而這一條分明是吳之榮所做手腳。自己當初所買那本《明史輯略》，就沒有這「即朱佑明刊」幾個字。此書取來，即為鐵證，救了這土財主一命，朱家那數不清、用不完的家產就一半歸己了，到那時，嬌妻美妾成群，高樓大廈都歸自己，如此好事，何樂不為？於是，趙君宋打定主意，便向審判官提出報告。刑部諸位審判官商量一下，決定派官員帶一干人馬，連夜趕奔湖州。把趙君宋所藏之書務必取來對證。

兩部《明史輯略》當堂一對，果然差出這「即朱佑明刊」五個字。吳之榮有些傻了眼，趙君宋卻面露得色微微笑。

吳之榮畢竟是吳之榮。他真不愧是個「久經考驗」的訟棍無賴。他努力使自己鎮定下來，眼珠兒一轉，已經想好了對策。他理直氣壯地反咬趙君宋的那本《明史輯略》是做過手腳的，而自己手裡的這本則是真實無妄的。他靈機一動，又使出了「殺手鐧」，大聲嚷道：「假如朱

佑明與《明史輯略》無關，那他為啥要在每頁書上都刻下『清美堂』三個字？『清美堂』即是他家的堂號，現有匾額依舊掛在他家，這便是鐵證如山。不信可以馬上派人去查驗，如果所言不實，甘受反坐。」

這一招兒可真叫絕！刑部立刻派得力大員率人二下湖州。結果很快從朱佑明的中堂上摘下了「清美堂」匾額，帶回到北京。大堂之上，朱佑明瞪目結舌，趙君宋叫苦不迭，吳之榮得意獰笑。

趙君宋本可摘出干係，逃脫此案，卻因貪圖發財反倒送了性命──他被判處斬刑。

吳之榮這個卑鄙者，又一次以他邪惡的「智慧」置人於死地，而他自己卻安然無恙！

前湖州知府陳永明，離任後並未馬上離開湖州。當羅多到湖州逮人並提取書版前，他聽到了風聲，預感到大事不好，收拾了最值錢的金銀細軟，連夜往北逃跑。當他跑到山東台兒莊時，此案已發，人們都議論紛紛。陳永明知道，新任知府譚希閔儘管暫時能當他的「替罪羊」，拖延一時，但終究會追到自己頭上。他越想越怕，眼前似乎出現了自己被凌遲處死的可怕情形。還不如自己了結了吧。他插上旅店的房門，用一根絲絛結束了自己的生命。但到最後結案時，他的棺材還是被拉到杭州，屍體被磔為三十六塊。受他的株連，當知縣的弟弟陳永賴最後也被殺於杭州。

朝廷派出滿、漢兩位欽差，直奔浙江，大規模地搜捕像一陣颶風捲過江浙大地。

凡是與《明史輯略》沾一點邊的，都別想逃脫厄運。主編的、參訂的、刻版的、印刷的、賣書的、買書的、作序的、審查處理過此書的，乃至於無意間說過幾句與此相關的話的……統

文字血淚

統是全家拘捕，男女老幼，一個也不能漏網。上至八十老翁，下到懷中乳兒，都被抓進了杭州的大獄，一隊隊八旗兵包圍了一個個宅院，接著便是破門而入，挨個抓人，一片哭聲，震撼天野。幾天之間，竟然捕了幾千人。杭州的監獄為之「爆滿」，容納不下了。

殘酷的株連，一人有「罪」，全家遭殃，野蠻到了極點，何況還有許多本是完全無辜、挨不上邊兒的人呢？

接下來的便是瘋狂的殺戮。

先死而戮屍的有：莊允城、莊廷鑨父子；列名「參訂」的董二酉；前湖州知府陳永明，人雖死了，屍身也不能放過。

凌遲處死的有：朱佑明、莊廷鑨之弟莊廷鉞、作序的李令晰，列名「參訂」的茅元銘、蔣麟征、張文通、韋元介、潘檉章、吳炎、吳之鎔、吳之銘等十八人，總共二十一人。凌遲是最殘酷的死刑之一，用刀碎剮剐人於死地。他們的家屬或斬、或絞、或流放。

處斬的有：上列凌遲犯人的子嗣、刻書匠、書店老闆，還有許多買書的人。

處絞的有：湖州新任知府譚希閔、推官李煥，歸安縣學新任訓導王兆楨。他們的罪名是「知情隱匿」，「放縱看守」。

康熙二年（西元一六六三年）五月十六日，是一個極其悲慘的日子，《明史輯略》案的主要「案犯」都在此日受刑。朱佑明等七十餘人在杭州弼教坊同時被處死。這一天，血流成河，哭聲震野。天為之昏，雲為之慘，山為之啜泣，水為之嗚咽阻斷。在專制制度的屠刀之下，人頭滾滾落地……。

據說，一個刻字匠被處以斬刑，他臨刑哭道：「我上有八十老母，下有十八之妻，我死後妻必嫁人，老母有誰來養？」言畢就刑。他的人頭滾到自家門口，忽然豎起。這個略見誇張的事例可以說字字皆血，何其沉痛！

在莊氏史案中慘死的文士中，潘檉章與吳炎的事蹟最為人所稱道。

潘檉章，字聖木，吳炎，字赤溟，都是江蘇吳江人。他們都是晚明諸生，深受「東林」、「復社」士人氣節的影響，慷慨有大節。潘、吳二人與顧炎武為莫逆之交，莊廷鑨要把他們三人都列為「參訂」者，顧炎武不屑與莊氏同列，堅決不同意，潘、吳二位不知其事，名列其中。

案發之後，二人都被關入杭州獄中。審訊之時，吳炎慷慨陳詞，大罵清朝官員，被兵丁打倒在地，仍痛罵不休。潘檉章則安之若素，不罵也不辯。二人在獄中仍然唱酬不休。吳炎曾作《營中送春》詩云：

一半春光縲絏過，唾壺敲缺詩如何？
鶯聲啼老聽難到，柳絮飛殘撲轉多。
晼晚斜陽連雉堞，朦朧短夢繞巖阿。
不堪往事成回首，總付錢壙東逝坡。

又作《懷古》四首，分詠岳飛、伍員、蘇軾、于謙，分明是借這些歷史人物以發胸中悲憤。

潘檉章留有獄中所作《漫成》四首，此處摭舉其二以見其一斑：

吳關一路作羈累，棘木庭前聽五詞。
已分殘形輕似葉，卻憐衛足不如葵。
下堂真愧先賢訓，抱壁幾同楚客悲。
從使平反能苟活，他年應廢蓼莪詩。

這些詩篇表現了他們遭此不幸的悲憤，也看出他們對統治者還抱一絲幻想，以為未必會處死他們。豈知清朝統治者比他們想像的要殘暴得多，竟然加以凌遲極刑。臨刑之前，吳炎對其弟說：「我死必定血肉模糊，你收屍時看見兩條大腿上各有一個『火』字，那就是我的屍身。」

聽來令人悲愴不已。

顧炎武得知潘、吳二位友人罹難，悲痛不已，作詩祭奠，詩云：

露下空林百草殘，臨風有慟奠椒蘭。
韭溪血化幽泉碧，蒿裡魂歸白日寒。
一代文章亡左馬，千秋仁義在吳潘。
巫招虞殯俱零落，欲訪遺書遠道難。

讀來惻惻感人，對吳、潘二人的評價也十分中肯。而縱覽中國封建時代的文字獄，有多少志士仁人死於刀下，何止吳、潘呢！

這一場文字大獄，可謂古今罕見。據載死者共達千人以上。霎時腥風血雨，瀰漫江浙。五月江南，正當姹紫嫣紅之時，卻被文字獄的恐怖氣氛所籠罩。

「千村薜荔人遺失，萬戶蕭疏鬼唱歌」，而無恥的惡魔吳之榮卻大得好處。他靠告訐的卑劣手段，一手製造這麼大的血案，不僅得到莊、朱兩家巨額財產的一半，而且得到重新起用，官至右僉都御史。但是過了一年多時間，他就得了惡疾，全身糜爛，據說他骨存於床，肉化於地，頸斷而亡，這是他惡貫滿盈的報應吧！

莊氏史案，典型地體現出文字獄的殘酷性，株連九族，滿門抄抓，血流成河，把清朝統治者的野蠻暴露得十分充分。

清王朝對與莊氏史案有牽連者大加殺戮，瘋狂鎮壓，主要是針對清初普遍存在於江南士人中的抗清思想。在被處死的七十餘人中，確實有一些滿懷黍離之悲、亡國之恨的慷慨之士，如吳炎、潘檉章等，他們都有著強烈的民族意識。當時反清情緒如地火在江南大地上奔突運行，清朝統治者如芒刺在背，必欲除盡而後快，所以不惜興如此酷烈的大獄。對於稍有牽連的人都毫不留情，以至有很多人完全是冤死於屠刀之下的。清朝統治者是絕不吝惜於使用他們的屠刀的。

文字血淚

血染《南山集》

康熙末年，發生了又一起震驚全國的文字獄──《南山集》案。

康熙五十二年（西元一七一三年）的二月初十，一個春寒料峭、北風凜冽的日子，《南山集》的作者、「欽犯」戴名世，在京師被處斬刑。這位文章大師、桐城派的先驅，用頸項中噴出的鮮血，為其年滿花甲的生命，畫上了一個觸目驚心的句號。

桐城一帶，山環水抱的桐城，真可謂人傑地靈，清代最大的散文流派──桐城派，即以此地為搖籃。山環水抱的桐城，大山連環，犬牙交錯，又瀕臨長江，乃是江淮間山水名區。

戴名世就生長於這桐城的佳山秀水之間。他生於清順治十年（一六五三年），字田有，又字褐夫，號藥身，還有個別號叫憂庵。學者們又稱他為潛虛先生。又因姓氏書上說戴氏出於宋姓，所以又稱為「宋潛虛。」

桐城戴氏一族，約在明初洪武年間從婺源遷來桐城，到戴名世之時，已是三百餘年。其祖上一直以「孝悌力田」治家，世居於南灣。戴家在名世高祖戴南居時曾為桐城顯族，「以資雄鄉里，」但到他父親這一輩時，戴氏久已式微零落了。

名世的父親戴碩，字孔萬，號霜岩，一號茶道人。戴碩是個清貧而厚道的讀書人，於詩於

文都頗有造詣。他寫文章不打草稿，在庭前階下徘徊數日，然後就落筆而成，不改竄一字。尤喜為詩，詩中所發多悲思悽楚之音，共有詩稿一百餘卷。戴名世成為清一代的文學大師，與乃父的家學熏陶難以分開。

戴碩有學問，有才氣，卻一生坎坷，只以開館授徒為業，收入微薄，家境清寒，時常缺米斷鹽，家人兒女依依啼號。戴名世小時候身體多病，家又甚貧，六歲前未嘗從塾師學習。但他又酷愛讀書，從小養就了一種耿介孤高、不通時務的性格。父親望著他，慨然嘆道：「這孩子將來還是一個『我』呀！」

戴名世六歲開始從塾師受學，其中因為有病未能專讀，但他極為聰穎，五年之內，就精通了《四書》、《五經》。以後經史百家無不精通，極善於寫作古文。

到了二十歲時，戴名世繼承了父親的事業，也當了一名鄉村塾師，授徒養親。同時，他又遍訪名師，多有請益，手不釋卷，學問大有長進。他向當地一位學者潘江請教，又經常從潘先生手中借書來讀。康熙十九年（西元一六八○年），戴名世二十八歲，入縣學當了諸生。這年冬天，父親戴碩客死於陳家洲。康熙十八年（西元一六七九年），戴碩授徒於舒城縣山中，到夏秋之際便打點行裝回到桐城家中。忽然，腳上生了瘡，疼痛難忍，過了一個多月稍好些。又過了一段時間，覺得足瘡大有好轉。這時陳家洲的吳家來請父親去做館，戴碩便應允前去。戴碩到陳家洲五十天便去世了。名世送父親到城郭之外，依依惜別，未曾想到此行竟成永訣。戴碩到陳家洲不到兩個月，與洲人相處極善，他死時洲人都掩面而泣。

臨別時，名世對父親之死痛徹心脾，他在《先君事略》寫道：「嗚呼！人莫不有死，而先君客睛啊！」

文字血淚

死、早死、窮死、憂患死，此不肖名世所以為終天之恨，沒世而不能已者也。」

又過了四年，到了康熙二十四年（西元一六八五年），戴名世的人生道路出現了轉機。這一年是從全國選拔優秀生員入國子監學習的例年，派到安徽來的督學使者李振玉早就聽到戴名世的文名，有心成全他，於是便推薦他入國子監學習。康熙二十五年（西元一六八六年）的冬天，戴名世便到了京師。在京師這段時間裡，他交結了許多天下名士，在一起討論文章，排議時政，臧否人物，越發磨礪了思想鋒芒，也看到了京城紅塵中的種種醜陋世相。

第二年，他離開了京城，應山東學使之聘，遍歷了齊魯之境。到康熙二十八年（西元一六九〇年），他又入京師，住了三年。康熙三十一年（西元一六九二年），他的元配夫人李孺人去世了。後來他又遍游江浙一帶，來往於金陵、京師之間，他的足跡，踏遍了江浙山水名區，遊覽了爛柯山、雁蕩山、大龍湫、赤城山、天台山等名勝，寫下了許多遊記妙文。這期間，他在金陵的弟子門人尤鸒，把平時所藏先生的古文百餘篇整理出版，題書名為《南山集偶鈔》——也就是後來惹下殺身之禍的那本書。當時戴名世已在故里南山買宅，以為日後隱居之所，故此把文集叫做《南山集》。

康熙四十四年（西元一七〇五年），戴名世應順天鄉試，一舉成功，中了舉人。第二年的會試，他卻被黜落第，於是又從京師再到吳中、淮上等地。到康熙四十八年（西元一七〇九年），戴名世忽然時來運轉，會試中獲了第一名，殿試又欽點一甲二名進士，也就是人們所說的「榜眼」，被授予翰林院編修的官職。戴氏一族，幾代也沒有人這麼「出息」過，連戴名世也覺得這幸運降臨得很突然。但他這一年已五十七歲了。快滿花甲的老人，頭上早已華髮皤然

了——活生生一個「范進中舉」。又過了二年，戴名世以《南山集》而獲罪，又過了二年，戴名世被康熙帝下令處死。

戴名世性情狂放孤傲，憤世嫉俗，在國子監時被人指為「狂生」。對於世俗的齷齪，他難以忍受，常在文中加以抨擊指斥，因此很多人說戴名世「好罵人」。他與人交接，極有原則，對於一二奇偉魁特之士，他願傾心交往，相與談論古今成敗得失，喜而相歡，悲而相泣。但他覺得這樣的人太難得到。於是，對一般的俗人，他拒絕交遊，自甘廢棄。

戴名世的名氣越來越大，很多人願意和他交遊。康熙十五年（西元一六七六年），二十四歲的錢名世正是才華橫溢之時，他一連寫了《響雪亭記》、《意園記》、《范增論》、《錢神問對》、《金正希稿序》、《左忠毅公傳》、《竇成傳》等有名的文章，在士林中享譽甚高，人們交相傳閱。這年秋天，有一個上午，平素幾位相熟的朋友敲開戴名世的門，來拜訪他，手裡還提著酒餚。賓主落座，彼此寒暄了幾句。客人中一位年齡與名世相彷彿的秀才開口說明了來意。

這位秀才，面色白皙，眉目清朗，坐在名世對面的椅子上，稍稍欠了欠身，對戴名世拱手而言：「名世兄才高八斗，滿腹經綸，江淮士林，誰人不知，誰人不曉！況且吾兄不惟文章蓋世，學識淵雅，兼之人品高潔方正，也是人所共知的。我們數人平素與兄多有往還，心甚仰慕，多蒙兄之教益開導，時如醍醐灌頂。惟恐交之不誠，誼之不久，於是，想與吾兄義結金蘭，重以盟誓，不知吾兄肯否俯允？」說罷，走下椅子，彎腰欲拜，另外幾位年輕的士子也都起身欲拜。

戴名世卻不冷不熱發了一大通議論，他也拱了拱手，對諸位士子說：「豈敢！豈敢！我獨

處慣了，不願相聚熱鬧，自古以來，人們因為彼此不相信任，方才結盟，所以真正的君子是不屑為盟的。況且諸位君子也知道交友之道吧！交友之道，其初慎之又慎，才會沒有「不終」之患；而交情過密，反倒是疏遠的萌芽。現在一些鄉曲之士，因為習氣相近、年齒彷彿，於是便忽然而聚，呼兄呼弟，用不了多久，便各奔東西，視同路人，甚至於反目為仇，也不在少數。所以我越來越與世隔絕，而寧願與鹿豕為群。諸君之美意，名世當面謝過了，只是難以領受。」

這幾位士子滿腔熱火而來，沒想到被戴名世潑了一盆冷水，十分尷尬，你看看我，我瞅瞅你，無言以對，只好說：「告辭！告辭！」便悻悻離去了。

戴名世文名愈大，愈遭世俗之妒，加之為人耿介狂狷，得罪了許多人，甚至於在京師的桐城人，都相戒不道戴生之名。而戴名世堅持自己的做人原則，不阿附取容，不趨炎附勢，自有其風節。為此也得罪了一些達官貴人，如他指斥吏部侍郎趙士麟假借他的名字為文作序一事即可見之。

趙士麟乃是當朝的吏部侍郎，手握予奪大權，聲勢煊赫；戴名世是一代名士，文名貫耳，趙士麟常以風雅自命，以「好士」為面具，他拼湊了一部文集，覺得應該找一位名家作序，這樣才似乎提高文章的「檔次」，擴大自己的影響。找誰合適呢？他想了一下，覺得戴名世為他寫序，最能抬高自己。於是，便託了一位與戴相熟的朋友，為之說項，請戴為趙氏文集作序。

戴名世從未和這位趙少宰接觸過，卻也風聞過其好士善文之名，於是便答應了為之作序。後來戴名世因事離開京城，回安徽家中，趙士麟親往送行，這也頗令名世感動。趙士麟讓大轎停在一邊，命人拿過酒盞，為名世餞行。他對名世再三說：「仁兄此去盡快回京。在下文集刊刻始

將完成，專候仁兄大序為之生輝增色了！」名世應允：「我當速去速來，以拙序為公之大著盡一分綿薄之力。」名世走了二十幾天方才到了桐城家中，家中有許多事情待他處理，名世往返奔波，心緒不寧，也就把作序的事暫且放在一旁了，無暇為之。趙士麟等不到戴名世的親筆序文，很是焦急；現在是「萬事俱備，只欠東風」，就因為序文沒到，文集便無法刊行問世。趙士麟實在有些等不及了，便另請了一位文人「捉刀代筆」，以戴名世的口氣寫了一篇序，然後署上戴的名字，付之刊刻。趙士麟為此事特地寫了一封信告訴戴名世，說序文不及等待，已請人代作了，請仁兄原諒等等。

戴名世收到趙的來信，一讀之下，十分氣惱。他對這種行為不能接受，不能默認。不管你是多大的官，就是皇帝老子也不能假冒我的名義。於是他援筆作書，辛辣地挖苦了對方，並責其馬上把那篇「假冒偽劣」的序文撤下來。這就是有名的《答趙少宰書》，信的大意是這樣的：

立言之道以《易》為著。《易》中說：「君子以言有物而行有恆。」「修辭立其誠」。立誠方為言之有物，如其不然，雖是文采絢爛，工麗可喜之作，也無非如《中庸》所說「不誠無物」，這乃是君子所不取的。代人作文，他的意思我不知道，我的意思也非他的意思，我的辭雖微賤而言有可取嗎？

我戴名世不過是個江淮鄙人，在朝中無官爵，在天下無聲譽，而閣下乃朝中大員，出持節鉞。為閣下之文作序者都是公卿大夫，而閣還是勤勤懇懇要求在下之文，難道不是因為在下人

文字血淚

語也非他的辭語。這種「捉刀」之文，是剽竊，是假冒，是欺謾，誠望閣下把此代作之文削而去之。

此信一出，已使趙士麟極為不快，戴名世又把它收入《南山集》中，公開刊行，更使趙大丟面子，當然兩個人的關係也就澈底破裂了。諸如此類的事，非止一件，無怪乎世俗之人多以「狂怪之士」以目戴氏了。

其實，戴名世與世俗的衝突，還有一個重要原因，就是他對當日士風、科舉時文的詛咒抨擊，惹得許多人大為反感。比如他在《四家詩義合刻序》中指斥當日士林對於經典斷章取義，僅僅指是為了應付科舉考試。「當大比之年，輒取其所治之經刪而閱之，擇其可以命題者，為雷同腐爛之文，彼此抄襲，以為不如是不足以入格，……士風之苟且至於如此，而五經之不蕪沒也幾希。」這是深中時弊的。他從少學為作文，就深惡趨時之作，不肯稍有苟且雷同，所作文字不悅於世俗。戴名世早年科場失意，原因蓋在於此。後來，他也學乖了一些。明白了沒有「時文」這塊「敲門磚」不用不行；再加上他的文名越來越大，終至在五十七歲時高中金榜。但他平素為文，仍都是峻潔頓挫的古文。他的特立獨行，必為世俗所不容。

戴名世志在修史，並以良史自期。他的最大願望是修一部明代的信史。康熙朝從莊廷鑨史案，後數十年內沒有大的文字獄，言論較鬆，戴名世忘乎所以，想把有明一代全史的真面目反映出來。於是，他平時就注意蒐羅、考辨有關史料，尤其是南明幾個小王朝的史料，更是他注重蒐集的目標。他在《南山集》中採錄了方孝標《滇黔紀聞》中一些關於南明的史事，並用了南明的年號；又寫信給其門生余湛，讓他提供從僧犁支那裡得到的見聞，以便互相勘對，這些

都在尤鶪為他刊刻的《南山集偶鈔》中留下了痕跡，也就埋下了災難的種子。

康熙四十八年（西元一七〇九年），戴名世高中榜眼，鴻運當頭，但他已是兩鬢蒼蒼了。儘管如此，他仍然欣喜萬分，戴氏一族幾代都沒有過這樣的幸運，如他自己所說：「家世躬耕讀書，仕宦皆不顯」。如今一旦高中，可謂門楣生輝。雖然已近花甲，畢竟功名得遂啊！

不久，戴名世被朝廷授以翰林院編修這樣的顯要職務。戴名世走馬上任，容光煥發，但他還是那種孤高耿介的體性，對於一般苟且取容的庸官俗吏，更是不屑一顧，即便是見了宰輔大臣，他也是合手一揖，再無他話。常與幾位友人飲酒縱談，旁若無人。那種「狂士」的派頭，並沒有因為身著官服而收斂多少。在一班循規蹈矩、唯唯諾諾的官員眼裡，戴名世真是個怪人；而那些善弄權術、慣於整人的朝臣，更是伺機羅織罪名把他扳倒，再踏上一隻腳！

康熙五十年（西元一七一二年），十月的一天，左都御史趙申喬向戴名世發起了「突襲」——其實是蓄謀已久的，趙申喬據戴氏《南山集》參劾，指斥戴名世「妄竊文名，恃才放蕩。前為諸生時，私刻文集，肆口游談，倒置是非，語多狂悖。」「今膺恩遇，叨列巍科，猶不追悔前非，焚削書板，似此狂誕之徒，豈容濫廁清華！」所據的「罪證」主要是《南山集》中《與餘生書》一文。文中提到南明的小朝廷年號「永曆」。這個「餘生」，是戴的門生余湛。余湛認識一位叫犁支的僧人，犁支其實原是永曆小朝廷的宦官，自然了解永曆朝一些事件的內幕。犁支曾對余湛談及過一些南明史事。余湛自然也就對老師提到此事。戴名世有心修治一代明史，對這些史料尤為留意。而戴的友人、同鄉方孝標曾有《滇黔見聞》一書，寫的內容也有南明永曆的史事。戴名世兩相參照，發現互有異同，於是便請余湛幫助查問核對。趙申喬在

文字血淚

《與餘生書》中找到了把柄，便把戴名世告了個「大逆」，並且引出了方孝標案。

趙申喬平素為人道貌岸然，官聲不錯，但此人城府幽深，難以測度。趙申喬想對戴名世捅刀子，已非一日，其中另有隱情。原來戴名世在會試時是第一名，殿試時得的卻是第二名，頭名狀元被趙申喬的兒子趙熊詔得去。趙熊詔的名氣遠遠不及戴名世，之所以能高中榜首，據說是乃父趙申喬的「幕後功夫」發揮了作用。趙申喬恐怕黑幕被揭破，便假藉口實、羅織罪名，企圖置戴於死地，除去這個「隱患」。他在參疏上特意說明「臣與名世素無嫌怨」，恰恰是「此地無銀三百兩」的伎倆。戴名世性情孤傲狷介，很多朝臣都不滿於他，如今有了機會，正可以「投井下石」，於是這些人積極行動起來，在《南山集》裡吹毛求疵，必欲置之死地而後快。

刑部的審訊結果連同判詞，一起上報到康熙帝那裡。刑部文件中引《與餘生書》裡「吾鄉方學士有《滇黔見聞》一篇的原文上奏，康熙帝看了好生惱怒。作為一個滿族的皇帝，對於任何否定清朝為正統的言論都較為敏感，康熙算是頗為開明大度的，但他看了刑部的報告和趙申喬的奏疏，也不免心頭火起：「朕親自擢你戴名世殿試第二名，又不顧吏部的非議，授你為翰林院編修官，不曾想竟然如此狂逆！《與餘生書》中竟然直書什麼『弘光之帝南京，隆武之帝閩越，永曆之帝兩粵、帝滇黔』，這豈不是在否定順治朝為正統？」康熙帝又見「吾鄉方學士」，以為是那個在吳三桂偽朝當丞相的方光琛的兒子方學詩。吳三桂在雲南稱帝造反，被清廷平定之後，方光琛及其子侄都被俘被殺，只跑掉了一個方學詩。在滿文裡「士」「詩」同字同音，康熙以為這「方學士」就是「方學詩」，此事竟與「叛賊」有瓜葛，自然更加引起康熙的重視，他當即詢問：「是非漏網之方學詩耶？」左右無法回答。後來，再經審問，方知是桐城

的方孝標。一個是桐城的方氏，一個是歙縣的方氏，雖同姓卻不同族，並無干涉。

說起方孝標，也是經歷很複雜的一號人物，這裡須略敘數語。

方孝標，原名玄成，字孝標，後因避諱以字行，別號樓岡，是少詹事方拱乾的長子。方孝標是順治六年（西元一六四九年）的進士，曾任內弘文院侍讀學士，並兩次被任為會試同考官。順治十一年（西元一六五四年），世祖（順治帝）親自選拔了七個人「侍帷幄備顧問」，孝標即在其中。世祖呼其號「樓岡」而不稱呼他的姓名。一次，世祖對別人說：「方學士面冷，可以當吏部尚書。」可見順治帝很賞識方孝標。

方孝標因順治十四年（西元一六五七年）的江南科場案而受牽連。這一年江南鄉試，正考官是方猶，副考官是錢開宗。方孝標的五弟方章鉞中了舉。外面物議沸騰，說此次考試，錄取不公，反響最強烈的是方猶徇私錄取方拱乾之子方章鉞。很快地，給事中陰應節參奏於世祖：「江南主考方猶等作弊多端，其中最顯著者如被取中的方章鉞，是少詹事方拱乾之子，孝標、亨成、膏茂之弟，與方猶聯宗，乘機滋弊，請皇上提究嚴訊。」世祖覽此，勃然震怒，先把方猶、錢開宗及同考試官革職，並把中式舉人方章鉞等逮捕來京。順治十五年春三月，世祖親自複試丁酉科江南舉人，先將本科准作舉人七十五人，其餘罰停會試二科二十四人，文理不通革去舉人十四名。到十一月，案件處理完畢，世祖親定方猶、錢開宗處斬，同考試官均即處絞，方章鉞等八人都責打四十大板，家產籍沒入官，父母兄弟妻子一併流放寧古塔。

過了兩年，世祖每見到方孝標的舊講章，每每稱道為「才人」。孝標的兒子方嘉貞上書訴冤，於是世祖傳旨，詹事方拱乾，學士方孝標父子釋歸。

文字血淚

轉眼到了康熙十二年（西元一六七三年），方孝標有位好友在貴州貴陽府為官，孝標一直

嚮往滇黔山水風光，於是便動身赴黔，一是往訪好友，同時也借此遊覽一路上的山水景緻。

不久，吳三桂在雲南造反，貴州巡撫附逆，於是外間來的遊客在雲、貴者都被扣留，方孝

標當然也在其中。方孝標為了逃離此處，於是假裝發狂。正在吃飯時，忽然嚼碗，把牙都硌掉

了。他把自己弄得滿臉烏黑，然後對著別人齜牙咧嘴做鬼臉，無論下面是汗泥還是屎溺，他都

隨便坐臥，弄得身上臭穢難聞。這樣，過了一個多月，看守者以為他真的瘋癲了，對他的看管

鬆多了，於是方孝標瞅個空子逃了出來，他剃髮為僧，取法號為方空。

他穿著僧服，從小路跑到了湖南衡陽，見到大將軍裕親王，親王對他的行為十分嘉許，待

如貴賓，又要把他推薦給朝廷，孝標力辭道：「在下家有老母，八旬有餘，日夜望兒歸，今日

得以不辱之身歸見老母足矣。」親王稱讚他說：「方先生真可謂忠孝兩全啊！」

孝標歸來之後，便追記在雲貴一帶的所見所聞，寫成了《滇黔見聞》。戴名世與方孝標同

鄉。孝標晚年聲名尤著，戴名世也是一時名世，兩人曾有往還。名世在方孝標處見到《滇黔

見聞》，如獲至寶，後又聽余湛說犁支事，便請余湛進一步為他採訪犁支，進一步蒐集南明軼

史，這樣，便在《與餘生書》談到了「方學士」的《滇黔見聞》，使方孝標遭到了身後之辱。

與此案有牽連的還有戴名世的門生尤鶚，是他捐資刊刻了《南山集偶鈔》；為戴名世《南

山集》、《子遺錄》作序的汪灝、方苞、方正玉、朱書、王源等，再加上余湛，除了王源、朱書

已經病故外，一律都被逮到刑部大獄，戴、方兩家子弟都被株連逮捕。

刑部提出了判決方案，只待皇帝硃筆御批了。刑部的判決是這樣的：

審察戴名世所著《南山集》、《子遺錄》內有大逆之語，應即行凌遲處死；已故方孝標所著《滇黔見聞》內也有大逆之語，應開棺剉屍，戴名世、方孝標兩族十六歲以上男子，俱行立斬；其母女妻妾，發配功臣家為奴。江灝、方苞為戴名世悖逆之書作序，俱應立斬。

對於刑部的判決意見，康熙帝再三躊躇。時值他花甲華誕到來之際，他不願大開血光，使全國籠上一層陰影；但是像戴名世這樣有能量不安分的士人，殺上一兩個，也可以戒懼黨社，使士人安分守己，尤其是讓他們記住，大清朝是萬不可非議的，誰敢稍有造次必有性命之虞！

於是，他緩緩提起筆來，批道：

戴名世從寬免於凌遲，著即處斬。其他議斬人犯從寬免死，依律下獄。

一代名士戴名世，慘死在「文字獄」的鬼頭刀下。他的弟弟戴輔世，收拾了兄長的遺體，從京師扶櫬歸里，腰中的白布帶，在淒緊的風中飄抖著，車輪吱呀，悠悠地唱著一曲悲傷的輓歌……。

戴名世所以獲罪，有他孤高耿介，憤世嫉俗，個人性格的因素，引起有些人對他的嫉恨，但更主要的不在於此。它仍然與清王朝根除抗清情緒的既定方針密不可分。《南山集》中並沒有詆毀當朝的言論，不過是採錄了一些有關南明的史事，保留了南明的年號。在戴名世的觀念裡自然是認為應該給南明三朝一定的歷史地位，這放在史學範疇來說，不過是一種學術觀點而已，何至於有殺頭之罪？但在清初的統治者眼裡，並非如此單純，他們認定這是「大逆」之

罪，因為它與清王朝的大一統思想有所牴觸，承認了南明存在的合理性，就意味著對清王朝的「不敬」，甚至被認為是潛藏著反清思想。所以戴名世被處以重罪，也是可以想見的。

《南山集》案是康熙朝兩大文字獄之一，與莊氏史案相比，算是寬緩多了。此案只殺了主犯戴名世一人，其他有牽連的人都從寬免死。康熙帝與雍正、乾隆相比，畢竟是較為寬仁的。再說當時離康熙的六十壽辰僅有一個多月了，康熙也不想氾濫誅殺，破壞了喜慶氣氛。這些因素合在一起，使《南山集》案的處理相對寬容一些！

飄零的大樹：年大將軍得禍於文字

對清代歷史多少有點認識的，誰不知道年羹堯的大名？甚至於提起雍正帝來，就會聯想到這位年大將軍。在雍正朝，年羹堯曾是皇上最為寵信的重臣。然而，大概連他自己也未曾想到，竟然喪生於「文字獄」上。禍福相倚，天命難測，是偶然呢？還是必然？

年羹堯，字亮工，號雙峰，漢軍鑲黃旗人。他的父親年遐齡，曾任湖北巡撫，年羹堯乃其次子。年羹堯在康熙三十九年（西元一七○○年）中了進士，授翰林院檢討，改庶吉士，累官至內閣學士。到康熙四十九年（西元一七一○年）他已擢升為四川巡撫。此後多次平定四川、青海叛亂，屢立戰功，顯示出很高的軍事才能。康熙六十年（西元一七二二年），年羹堯已是川陝總督，手握大權，威震一方，成為朝廷不可多得的「台柱子」。

雍正初年，雍正帝對年羹堯寵寵有加，視為心腹股肱。即位之初，就把當時任撫遠大將軍的十四阿哥（皇子）允禵調回京城，而以年羹堯取而代之。雍正元年（西元一七二三年）五月，雍正帝便發出上諭：「西北軍事，全部交給年羹堯去辦理。在西北、西南的總督、巡撫、提督等官，一律服從年羹堯的指示。」又在四川提督岳鍾琪的奏摺上硃批道：「按照朕的心意，整個西部的一切事務，都全權委託年羹堯處置。」自從雍正元年正月，年羹堯以叩謁聖祖

文字血淚

梓宮的名義陛見雍正之後，從此寵信漸增，加官晉爵，扶搖直上。雍正二年（西元一七二四年），年羹堯又與岳鍾琪一起，討平青海噶爾丹的大舉叛亂，更為雍正帝所倚重。十月，羹堯入覲，此時已功蓋天下，位極人臣，至此，年羹堯的事業前程已達峰巔，他怎麼也沒想到時隔不到一年，竟然丟了腦袋！

雍正三年（西元一七二五年），二月，天象出現「日月合璧，五星聯珠」的奇觀，這自然是祥瑞之兆。中國古代的封建君主，都很相信所謂「祥瑞」之兆，以為是天命佑護，可得永祚。加之一些善於逢迎的大臣從中吹捧渲染，皇帝就更為深信不疑。雍正帝也不例外。

於是群臣上表稱賀，年羹堯身為朝廷重臣、封疆大吏，焉有不獻表之理？雍正帝從年羹堯的獻表中發現了問題：把「朝乾夕惕」寫成了「夕惕朝乾」。於是雍正帝大為惱怒，認為是對自己大為不敬，下詔嚴責。「朝乾夕惕」出自於《易經·乾卦》的卦詞：「君子終日乾乾，夕惕若，厲，無咎。」意思是說「貴人整天憂愁戒懼，晚上警惕著。雖然情況嚴重，但終無害。」

後來「朝乾夕惕」就成為頌揚皇帝的制式成語，無非是稱頌皇帝勵精圖治，宵衣旰食。「朝乾夕惕」也罷，「夕惕朝乾」也罷，其實並無不同，年羹堯是進士出身，文字功夫滿好，變換一下詞序，無非是想給自己的賀表擺脫一點陳腐氣，增加一點新鮮感。不曾想卻惹得雍正帝龍顏大怒，責怪年羹堯是「有意倒置」，下諭旨說：「年羹堯不以『朝乾夕惕』許朕，那麼，你年羹堯的青海之功，也在朕許與不許之間。」認為「年羹堯自恃己功，顯露不臣之跡，其乖謬之處，斷非無心。」（三月二十三日諭）四月，年羹堯被貶為杭州將軍；六月，削太保，奪一等公爵位；七月，黜為閒散旗員；九月，下刑部獄；十二月，議政王大臣劾年羹堯犯九十二條大

罪，雍正帝令年羹堯自裁，其子年富處斬，父年遐齡、兄年希堯，革職。家產全部籍沒，親族同黨或斬或流。從此年家勢力化為烏有。這位年大將軍盛極而衰，且如此之速地招致殺身之禍。年羹堯與雍正帝的關係變化，真非一兩句話所能說得清楚的。

其實，「冰凍三尺，並非一日之寒」，「夕惕朝乾」不過是個導火線。

雍正帝如何當上的皇帝？這是清史上的一樁千古謎案，恐怕只有天知、地知了。康熙末年的立嗣危機紛紜複雜，非本書所能理清。史學家們的推測，是當時的雍親王胤禛透過他的舅舅隆科多，將康熙帝留下的密詔中「傳位十四子」改成了「傳位於四子」——「四子」正是雍親王胤禛。在康熙末年的奪嗣之爭中，胤禛，也就是後來的雍正帝，有城府，老於謀算，最後終於登上了皇帝寶座。但是康熙生前，從未表示過要立胤禛為儲的意思，其他皇子對於胤禛繼承皇位的合法性產生種種懷疑乃是理所當然。

諸皇子心存疑懼，但卻無人敢於發動政變，因為雍正在奪嗣之爭中爭取了兩個重要人物的幫助——在內有他的舅舅隆科多，據說雍正矯詔而立，全靠了他的手腳，康熙帝的遺詔就是由他來宣讀的。；在外則有年羹堯，當時已是手握重兵的撫遠大將軍。年羹堯娶了雍親王的妹妹，有了這層裙帶關係，年羹堯成為雍親王奪嗣的有力助手。因此在雍正帝登基過程中，年、科是最主要的左膀右臂，擁立功勞最大的重臣。

在雍正初年，雍正帝與年羹堯關係甚密，雍正對年羹堯十分器重寵幸。因為此時，皇帝的根基尚未牢固。這個皇帝的「來頭」有些「名不正言不順」，諸皇子人心未服，皇帝需要年羹堯和隆科多這兩塊「鎮國之寶」。

文字血淚

密摺制度在雍正一朝達到極點，雍正帝不僅發展了它，而且使之制度化，雍正帝與大臣之間的聯繫，主要靠密摺。「密摺」，也就是「密封奏摺」，是一種非公開的君臣之間的通訊聯繫形式。哪些大臣有權給皇帝上「密摺」，那是由皇帝欽定的。比起一般的奏本，密摺不限字體，也不拘格式，運行十分快捷，不經通政司、內閣之手，直接由專人送達皇帝，由皇帝親自拆閱批行，保密性極強。雍正帝利用密摺，讓大臣之間彼此監視，各自分別向他匯報。皇帝在密摺上硃筆批答，發送臣下，臣下看到硃批後馬上再送返繳回，不得留底。雍正帝一生硃批數萬，乃是一批極有價值的材料。雍正在其初年的硃批中，一再盛讚年羹堯。雍正二年，雍正帝

在年羹堯所上的謝恩折上批道：

信誓旦旦，宛如「喔喔兒女語」。

朕之欣喜亦莫可比倫，總之，我二人做個千古君臣榜樣，令天下後世欽慕流涎就是矣！

從來君臣之遇合，私意之相得者有之。但未必得如我二人之久耳，爾之慶幸固不必言矣，

青海平定之際，羹堯即將入覲，雍正帝欣喜無比，一再在奏摺上批道：

大功告成，西邊平靜，君臣慶會，亦人間樂事！

大功告成多日，君臣慶會在邇，臨書不勝欣喜！

一路平安到來，君臣慶會，何快如之！

又在給岳鍾琪的密摺硃批中寫道：

今年羹堯暨汝二人，朕不知如何寵賜，方愜寸衷。

當時雍正帝對年羹堯似乎寵愛無比，天下第一。其中一個重要的原因，是年羹堯對皇帝來說，還用得著！

待雍正二年十月，年羹堯入覲，在京師滯留三十餘日，十二月返抵任所。此後，雍正帝對年羹堯的態度卻一天不如一天，在硃批中曾作如此嚴厲的批評：

據此不足以報君父之德，必能保全始終。不令一身致於危險，方可謂忠臣孝子也。凡人臣圖功易，成功難；成功易，守功難；守功難，終功難。……若倚功造過，必致返恩為仇。

在這以前，雍正帝寫給年羹堯的硃批，幾乎全是恩賞、親暱之詞，這次卻大大不滿了。

年羹堯失寵了，可這究竟為的什麼？

看來，主要是年羹堯在京觀見的這一個多月，他的表現使雍正帝難以容忍了！

年大將軍得勝凱旋，又有皇帝的無上恩寵，自然是志滿意得，他不免有些飄飄然。

他坐著八抬大轎，令總督李維鈞、巡撫范時捷跪在路旁送迎。

到了天子腳下，京師御道，他還是目中無人，眼睛朝天。王公大臣在京郊列隊迎接，他卻傲慢無禮，這成了他被整肅的導火線。

年羹堯居邊地，握重兵，又受皇上非常之寵，所以妄自尊大，以前無人敢於指摘，即便有人敢言，也恐不會被採納。但這次觀見不但得罪了王公大臣，而且居然忘乎所以，在皇帝面前

208

文字血淚

也不免放肆起來。在皇帝接見相談時，年羹堯竟然「箕坐」，這就有些太「越格」了。

雍正帝並非是那種可以讓人在他面前放肆的主子，對於年羹堯在這次觀見中的表現，他頗為不滿。在這種時候，只要誰輕輕一挑唆，就會由寵信而狐疑，認為年羹堯結黨市恩，擅權作威，於是便對年展開了圍剿。在給各位臣下的硃批中，命他們疏遠或擺脫年羹堯的劣跡，表白各自與年的關係，查舉年被貶謫後的行跡……諸如此類。

年羹堯應該明白「伴君如伴虎」的道理，歷史上那些功臣，被君王用完後除掉的例子，自然也相當諳熟，卻不能及早收身，反而得意忘形，豈知這皇帝乃是不好侍候的，終以文字之累，而致殺身之禍，豈不悲夫！

陪著年大將軍倒霉的還有汪景祺和錢名世。這兩位都是文人，倒霉也倒在文字上。

汪景祺，錢塘人，字無己，原名汪日祺，號星堂。他出身於宦官之家，父親汪霖，官至戶部侍郎。兄汪見祺，字無介，康熙四十八年（西元一七〇九年）便中了進士，官至禮部主事。

父兄在仕途上混得都不錯，可是汪景祺卻是「八字」不佳，命途多舛。其兄中了進士四年以後，他勉強中了個舉人，以後卻一直蹭蹬文場，連個進士的影子都見不到，當然也就與富貴無緣了。轉眼間年過半百，只好另謀出路。

於是他想到了好友胡期恆。胡期恆與汪景祺乃多年的文友，曾經常在一起詩酒流連。胡是當今權傾朝野的年大將軍所賞識、所倚重之人，眼下，胡期恆發達了，正任著陝西布政使。胡期恆有這樣的靠山主子，哪裡還愁什麼官運不通、仕途不暢呢？年羹堯深受皇帝寵愛，「紅」透了半邊天，這是天下人都知道的。胡期恆有這樣的靠山主子，哪裡還愁什麼官運不通、仕途不暢呢？

汪景祺決定去投奔胡期恆。他想：「到了胡期恆那裡，自然會給我安排個一官半職。」但這並非最終目的，他是想要透過胡期恆的介紹，因而受到年大將軍的賞識，那樣一來，自己的後半生就不會如此委屈了。他想像著自己的詩文如何受到年羹堯的賞識，年大將軍也是進士出身，飽讀詩文，胡期恆的文才說起來也不及他汪景祺，尚能得到年大將軍的寵愛，而他汪景祺的詩名在圈子裡面也很響亮，朋友們都很佩服他的詩文，所以年大將軍一定會喜歡。想到這裡，汪景祺就得意了，腦海裡甚至出現了這樣的圖景：大將軍正在燈下夜讀自己的詩集，讀到高興處，擊案叫好，捻著鬍鬚，微聲吟誦，然後請他喝酒對詩，忘形爾汝；然後又上摺推薦，保奏汪景祺到皇帝身邊供職。……想著想著，他就不禁陶醉了！

於是，便有了這次西征文字的結集《讀書堂西征隨筆》。誰知道，這正成了惹禍的根苗，砍頭的原因。

說走就走。他打點行裝，奔陝西而來，尋訪他的朋友胡期恆。

此一番西征，雖然路程遙遠，但汪景祺心中有宏偉藍圖的鼓舞，並不覺得疲倦不堪，反倒詩興大發、文興大發。

汪景祺特意作了一篇《上撫遠大將軍年公書》。是一篇登峰而造極的「頌揚詞」，把年羹堯稱頌得無以復加，並徑直稱年為「宇宙第一偉人」！

這且不說，文中又有「功臣不可為」一條，點明當大功臣之危險，又把「狡兔死，走狗烹；高鳥盡，良弓藏」的歷史教訓，形象地展示了一遍。功臣無罪而誅，「罪魁禍首」自然是君王，不妨直錄關鍵之語：

文字血淚

彼夫猜忌之主，其才本庸，而其意復怯。當賊寇昌熾時，望烽火則魂驚，見軍書則股慄。

忽有奇才異能之臣起而戡定群凶，寧謐四海，捷書一奏，喜出非常，七寶莊嚴之殊禮寵遇之。

遲之既久，則轉念曰：敵人如此橫肆，兵事如此周章，而此臣竟翦滅之，萬一晉陽之甲興，誰

復能捍禦者？於是而疑心生矣；

既而閱所上紀功冊，某處斬首幾十萬，某處拓地幾千里，某處招撫若干，某處虜獲若干，

心膽震驚，魂魄蕩懾，於是而畏心生焉矣；既建奇功，復膺異數，位崇五等，禮絕百僚，內外

臣工以其為朝廷之所重也，無不敬而奉之。諂佞小人趨承恐後，伏跪叩首，待之逾於常禮，而

且題官則嫌其冒濫，敍功則謂其詐偽，鹵獲則謂其私藏，觸處罣礙，爭寵者

又從而構之，於是而怒心生焉矣；彼自謂受恩既深，以忠蓋為報國，懷光欲去盧杞，李晟思慕

魏徵。而愛暱不可遽除，忠言不能入耳，反恨其無禮於君，恃功驕橫，於是而厭心生焉矣。

疑也，畏也，怒也，厭也，以此四者待功臣，有不凶終而隙末乎？……雖由臣節之未純，

亦猜暴之主有以致之也。

功臣者何許人？不正是年羹堯這樣的「大功臣」嗎？那麼，「猜暴之主」又是誰呢？雍正

帝后來見到此文，焉能熟視無睹？

《隨筆》中還有一些犯忌之處，據說有詩譏訕聖祖「皇帝揮毫不值錢」。又作《歷代年號

論》，非議雍正年號，說「正」字拆開來為「一止」，是不祥之兆。並舉以往年號作為論據。如

金海陵王（年號「正隆」）、金哀宗（年號「正大」）、元順帝（年號「至正」）、明英宗（年號

為「正統」）、明武宗（年號為「正德」）等等。這些都是後來雍正帝視為「悖謬狂亂」之處。

汪景祺曉行夜宿，到了陝西。聽說是布政使大人的友好，哪裡敢怠慢。於是，汪景祺很快

見到了故人胡期恆。

胡期恆雖然身為高官，執掌陝西全省政事，卻仍未忘故人之情，把汪景祺安置在客館，並設酒筵為故人接風洗塵。二人把酒吟詩，夜話契闊之情，彼此都不無傷感。

胡期恆春風滿面，容色豐潤，一副顯宦派頭，雍容風度；相形之下，汪景祺則是典型的落魄文人模樣。兩鬢星白，皺紋密布，加之一路風塵，未免寒酸。胡期恆心中亦不免頓生憐惜之意。

胡期恆揀了個機會，把汪景祺推薦給年羹堯。汪景祺心中十分激動，機會到了。切切不可當面錯過，他急急告誡自己。連忙把自己此行所著《讀書堂西征隨筆》，恭恭敬敬地呈獻給大將軍，並將《上撫遠大將軍年公書》抄寫得工工整整同時獻上。

年羹堯乃是進士出身，文墨精詣，自然賞識妙文作手，讀著《上撫遠大將軍年公書》中那些歌頌他經天緯地的頌詞，心中十分熨帖，又看到《功臣不可為》，不免暗暗點頭稱是。於是他便把汪景祺留在了自己的幕府中，當了一個幕僚，且格外客氣，另眼相看，這《讀書堂西征筆記》就放在了自己的書架之上。

「禍兮福之所倚；福兮禍之所伏」，老子不愧是智者，世上的事情往往被其言中。汪景祺正在慶幸自己得逢知遇，誰想到紅極一時的年大將軍轉眼間卻獲罪於皇上。

年羹堯被抄家，汪景祺的大著被送到了雍正帝的案頭。

皇上一覽之下，龍顏大怒，如此悖謬的文字，可見這汪景祺賊膽不小！這不是明擺著唆使年羹堯欲將不臣嘛！

文字血淚

皇上咬牙切齒，提起硃筆批道：「悖謬狂亂，至於此極！惜見此之晚，留以待他日，弗使此種得漏網也。」

汪景祺注定沒命了！年羹堯被賜死自裁後的七天，汪景祺斬首示眾。他的妻子兒女，被發配到黑龍江，給披甲人（滿洲軍士）為奴；他的兄弟叔侄，流放到寧古塔；稍遠些的親族，在官的革職，交原籍地方官監管。

《讀書堂西征隨筆》，斷送了汪景祺的富貴夢，也斷送了他的頭顱！

同時因年羹堯案而獲罪的還有錢名世，獲罪的緣由仍在文字。不過，雍正帝對他的處置可真是出人意表，在文字獄的歷史上寫下了奇特的一筆——皇上玩弄文字獄玩出了「藝術」！

錢名世，字亮工，號鏞庵，江南武進（今中國江蘇武進）人，康熙四十二年（西元一七○三年）進士，殿試一甲第三名，也就是所謂「探花」，授翰林編修，後又升為侍講學士。在當時是頗有名氣的文人。

錢名世又因何與年羹堯案牽連到一起了呢？他和年是科舉鄉試的同年（兩人都是康熙三十八年中舉，不過，一在南闈，一在北闈），科舉時代，是很講究這種「同年」關係的。同在一榜考試中中了舉人、進士的，就是「同年」，而主考官就是「恩師」，這些舉子與考官也就成了師生關係，都自稱為「門生」。師生、同年等就成了一種特殊的社會關係網。

有年羹堯這樣權勢赫赫的同年，錢名世感到自豪，感到驕傲。

雍正二年（西元一七二四年），年羹堯進京覲見，錢名世寫詩來稱頌這麼權傾朝野的「同年」，為年羹堯歌功頌德，詩的全文已佚，難窺全貌，但被雍正帝視為「罪證」的詩句是保存

下來的，有「分陝旌旗周台伯，從天鼓角漢將軍」，還有「鐘鼎名勒山河誓，番藏宜刊第二碑」這樣一些詩句。前面那聯詩，是用周代的台伯和漢代的大將衛青、霍去病來比擬年羹堯。台伯，也即召公，當年武王伐紂時，他立過大功，被封於燕。周成王時官至太保，與周公旦分陝而治，他負責陝西西部一帶。衛青和霍去病在漢武帝時抗擊匈奴，為漢武帝立下了汗馬功勞。錢名世這聯詩用典真相當恰切，把年羹堯比為台伯和衛青、霍去病，說他治陝與西征之功與這些古代大功臣相比，毫不遜色。

另一聯「鐘鼎名勒山河誓，番藏宜刊第二碑」，更犯了雍正帝的忌。錢名世光知道為年羹堯「樹碑」，卻沒有考慮到此舉惹了雍正帝的惱恨。錢名世自己還有個注解：年大將軍調兵攻取西藏，應該為他刻碑記功，和康熙皇帝的《平藏碑》放在一起。原來，康熙五十九年（西元一七二○年），西藏發生叛亂，康熙皇帝派自己最信賴、最喜歡的十四皇子允禵去平叛。允禵受定遠大將軍印，掛帥出征，果然不負父望，大獲全勝。康熙本來就屬意於十四皇子允禵為太子，正好藉機為之樹立威望，於是，為允禵立了一塊《平藏碑》，為其戰功之永久紀念。

雍正帝一上台，允禵便成了俎上魚肉，立即被剝奪了兵權，然後加以禁錮。

允禵在康熙末年是爭奪太子的最有力者，此人文武雙全，在諸皇子中秀出群倫，康熙兩度廢掉太子允礽，最後把希望寄託在他的身上，這從康熙對允禵的信任與厚愛中可以得到較有說服力的證明。允禵受命為大將軍，統領天下兵馬，這與康熙屬意其為儲嗣人選，二者是密不可分的。

康熙對允禵不惟信任，且頗為喜愛。允禵成婚後，皇父仍讓他和福晉破例住在紫禁城內，

214

文字血淚

這當然也會加深他與皇父、生母的感情。

很明顯，十四皇子允禵是雍正奪嗣的最主要對手。雍正當皇帝，別人本不該提起這個人物，錢名世卻不知迴避，難免蹈於禍機。

年羹堯被誅，錢名世因為這些詩，也自然被株連在內。雍正帝給他加的罪名是「曲盡諂媚」、「頌揚奸惡」、「詩語悖逆」，錢名世以為這回定死無疑了。不僅自己要被砍頭，妻子兒女也不免罹難。唉，真是悔不當初！

雍正帝對錢名世的處置卻極令人意外。一律殺頭或凌遲處死未免乏味，皇上要玩一個出奇的花樣。他不讓錢名世去死，卻讓他比死更難受，讓他無法見人，一直難受到死。

皇上親手御書四個大字「名教罪人」，讓錢名世原籍的地方官製成大幅匾額，掛在錢家大門之上，然後將錢名世革職逐回原籍。

雍正這一招真是夠厲害、夠刻薄、夠陰損的了。因為讀書人好面子，講廉恥。這奇恥大辱的「名教罪人」之匾，真比一刀削去腦袋要難受多了，看你錢名世還哪有臉面做人？雍正帝笑了，笑得很得意，他在欣賞自己的傑作。

雍正隨即又下了諭旨，命常州知府、武進知縣每月初一、十五兩日到錢家查看匾額是否懸掛。

不單如此，在錢名世離京時，雍正帝又為他搞了獨出心裁的「贈行」，命京官自大學士、九卿以下都作諷刺詩「送」他，結果有三百八十五人奉詔作詩。對錢名世口誅筆伐。這些諷刺詩彙集起來，交給雍正帝審閱，然後再由錢名世出錢刻印、發行，這部詩集由雍正帝欽定書名

《名教罪人詩》。

寫詩諷刺錢名世的大臣們，有的因為詩寫得刻薄，罵得狠，就討雍正帝的歡心，因之而升官、受賞；有的虛與應付，諷刺得不「深刻」，就要丟官，甚至被發配。正詹事陳萬策詩作得「夠味」，有這樣一聯：「名世已同名世罪，亮工不異亮工奸」，措意尖刻，造句奇巧。受到雍正帝的欣賞。反之，如翰林侍讀吳孝登則因詩句「謬妄」而遭了厄運，發配到寧古塔給披甲人為奴。

雍正的這個「創造」，不啻是對錢名世精神上的「凌遲」。皇帝要借錢名世來整治天下讀書人。

錢名世頂著「名教罪人」的御書匾額，度過了恥辱的餘生！

文字血淚

雍正的「出奇料理」

雍正六年（西元一七二八年），九月二十六日上午。

古城西安，殘暑的餘威還沒有褪盡，樹上仍有聒噪的蟬鳴，街市上，人來人往，今天似乎是個很熱鬧的日子。

陝西總督的衙門，坐落在離鬧市不算太遠的地方，衙前的街道，雖然行人不斷，但對於這座戒備森嚴的高大建築，人們總是懷著一種緊張的、不安的神情，卻又止不住好奇地多向裡面望上幾眼。偶然有膽大的孩子們試著往站崗的清兵身邊湊合，總是遭到斷然的喝斥，嚇得跑出老遠……。

由遠而近，一隊騎著駿馬的清兵──都是虎背熊腰的年輕勇壯之士，沿著街市兩側駸駸而來。路中間，行進著一桿八抬大轎，因為天氣很熱，轎的門簾捲了起來，轎裡端坐著一位相貌堂堂的中年男子，他就是陝西總督岳鍾琪。他現在可是雍正皇帝心目中舉足輕重的人物。

岳鍾琪，字東美，號容齋，四川成都人。他於康熙五十年（西元一七一一年）由捐納同知改為武職，由於鎮戍邊陲，屢建殊勛，由同知、游擊屢擢至總督、大將軍，又升為川陝總督加兵部尚書銜。雍正二年（西元一七二四年），岳鍾琪隨年羹堯征青海，頗獲雍正帝眷寵，加封

為奮威將軍二等公。雍正帝在密摺硃批裡幾次高度評價岳鍾琪，如特諭論年羹堯：

岳鍾琪著實惜而用之，一百冊畫亦不值一個岳鍾琪，至囑諭！至囑諭！

同年，雍正又在岳鍾琪的密摺上硃批道：

朕原許爾為國家梁棟，不世出之名將，今果不謬。爾之忠勤，尚未酬及一二，殊為抱歉。

雍正帝還在給別人的密摺硃批中稱許岳鍾琪：

講究武備，岳鍾琪當代第一名將，而川省營伍尤其素所練習。

可是，岳鍾琪並非一個得意忘形的人。他深諳宦海風波的險惡，他時時都在戒懼政壇的陷阱，提醒自己不可大意，作為一個漢人，獲得如此榮寵，許多滿員都深懷嫉恨，尤其是近來，有些人竟然到皇上那裡告他的御狀，說他擁兵自重，培植私黨，有不臣之心。尤其是他的姓氏，更被人們說成是宋代抗金名將岳飛的後裔，更使他惶恐不安。一年多之前，皇上特地發了一道上諭，大意是：「長久以來，不少人在朕面前告岳鍾琪的狀，說他是岳飛後代，要復辟宋明天下，推翻大清王朝，振振有詞，不一而足。這是荒謬絕倫的！我對岳鍾琪是非常了解、完全放心的。他戰功卓著，而且忠心可鑑！我付之以重兵，任之以邊陲要地，正說

雍正的這些硃批，足可以說明雍正初年岳鍾琪在皇上心目中的重要位置。岳鍾琪是漢人，但他在此時的榮寵，大大超過了一般滿員。

218

文字血淚

明我對他的充分信任！對那奸險小人造謠生事誣陷良將忠臣，我是堅決反對的，並且要追究查處！」這道聖諭，當然使岳鍾琪對皇上更加感恩圖報，感激涕零。皇上如此恩寵信賴，不信小人之言，做臣子的尚有何言！即便是變牛變馬，也要為皇上報效終生，哪怕是粉身碎骨，也在所不惜。

但是，外間傳布的那些有關自己的流言不是太可怕了嗎？如果自己哪一點稍有不慎，被人家抓住了把柄，恐怕就很難說清。因此，這位封疆大吏的為人行事是相當審慎的。他經常給雍正帝上密摺，匯報自己的近況，皇上也不斷地在硃批中對他撫慰備至。

岳鍾琪對皇上的感激與忠悃當然是無需懷疑的。但發生在這幾年的事情，又不能不使他常常在噩夢中驚醒，而且嚇得滿頭冷汗。年羹堯在雍正初年該是何等榮寵；皇上對他的恩賞、信賴真可以說是無以復加的，在本朝武將中，誰的地位能超過年大將軍！當初皇上是何等看重他！皇上在諭旨中對年反覆說，希望能和年「做個千古君臣知遇榜樣」。青海告功之後，羹堯將入覲時，皇上欣喜無比，一再在奏摺上批道：「大功告成，西邊平靜，君臣慶會，亦人間樂事！」「一路平安到來，君臣慶會，何快如之！」又在對高其倬所作硃批中說：「天下督撫，待朕之真，依朕之切者，除年羹堯外，諸敏為第一。」這些硃批諭旨，都說明了當時皇上對年羹堯的恩寵之至！誰曾想到，年羹堯轉眼間成了罪人，被皇上處死。福禍伏倚之間，真有不測風雲。岳鍾琪雖然不敢疑慮皇上，可是他不能不覺得「伴君如伴虎」這話是有道理的。岳鍾琪也不得不去思考年羹堯獲罪的原因，想來想去，他認為年羹堯在入覲之後居功自傲，驕恣放縱，甚至在皇上面前「箕坐，無人臣禮」，皇上豈能容忍！再者說：「狡兔死，走狗烹；高鳥盡，

良弓藏」的古訓，也是不止一次地證實了的」，所以年羹堯的結局，岳鍾琪時時引為借鑑。現

在自己的情形，與年將軍何其類似，能不深恐成為「年羹堯第二」嗎？

坐在轎裡的岳鍾琪，腦子裡正在胡思亂想，一會兒想到出征青海時在年羹堯身邊的情景，

一會兒想到皇上硃批中的信賴褒賞之言，心緒很是紛亂。他微閉著眼睛，似在養神，但卻思緒

萬千……。

忽然，岳鍾琪聽到轎外衛士大喝著：「站住，你是什麼人！」一個男子的聲音：「我要見

總督大人。我是特意向岳大人投書的。」岳鍾琪探出頭一看，一個書生打扮的年輕人被衛士擋

在轎前，岳鍾琪問：「怎麼回事？」衛士說：「此人攔轎，說要向大人投書。」岳鍾琪吩咐，

將書呈上來。那人連忙從懷中掏出一封信函，封面上寫著「天吏元帥台覽」。岳鍾琪覺得十分詫

異，覺得其中內容一定不平常，所以不便當眾拆閱，於是吩咐隨從把投書人帶回總督衙門。

回到府中，岳鍾琪的外衣皺褶來不及撫平，頭上的灰塵也無暇揮去，即刻打開信函，裡面

還有一層封套，上書：「南海無主游民夏靓遣徒張倬上書」。信的大意是：「岳大人乃是宋朝

抗金名將武穆王岳飛的後裔，與滿洲人有世代之仇。如今岳大人手握重兵，雄踞要地，卻為何

甘為清廷奴僕！應該舉大義，反清廷，為宋、明王朝復仇，恢復漢人的天下。」岳鍾琪不讀尚

可，一讀之下，竟然冷汗涔涔，心驚肉跳。這是一封策反的信，他連第二遍都不敢再讀，真是

怕什麼來什麼。本來朝中有些權貴已經嫉恨他青雲得意，誣他有擁兵自重、將謀不臣的跡象，

此事如果處理不好，定然授人以柄，把自己整個兒栽進去。岳鍾琪思忖著如何妥善處置此事，

借此表現出對皇上、對朝廷的一片忠悃。他決定馬上審問投書人張倬。轉念一想，自己一人審

問張倬，很多話沒有旁證，難說清楚。被審人如果反咬一口。自己很難吃得消。還是邀一個滿族大員會同審問，然後可以做個見證，於是，他馬上派人到陝西巡撫西琳那裡，邀西琳來同審張倬。派去的人不到半個時辰便回來了，報告說：西琳因署將軍印，日前去了大校場，檢閱滿洲官兵，不能馬上回來。岳鍾琪覺得此事不能拖延，於是又喚按察使碩色前來，吩咐他坐在審問的房間旁邊的密室中監聽。

一切安排停當。岳鍾琪把張倬「請」到一間保密性能較好的房間裡。其實，碩色已坐在隔壁平心靜氣，拿好紙筆，準備邊聽邊記。岳鍾琪讓張倬坐下，顏色和悅，先請他喝茶，然後開始問話。岳鍾琪問到對方的住址及其師夏靚的住址，張倬十分警惕，立誓不說。岳又問：「我想見你的老師，應該在什麼地方，以什麼方式來接頭？」

張倬說：「關鍵看岳大人有無採納信上之言的誠意。如果真能依信上所言，我自會請師前來，與大人相見。」

岳問：「你老師今在何處？」

張答：「今在廣東。」

岳問：「你從何處而來？」

張答：「我從廣東而來。」

岳問：「你何時起身？」

張答：「我五月起身。由貴州到四川，一路打聽。都說總督去年便到西安去了，於是我又從四川追到陝西。九月十三日方到此間。」

岳鍾琪頗感奇怪，進一步追問：

「你的老師有何所見，竟敢貿然致書於我？」

張倬說：「在廣東時，我師徒都聽到這樣的傳言，說朝廷三次召您，您都拒絕赴召。我老師便猜測您為岳飛之後，一定深懷大義，不欲為清廷鷹犬。我老師對您佩服之至，於是便派我萬里投書。等到了陝西之後，方才得知所謂『三召不赴』純係烏有，並非實事；但我一想，既然我已萬里遠來，不可徒然返回，所以決意投書！」

岳鍾琪問道：「當今皇上聖明，政治清平，正逢盛世，你老師為什麼要謀反？」

張倬說：「天下百姓貧困，只為救民起見。」

岳說：「陝西百姓不窮，你知道嗎？」

張說：「陝西雖好，但湖廣一帶連年大水，積屍載道。」

「此乃天災，何與人事？且聞湖廣受災，不過幾縣，朝廷又屢加賑貸，況且各省比陝西更好的去處甚多，你卻不盡知道！」

「官吏又性急，又刻薄，不知百姓苦楚。」

岳鍾琪不願再與張倬繞彎子：「你如不將你老師和你的實在姓名居處坦率地講出來，你安知我並非仇家？」

此時，對於自己和老師的實在住處、姓名，寧死不講。

「入轂」，你老師派你持信設局誘我，我豈肯輕信，誤墮於仇人陷阱之中？」張倬不肯

此時，陝西巡撫西琳也趕到了總督衙門，和岳鍾琪會同訊問張倬。張倬見又多了一位大員，當然更多戒心，堅決不肯實供。

222

岳鍾琪有些急了，臉孔一翻，再無方才的和顏悅色，吩咐一聲：大刑侍候！於是，就在堂上把張倬打了個半死！誰知那張倬乃是一條硬漢，雖然酷刑難當，遍體是傷，卻堅不肯吐一詞。

岳鍾琪一看，這樣下去，恐怕不行，不但於事無補，而且萬一打出好歹，自己長一百張口也說不清。於是，又與西琳商議，次日再用好言撫慰，以探虛實。

次日上午，岳鍾琪哄騙張倬道：「昨天之舉，實不得已，尚請義士諒解。他把張倬請入署，對他慰問道歉。岳鍾琪又請西琳在密室中監聽，自己進一步訊問張倬。像我這種處境，如何可以不防？即如你們湖廣一帶有個叫鄒魯的人，先與年羹堯同謀，後來便去出首。對於你們這些遊說之士，誰敢輕信？安知不是有人打發你來，特地試我？所以昨晚我不得不刑訊一番，看你究竟是真還是假的？」

張倬說：「像你昨天那樣的舉動，我今天是萬不肯信了。」

岳鍾琪進一步激將對方：「你以利害說人，別人當然也用利害來試你，昨天你不該當街遞書，昭張耳目；也不該初見之時便沒有一句實話，使我懷疑至於刑訊。自古以來，設鼎鑊以待說客，實在是大有深意的。我看你不愧為一位義士，視死如歸，知道你大有氣節，非利害所能動搖。今天你我坦誠相見，你應該對我實話實說，使我心中瞭然，這才不是捕風捉影之論。」

岳鍾琪婉言相勸多時，張倬就是不吐實情。

岳鍾琪又說：「自古以來，天下多故，方才起事，現在天下承平，並無一省響動。你老師夏靚突然想讓陝西冒昧舉事，那麼，接應者是何地方何人？何處傳檄可定？何處必須用兵？現在問你，茫然一辭不吐，看來你們不過是胸無成竹而已。」

張倬說：「這有何難？但要你岳大人的確實憑據。如此，湖廣、江西、廣西、廣東、雲南、貴州六省，在我一呼可定。」

岳鍾琪覺得張倬話裡有話，遂問：「這何以見得？」

張倬說了一番大話，無非是六省人民顛沛流離，僵仆道路，人心思反而已。岳鍾琪假意說要派人往聘夏靚及意中人物。但張倬仍然不吐實情。

訊問陷入僵局，岳鍾琪只好「叫停」。

此事非同小可，岳鍾琪覺得必須馬上報告給皇上。於是長燈檠下，岳鍾琪幾乎徹夜未眠，他寫了一份長長的密摺。把這件事情的發生及訊問過程原原本本地報告給雍正皇帝，一是為了表白自己的忠貞不貳，另外也是向皇上請示機宜。

雍正覽罷岳鍾琪的飛報密摺，著實大吃一驚。光天化日之下，有人竟敢圖謀造反，看來對大清朝懷有二心的人不可以一二數啊！這些狂徒竟然對岳鍾琪這樣的大將進行策反，足見其野心不小，是以推翻大清朝為目的的，這使雍正有些衝動了。在宮中踱來踱去。他又很快抑制住自己的情緒，把岳鍾琪的密摺，復又看了兩遍。他對岳鍾琪是滿意的，並無絲毫的懷疑之處，但他覺得岳鍾琪還是太嫩了些」，這件事情處理得未免操之過急，以至於使事情陷入僵局。他得趕快給岳鍾琪寫一道諭旨，透過妥善的辦法使這個「張倬」吐出實情，以便順蔓摸瓜，找到他的老師還有其他的叛逆。

對於岳鍾琪的密摺，雍正寫了很長一道硃批，對「竟有如此可笑之事，如此可恨之人」甚為驚詫。他批評岳鍾琪「料理急些了」，指出投書人既有膽量幹這種事，一定是個「忘命閔不

224

文字血淚

畏死之徒」，即便是把他解到京師也不過如此，不如「緩緩設法誘之」。

岳鍾琪得到皇上的硃批聖諭，如獲至寶，對於皇上的英明，他極為佩服。尤其是皇上「可從容暫緩徐徐設法誘問」的指示，對岳鍾琪來說，不啻醍醐灌頂，有極大的啟發。岳鍾琪並非笨蛋，他順著皇上的思路想啊想，終於在輾轉反側中想出了一條絕妙好計。

次日，岳鍾琪召來正在署理長安縣事的咸寧縣縣丞李元，對他面授機宜，如此這般了一番。李元化裝成岳鍾琪的僕人，以照顧張倬為名，與張倬同住一室。李元對張倬十分慇懃熱誠，待若上賓，張倬自然認為這是岳鍾琪的意旨，心中非常疑惑。幾天之後，二人廝混已熟，彼此都較隨便了，張倬開始試探李元，意在把握岳鍾琪的真實心態。

李元開始故作驚慌，欲擒故縱，繼而閃爍其詞，這樣反而使張倬更為著急，他急於知道岳鍾琪的真實意向，他更渴望借助岳鍾琪之手幹一番驚天動地的大事業。李元見時機已經成熟，便放出了香餌：「如此重大的事情，我家主人豈能不慎？哪能隨便相信別人呢？但又看你視死如歸，義薄雲天，覺得你是一個可以舉大事的人，並非奸險之徒，心中頗為感佩；眼下，我家主人依違其間，正是進退兩難呢！」

張倬信誓旦旦地表白自己的心跡，他實在有些按捺不住了。

李元趁機說：「我家主人這幾天念叨……除非張倬敢與他對天盟誓，以昭心跡，否則他斷然不肯輕信於人。」

張倬有些急不可待了，他請李元轉告自己的意思……情願與岳鍾琪對天起誓，昭明自己的心跡。

岳鍾琪暗喜，這回該「請君入甕」了！

在總督府的一間密室裡，擺了一個香案，屋子裡香煙繚繞。這裡進行著一場煞有介事的結盟儀式，大名鼎鼎的陝西總督、堂堂的朝廷從一品大官和一個沒有任何品級的布衣，在香案前雙雙跪倒，對皇天后土信誓旦旦，而且歃血為盟，發誓互不欺瞞，永結同心。岳鍾琪將手指割破，讓鮮血滴入酒碗裡，滿臉莊重，雙手捧起酒碗，一飲而盡；張倬對於岳鍾琪已不再懷疑，將大碗的血酒仰脖飲入。這一切，當然還是在隔壁密室中的西琳的監聽下所進行。

心中暗喜：「不愧是岳飛後代，果然有忠肝義膽。」於是，他也割破手指，將大碗血酒而臉色漲紅，岳鍾琪似乎更為激動些，兩人開懷暢談起來。

盟誓已畢，岳鍾琪攜著張倬的手，到另一間密室坐定，兩人都因喝了大碗血酒而臉色漲紅，岳鍾琪似乎更為激動些，兩人開懷暢談起來。

「我對你實說了吧。我根本就不叫張倬，而叫張熙。我的老師也不叫夏靚，而叫曾靜。我們都是為舉大義、不避湯鑊的忠義之士，再有你岳總督揭竿而起，大事可成，天下可定！」

「你的老師曾靜果然是忠義可嘉，令人感佩，但他本人畢竟是一介儒生。此等大事沒兵沒糧、沒有一群英雄豪傑，豈能成之？」

「實話對你說，不僅是我老師曾靜一人，還有一群志同道合的豪傑義士，如劉之珩、嚴賡臣等，都頗有本領，韜略滿腹，大不可量。如能聘用我師曾靜，大事何愁不濟？」

岳鍾琪又細問了曾靜、張熙他們平時往來之人以及祖述師承何人的主張。結盟之後，張熙對岳鍾琪已經澈底「撤防」，知無不言，對岳滔滔不絕地講了起來：「我們最為尊崇的，乃是已故理學大師呂留良的學問、主張。呂留良即呂晚村先生，真可以說是我們的一面旗幟，曾先

226

文字血淚

生對他的思想學說推崇備至，常常教導我們要多讀晚村先生之書。我曾經拜訪過晚村先生家，

見到他所著的《備忘錄》和《呂子文集》。這些書上多有反清復明的主張，說得真是鞭辟入裡，

我們大家都甚為服膺。只可惜晚村先生子孫不肖，背棄先輩之志，貪慕榮利，已仕宦於清朝，

我現在行李中所有抄錄詩冊，就是晚村所作。」

岳鍾琪故意插言道：「都是些抒情寫意的詩詞，沒有什麼反清思想吧！」

張熙說：「如何沒有？詩集中像《錢墓松歌》、《如此江山圖歌》，還有那些空字處都是。」

岳鍾琪覺得差不多了，主要的線索都已掌握。便覺得有些怠了，對張熙說：

岳鍾琪一一記在心裡。

兩人談至夜深漏盡。一個是虛心假意，處處探訪偵察；一個是毫無戒備，把祕密和盤托出。

「不早了，你也累了，早點歇息，舉義大事我們再從容商議，如何？」

張熙已全部進入圈套，而且精神十分亢奮，他真把岳鍾琪想像成叱咤風雲、「驅除韃虜」的

岳飛了。他本來還想再談下去，聽岳鍾琪這麼一說，只好打住，意猶未盡地回房去了。

呂留良何許人？在這裡略作補敘。

呂留良，字莊生，又名光綸，字用晦，號晚村，浙江崇德人（康熙年間崇德改為石門，所

以又稱石門人，其地在今中國浙江桐鄉縣西南）。呂留良是晚明的一個儒士，但對八股科舉不以

為然。明清鼎革之際，曾參加過抗清鬥爭。順治年間曾經應試為諸生，後來對此懊悔不迭，於

是拋棄科舉，隱逸山林，著書立說，康熙時曾以博學宏詞被薦，但這位晚村先生誓死不赴，後

來竟薙髮為僧，康熙二十二年（西元一六八三年）卒。呂留良以明朝遺民自居，有濃厚的反清

意識。於程朱性理之學最為服膺，對理學中「華夷之辨」大力宣揚，以「華夷之分大於君臣之義」為其理論依據，著述中多有憎恨清朝、思戀明朝的思想感情。他的高臥事蹟以及所著《四書講義》、《語錄》等廣為流傳，影響甚大，士人們尊稱他為「東海夫子」。他的思想和著作，使曾靜等人深受熏陶影響，呂留良也就成為他們的精神導師和思想旗幟。雍正帝之所以「嚴懲」已化為枯骨的呂留良，就是力圖翦滅危險思想的來源。

他的子孫卻步其父祖後塵，藏匿呂留良的《備忘錄》和其他書籍，散布反清思想，應該加以族滅之誅！

小憩之後，岳鍾琪伏案揮筆，給皇上又寫了一封很長的密摺，把自己如何根據皇上「當緩緩設法誘之」的指示、設計盟誓，使張熙供出了全部底細的過程原原本本向皇上匯報了一遍，同時又將呂留良的情況著重作了分析，認為呂留良罪大惡極、國法不容；呂留良雖已亡故，而得力幹員副都統覺羅海蘭直奔湖南，負責辦理這件案子。

雍正閱罷這道密摺以後，微微頷首，對岳鍾琪非常滿意，硃批道：「卿此忠誠之心，天祖自然鑑之，朕之嘉悅之懷，筆難宣諭。」然後，雍正馬上安排對此一千罪犯的收捕。他派出了大路上，身著輕便裝束的覺羅海蘭騎馬飛奔，身後有幾位年輕剽悍的隨從緊隨左右，翻捲的馬蹄，揚起一串灰塵……。

覺羅十月十一日奉聖旨出京，十月二十七日就到了湖南長沙巡撫大臣的公署。湖南巡撫王國棟對於他管轄的地面上出了這麼大的「謀反」案並無所知，吃過晚飯，他穿著便裝，半躺在逍遙椅上養神，並且用牙籤剔著牙齒。一望便知，此人保養極好，雖然五十幾歲了，並無多少

面部皺紋，白晳微胖的臉上，泛著一層油光。忽然，手下吏人匆匆忙忙進來跪報，說聖上派來的欽差已到了公署，請巡撫大人馬上去見。

王國棟一聽，慌了手腳，他再沒有了平日的雍容，一邊穿官服，一邊吩咐，趕快備轎，從他的巡撫私宅到公署雖然不遠，但也須一刻鐘的工夫。他知道朝廷的欽差大臣夜間到此，而且徑直到了公署，一定是有急如星火的大事。慌亂之間，他把官帽戴偏了，頂戴花翎不是朝後，而是朝著左邊。他身邊的二姨太一看，「噗哧」一聲笑了出來，連忙給他戴正。

到了公署，海蘭正在客廳等著，見他進來，並無平時的寒暄制式，而是語帶挖苦：「王巡撫，你倒滿自在呀！湖南出了這麼大的逆案，你居然能夠睡得住！」王國棟一聽，油汪汪的白臉上立刻滲出了一層汗水，淌在鼻尖上，馬上就要滴下來。海蘭突然說：「湖南巡撫王國棟接旨！」王國棟一拂袍袖，翻身跪倒，聽候欽差宣旨。聖旨的意思命他火速協助欽差拿捕人犯。

奉旨之後，王國棟豈敢怠慢，馬上和海蘭連夜擬訂行動方案。方案很快擬訂出來，同時立刻派員分頭捉拿人犯。午夜時分，各路人馬火速出動了。

海蘭帶來的守備韓祥、中軍游擊鄔錦、郴州知州張明敘這一路，前往永興縣捉拿正犯曾靜；長沙協副將周寶會同永州府知府姜邵湘這一路，前往寧遠縣捉拿劉之珩及其門人陳立安；長沙知府孫元這一路，前往安仁縣捉拿張熙之父張新華以及張熙的哥哥張照、叔叔張堪；岳州知府尹士份這一路，前往華容縣捉拿讖中翼。

分派已定，令各路幹員多帶兵役，星夜兼程，絕不能使犯人走脫一個。

海蘭已是連續多晚沒有好好睡覺了，此刻他的眼裡充滿血絲，他的聲音也因路上感了風寒

而更加沙啞，臉上的鬍鬚多日未刮，長得亂蓬蓬的。但他聲色俱厲，在公署裡下達命令：「誰走脫了犯人，就要誰的人頭！」王國棟唯唯連聲：「一切聽欽差大人派遣，速去辦理！」

對於曾靜、張熙這個案子，雍正帝予以極大的關注。這些日子，他的一多半精力都用在批閱岳鍾琪、海蘭等人飛報的密摺上，對於密摺上所報告的每個情況、每個人物都反覆推敲，仔細思考。他的思想是非常敏捷的，很善於從一些不太引人注意的情節中找到問題的癥結，他對於臣下密摺所作的硃批即聖諭，往往也是切中要害。今天他又吩咐小太監，無事不要進來可擾，讓他自己好好地思索一下。他靠在龍榻之上，似睡非睡，卻在頭腦裡過濾著這些密摺中報告的案情。

在雍正看來，曾靜、張熙的投書策反，這只是個結果，這三「秀才」要造反，要翦除，要鎮壓，都不是難事。但他感到可怕的是，反清情緒還像傳染病一樣地流行，南方各地都潛藏著這種危險的因素。曾靜他們所謂「六省在我一呼可定」的說法，究竟有多少實質性的意義？即便沒有那麼多的實質性內容，他們也是感覺到了下層百姓中的反清情緒。這種東西蔓延開來可就非同小可了。雍正帝對此越想越怕。看來，除患還要除根，誅賊更要誅心。這「誅心」的任務恐怕是更艱難的。從根本上消滅人們的不滿情緒，方為上策啊！

岳鍾琪的密摺中著重分析的呂留良，可真是個關鍵人物，儘管此人已經亡故，但他的反清思想陰魂不死，曾靜、張熙他們，都把呂留良當作祖師爺，對他的邪說奉為法寶，看來這呂留良便是反清思想的毒根，死了也不能放過他，必須整死人以戒活人。對！雍正帝對自己的想法頗為滿意，他已經有了「誅心」的意向。

230

文字血淚

對於湖南地面上出的這些「反賊」，不能不引起雍正帝對湖南民風及思想情緒的注意。湖南下層的思想動態如此混亂，以致於差點釀成大亂，這實在是令人憂慮的。他恨恨地想到湖南巡撫王國棟：你王國棟究竟是幹什麼吃的？朕委你為從二品的巡撫，總管一省的封疆大吏，竟然對自己地面上這些叛逆毫無所知，任其猖狂活動，難道這不是失職嗎？

雍正越想越氣，越想越不放心，於是又派刑部左侍郎杭奕祿再為欽差，督辦此事，並且讓杭奕祿帶去一份聖旨，對王國棟痛加訓誡，大意是：「你王國棟到湖南任職一兩年了，究竟幹了多少正經事？如果能夠時常宣揚德化，教諭愚民，如何能有這種百姓。從此以後，你必須改過自新，留心地方事務，曉諭愚頑之民，時時注意稽察匪類」云云。杭奕祿趕到長沙，對王國棟宣讀聖旨，王國棟叩頭不止，連說謝陛下龍恩，心中卻暗叫「倒霉」、「冤枉」，馬上給皇上寫了一份密摺，深刻檢討自己的錯誤，並且報告了自己與海蘭共同制訂方案，捉拿人犯的經過，雍正覽罷這道密摺，氣消了一半，他拿起硃筆批道：「既為大臣，凡事只務遠大二字，人們多是因小而誤大，望你勉之！」

搜捕工作沒有遇到更大麻煩，主要的人犯數日內都已帶到長沙巡撫公署。曾靜、張新華、張照、張堪、劉之珩、譙中翼等都分別由各路人馬押解而至。海蘭和王國棟略作商議，就開始審訊這些「逆賊」了。

曾靜是這場逆案中的首犯，他被帶到了公堂之上。這是個五十左右歲的中年男子，個子很高，有些偏瘦，臉上帶著一股斯文之氣，操著很濃的湖南口音。帶他上來的衙吏向海蘭報告，說逮捕他時已將其家搜抄，並將幾本逆書帶來。曾靜的衣衫裡面寫了數聯對句，而且有「蒲潭

先生卒於此」的字樣。看來，曾靜已做好了一切準備，下必死的決心。

曾靜不待吩咐，便拉過椅子坐下來，面對著海蘭和王國棟，並無驚慌之色，倒是顯得有些疲倦，很像是想休息一下的樣子。

審訊開始，海蘭劍眉倒豎，一拍驚堂木，喝問曾靜：「你為什麼指使門徒投書策反？同謀篡逆的都是何人？從實招來，否則讓你皮開肉裂。」

「欽差大人無須動怒，我從頭說來就是。我今年五十歲，是永興縣人。我本是縣學諸生，因考了五等被革除學籍。這上書的事我已想過數年，今年與我的弟子張熙商量好了才做的。張熙當了自家的房屋、池塘，籌措了盤纏，五月初七日開始動身。張熙是我叫他隨張熙同去的，但上書的內容他是什麼也不知道的。張勘並不識字，上書內容沒有必要講給他，他也不懂。張熙的父親張新華，只曉得他兒子去川陝上書，但並不知道其中內容。劉之珩是永興教官，學問盡好，陳立安是其門人。我與劉之珩有一面之交，知道他學問好、有志向，只是他商量。譙中翼根本就不認得，沒見過面，只是讀過他的文章，必定是有學問的了，平日慕名，談不到同謀。湖州嚴賡臣、沈在寬們都是呂晚村的一脈相傳，這些平時所知的人，都可舉薦。有關情況，我已全部說完，沒有半點虛妄。我靜候處置即是。」

對張新華、張熙、張勘的審訊亦同時進行，所說情況，與曾靜沒有大的出入。對於譙中翼也審訊一番。譙中翼是個年過古稀的老學究，說他已經七十二歲，入學二十八年，不入公門，不管閒事，只曉得讀書教學，根本不認得什麼曾靜、張熙，昨天忽然被綁到此處，連一生辛苦

文字血淚

積聚的幾本書也都抄來了，不知什麼緣故。如若不信，可以找兩個人和我混在一起，讓曾靜等指認。

海蘭、王國棟將審訊口供略加整理，寫成密摺，派心腹幹員撫標把總李吉專送皇上，請聖定奪。

杭奕祿作為欽差，帶來的是雍正「誅心」的意圖。雍正帝的確比一般皇帝高出一籌，他知道應該如何肅清思想上的敵人。他一方面要用屠刀來斬除異己，另一方面，又要從思想上瓦解對手。他致力於進行「誅心」工程，要在精神上將「逆賊」摧垮。而杭奕祿也知道雍正帝的意圖。

與海蘭相比，杭奕祿顯得更為沉穩，面部表情也更柔和一些，很少聲色俱厲。這似乎與他的「刑部左侍郎」的身分、職業都不相符。其實這位刑部的次長是很屬害的角色，他不露聲色，鋒芒內斂，但是反應敏捷，做事果斷，對事情的判斷力很強，在審訊犯人上，他更有「出奇制勝」的招法，他很少靠酷刑來撬開犯人的嘴巴，而是靠「攻心戰」解除犯人的思想武裝。

雍正帝之所以選擇他做欽差，是經過一番慎重的考慮和選擇。在某種意義上說，他的任務和使命，要比海蘭重要得多。雷厲風行地抓人捕人，海蘭是極好的鷹犬，這一點雍正用不著懷疑。海蘭不愧是八旗健兒，兇狠剽悍，做事果斷，從不手軟，對於皇上忠貞不貳，雍正了解他也喜歡他，但也知道他有些二頭腦簡單的弱點。用他猛撲上去，撕碎敵人的肉身，海蘭是再合適不過的，但讓他去搞「誅心」戰，顯然是圓鑿方枘，不對路了，而這種功能的發揮，卻是非杭奕祿莫屬。臨行之時，皇上叮囑杭奕祿「要平心靜氣，窮究邪說所由來，開導痴愚所未喻，務使折

服認罪」，杭奕祿俯首稱是：「奴才謹記在心，一定不辜負陛下厚望！」

眼下，杭奕祿又一次審問曾靜，確切地說，這不是審訊，而簡直像一對老友在談心。杭奕祿身著正二品的官服，頂戴花翎分外耀眼，曾靜在鄉野多半生，哪裡見過這樣的大官？杭奕祿不是高坐在書案後面手拍驚堂木，也不用他人陪審，而是撤去了案台，拉了把椅子和曾靜對面坐下，這使曾靜反而有些手足無措，坐立不安。上次海蘭、王國棟審訊的時候，曾靜下定必死決心，故意露出玩世不恭的派頭，大有「好漢做事好漢當」的氣概；此時，杭奕祿的和氣溫潤，使曾靜反倒非常侷促。

杭奕祿對曾靜說：「你們想舉旗造反，推翻大清江山，設身處地從你們角度想，也不是沒有道理。皇上知道這件事情後，無意於加害你們，反倒誇你們是有血性、有氣節。不過皇上嘆息過多少次，可惜朕的苦心，天下之士竟不能理解，朕雖出身滿洲，可又何負於天下蒼生呢？我朝這些皇帝和晚明那些皇帝相比，如何？即以康熙皇帝而言，蒞位六十年，恩澤深入人心；當今聖上更是孝敬慈惠，勵精求治。他為了操勞天下大事，天天批閱奏疏密摺到深夜，好幾次都累病了。你們惑於邪說妖言，強調什麼『華夷之辨』，其實華夷之辨要靠什麼分辨，難道就看出生在什麼地方嗎？我朝皇上尊崇聖人，提倡儒學，直承孔孟道統；且高才博識、文質彬彬，康熙帝的學問才氣，是明朝哪個皇帝可比的呢？當今聖上的博學高識也是有口皆碑的。你們為什麼一定要反對當今聖上呢？這樣做是親者痛，仇者快的啊！」

曾靜畢竟是個讀書人，杭奕祿這番話一說，他已經深深被打動了，他覺得自己真是犯下了

不可饒恕的罪過，於是他泫然涕下，俯首認罪，翻身給杭奕祿跪倒：

「靜居於天涯荒遠之處，如井中之蛙，卻妄想成魔，造謠誹謗，果然是罪大惡極。如果不是大人啟悟，幾於至死不悟。既已犯下彌天大罪，甘受朝廷處置，千刀萬剮，雖死無怨！」說著，痛哭流涕，叩頭不已。

杭奕祿見時機已經成熟，俯身將他扶起，勸慰道：「苦海無邊，回頭是岸，放下屠刀，立地成佛。曾君能幡然悔悟，痛改前非，是國家之幸，聖上之幸啊！不過，事情總不能如此草草了結，請曾君將前後事實，同謀黨羽一一寫清，我們也好向聖上交代。」

曾靜拿過紙筆，將上書策反前後經過詳寫一遍，但雲派張熙投書乃是自己一人想法「獨得之祕」，並非他人所能參贊，也不屑讓人知曉。杭奕祿將此間情況及曾靜供詞寫成密摺，上報雍正。雍正覽罷十分高興，於是又乘勝追擊，委派李衛立即查抄呂家，拘捕呂氏後代。江淮總督李衛，接旨後火速行動，派兵丁衙役直撲崇德。一查，呂留良的門人嚴鴻臣、沈在寬已經亡故，呂氏子孫還有若干，於是將呂留良的九子呂毅中、四子呂黃中、長孫呂懿歷等逮捕起來，解赴刑部。將呂家存書統統查抄。雍正又令杭奕祿、海蘭等，將曾靜、張熙等案犯都押解到京。

雍正經過反覆思慮，已經決定把打擊的目標放在已為冢中枯骨的呂留良身上。他覺得清除呂留良的思想影響，方是根本大計。他決定自己親自動筆批判呂留良的罪行和思想。雍正對自己的文筆以及自己的思維能力是很有自信。於是他打算要披掛上陣，親自對死鬼呂留良的罪惡及其流毒「口誅筆伐」了。他連續幾天奮筆疾書，寫了三篇長篇「上諭」，發給內閣九卿。意

235

思是請諸位大臣就此案量刑問題發表意見。怡親王、大學士、九卿、翰詹科道等，跪讀上諭

後，群情激奮，一致認為曾靜、張熙大逆不道，古所未有，必須處以極刑，方快人心。奏摺上

去之後，雍正覽罷，微微一笑，他的心裡已有成算。對於這樁逆案，來了個「出奇料理」。這種

「出奇料理」，大大出乎人們的想像力之外。

對於已死的「思想犯」呂留良及嚴鴻逵等，處以大逆之罪，開棺戮屍，梟示於眾。對其子

孫兄弟及叔伯兄弟之子男十六歲以上統統斬立決，一個不赦；男十五以下及嚴鴻逵的妻妾姊妹

及其兒子的妻妾都配給功臣家為奴。同時還把對呂留良、嚴鴻逵以大逆治罪的決定，降旨各省

學臣，遍行詢問在學諸生，究竟應否以大逆治罪，如果同意，便結狀具奏，如果另有看法則可

獨抒己見，自行具呈，學臣為之轉奏，不得阻撓隱匿。

這一招已經奇而又奇。對於呂留良這樣的「思想犯」該不該以「大逆」治罪，表面上是徵

求全國士子的意見，實際上是逼著士人表態。恰如孟子所謂「國人皆曰可殺，然後察之，見可

殺焉，然後殺之」（《孟子‧梁惠王》下），借公眾輿論以證明皇上的正確，同時，又是對天下

士子的恫嚇威脅。皇上已有了明確判決：「呂留良、呂葆中，剉屍梟示。伊子呂毅中斬決，其

所著文集、詩集、日記，及他書已經刊刻刷印及鈔錄者，盡行燔毀。」然而又冠冕堂皇地說：

「然天下至廣，讀書之人至多，或者千萬人中尚有其人謂呂留良不至於極典者，朕慎重刑罰，

誅奸鋤叛，必合乎人心之大公。」大家都明白了皇上的意圖，有誰敢「獨抒己見」去逆龍鱗

呢？當然，也並非完全沒有，齊周華便是一個，他本是浙江台州府天台縣生員。他先隨眾出具

甘結，後又反悔，為呂留良說話，寫了一本《獨抒己見奏稿》，懇請釋放呂留良的子孫。這就

文字血淚

種下了他日後見殺的禍根（詳見〈「獨抒己見」的後患〉）。徵求公意的結果可想而知，自然是沒有異詞的了。

「出奇料理」之奇，還有《大義覺迷錄》的編輯刊行。對於此案中大量攻擊雍正帝的「反面資料」，如曾靜列舉其十大罪狀：謀父，逼母，弒兄，屠弟，貪財，好殺，酗酒，淫色，誅忠，任佞，又列舉了許多事實以為論證。按常理說應該嚴格保密，防止擴散，但雍正帝卻出人意料地加以公開，加上以後大肆宣傳。他下令將有關此案的《上諭》，附曾靜的口供及其《歸仁錄》，合成《大義覺迷錄》一書，大量「反面資料」都在其中（業經《上諭》批駁）刊刻以後頒發全國的學校，以示自己的光明正大。

更奇的卻在後面。對於其他受株連的人犯，皆按律嚴辦，並無寬貸；而對此案的主犯曾靜、張熙，卻「寬大處理」了。不僅沒有處死，反而放他們回家，讓他們回老家「歸置田產」，這乃是雍正處理「文字獄」最奇特的一筆。他在《上諭》中說：「曾靜等僻處鄉村，為流言所惑，今捏造謗言之人，其實是阿其那、塞思黑門下之奸徒太監心懷怨憤造作惡語一路流傳……聖祖皇考於從逆之人能改過自新者皆施恩宥。今曾靜所犯既非首惡渠魁，亦無同謀叛黨，其畏罪悔過又出實心，此朕所以寬宥其罪，並非博寬大之名也。」雍正帝還另外找了一條甚是通情達理的理由：讓你聽了感動萬分……岳鍾琪為了國家社稷，假意與張熙結盟設誓，方使張熙道出真實底細，使案情得以全部突破。岳鍾琪乃是股肱大臣，殺了張熙，會使岳鍾琪成為負誓小人，所以寬宥曾、張，也是為了岳鍾琪的信義。

這個人情賣給你岳鍾琪，還怕你岳鍾琪不感激涕零，為朕賣死命嗎？

其實赦免曾靜、張熙，對雍正帝的政治權謀有更重要的意義。放比殺更有用，活的比死的更有價值，放也不能白放，雍正讓這兩個刀下餘生的人澈澈底底地感謝皇上的恩德，永世不起叛逆之心，更重要的是讓他倆當「反面教材」，到各地去宣講皇上聖德，現身說教德化，「開導愚民」，不是比什麼都有說服力嗎？

曾靜、張熙萬萬沒有想到他們還能活著走出京師的大門，他們簡直覺得是在夢中一樣，摸摸自己的脖頸、腦袋果然安好無損，掐了掐自己的大腿，果然有疼痛的知覺，師徒相視，真不知說什麼好。他們換上了新裝，休沐得容光煥發，口袋裡裝了皇上發給的盤纏，騎上高頭大馬，在官員的陪護下，開始了到各地去「宣揚聖德」的旅途⋯⋯。

而那些受他們牽連的人們，卻已經人頭落地，家產充公，又寫下了文字獄史上淤著黑血的一章！

雍正十三年，皇上駕崩，乾隆帝即位，翻了他皇考定的案⋯

此案的兩個主角，依然得到的是千刀萬剮的結局。

曾、呂一案的處理，果真是中國文字獄史上的「奇文」，確實出乎人們的預料之外。雍正帝的「出奇料理」，顯示出他對文字獄處理的特點，是大處落墨，具有戰略性的考慮。對「謀逆」的曾靜、張熙不殺，也不關，而是讓他們到處去「現身說法」；而對呂留良這位死去多年

238

文字血淚

的「思想先師」大加誅戮，斫骨揚屍，意在於從根本上消滅反清思想的根源。呂留良的「華夷」之論，是雍正深為痛恨的，所以不惜對死人進行瘋狂的打擊。

雍正帝編印《大義覺迷錄》，把許多不宜公開的資料公之於眾，並派曾、張去宣講，這種反常之舉，顯示出雍正好「以理勝人」的個性。雍正對自己的所為總是十分自信、自負，自以為不是僅憑權勢壓人，而是能在理上使人們澈底信服。對呂留良有了定罪方案，又讓天下士人發表意見。鼓勵「獨抒己見」，好像是很有一點「民主」的氣度，實際上，誰都明白這是極為虛偽的，不過是屠刀之下虛擬的「民主」，頗有滑稽意味！

「獨抒己見」的後患

雍正帝對呂留良一案的「出奇料理」，係對呂留良是否應以「大逆」治罪，令各省學政遍行詢問所有生員，生員必須就這一問題表態，向學臣結狀具奏，再由學臣彙總上報。如果有不同意見，可以獨抒己見，學臣必須如實向上稟報，不許阻撓隱匿。

皇上的處理意見是明確的，有誰還敢「獨抒己見」？偏偏出來一個不知深淺的生員，膽大包天地寫了一份《獨抒己見奏稿》，懇請皇上開釋呂留良的子嗣。這份《獨抒己見奏稿》給他的一生帶來了無窮的禍患。這位生員，便是乾隆三十二年被凌遲處死的齊周華。

齊周華，生於康熙四十一年（西元一七〇二年），籍貫是浙江省天台縣。天台縣因天台山而得名，天台山雖然不如泰山、華山、黃山那樣雄奇高峻，但在中華山川中也頗負盛名。天台的山水，也養育了許多才子。

呂留良一案發生時，齊周華當時是天台縣諸生。學政要求每位生員都要就這個案子的處理表態，並且簽字具結。如有不同意見，可以「獨抒己見」。齊周華開始時也和大家一起簽字具結，沒有對皇上以「大逆」治呂留良罪表示異議。但是齊周華是一個不願隨聲附和、有獨立見解的人，從骨子裡說，他對呂留良的思想有同感，而皇上對於這位已經死了將近百年的儒士判

文字血淚

以「大逆」之罪深懷不平，尤其是對呂留良的子孫大開殺戒尤為不滿。他回到家裡，對於自己方才與大家一起具結感到不安和慚愧，當天晚上，他又寫了一份《獨抒己見奏稿》，為呂留良說話，大意是：「我反覆細讀了皇上的聖諭，您不是說，完全出於允許別人有過失、也願意改正過失的寬仁之心，赦免了曾靜的罪行，這確實是十分仁慈的。但是，既然能寬宥活的曾靜，為什麼不能赦免死了的呂留良呢？為什麼一定要對他掘墳戮屍，還要殺掉他的子孫後代呢？難道呂留良的幾本書就能斷送我們大清王朝的江山嗎？」這篇《獨抒己見奏稿》寫好之後，齊周華才安然入睡了。

第二天，齊周華把《獨抒己見奏稿》交到學政衙門。學政帥念祖有事外出，由訓導王元洲接辦此事。王元洲與齊周華本來是相熟的，他讓齊周華先生坐下，接過《獨抒己見奏稿》，仔細看了兩遍。一讀之下，他的手裡竟像捧了炭火一樣，臉色嚇得蒼白。王元洲雖是一個學官，但也深諳官場的險惡。眼下這份《獨抒己見奏稿》，搞不好就會惹下大禍。

皇上讓人們「獨抒己見」，無非是做做樣子，搞不好還是「引蛇出洞」，明眼人誰肯觸這個霉頭？明知這是個圈套，是個陷阱，一般人是不會輕易上當的。「獨抒己見」的詞句多麼動聽，表現出皇帝該是何等開明，乍看起來，甚至帶點「民主」的色彩。但是誰要真的「獨抒己見」，恐怕就再沒有好日子可過了。

王元洲深知其中之險，他想拒絕受理這份《奏稿》，但是皇上又有聖諭：「其有獨抒己見者令自行具呈，學臣為之轉奏，不得阻撓隱匿。」萬一上面怪罪下來，自己可吃罪不起。但要如實轉奏，也非惹出麻煩不可。齊周華要是犯了龍鱗，第一個受株連的，不就是我嗎？

王元洲頭腦裡緊張地轉動著，手心裡出了許多汗，幾乎把《奏稿》弄濕了。經過快速權衡之後，王元洲已有了主意，他決定說服齊周華自己收回這篇惹禍的東西：

「齊周華，我看你還是自己收回去吧，你真的活膩了嗎？」

「王大人，我不明白你的意思！皇上讓大家獨抒己見，我寫這份奏稿，究竟有何違礙？」

「話是那麼說，真要如此做了，那可就麻煩了。」

「我不在乎！皇上既然要我們獨抒己見，我就要說真話。」

「說真話的，有幾個不吃大虧？這年頭兒，說假話的，才能升官發財。齊周華，這不是意氣用事的時候。」

「我不管那套，反正皇上有旨，讓我們獨抒己見，那我就要說真話！」

「我的老兄，你就不想想你的身家性命？」

「士可殺而不可辱！違心地說假話，豈不是最大的恥辱嗎？」

王元洲心裡上火：「無論怎麼說，一句話，你還是收回為好！」

齊周華情緒很激動：「不行！絕對不行！你讓我幹什麼都行，就是《獨抒己見奏稿》堅決不收！」

齊周華倔強固執，滿臉通紅，脖子上青筋暴跳……

王元洲拿他沒有辦法，但也不敢收轉此稿。

齊周華在學政這裡碰了釘子，卻更增強了把《獨抒己見奏稿》送上去的決心。於是，他自己跑到京師，把《奏稿》送到刑部。刑部不但不予受理，反而把他當成犯人扣押起來，後又派

242

文字血淚

人把他押送回到省城杭州，交給巡撫和學政嚴辦。

浙江巡撫程元章和學政帥念祖，對齊周華上《奏稿》這件事感到非常棘手。棘手的原因和王元洲是一樣的。皇上的聖旨讓大家獨抒己見，學政不許阻撓隱匿；而這種奏稿呈上去，明顯是違迕皇上對呂留良案的意旨的，如果替他轉呈，搞不好連自己的身家性命也搭進去；如果不為轉呈，那也是抗旨不遵，皇上怪罪下來，也是「吃不了兜著走」。於是，對齊周華的這件事，兩位大員商議了好幾次，最後有了妙計：先「勸」後「審」。勸，是勸其自動撤回《奏稿》，能做到這種效果是最好不過的。但他們也知道這樣做，沒什麼大希望，因為齊周華如果能一勸就收回去，那就不至於輾轉至此了。他們準備的下一步棋是「審」。不審他「獨抒己見」，而要抓住他其他「違礙」言論，嚴加審問，重重懲辦。皇上萬一責怪下來，我們也可以應付，是辦他別的罪，與《奏稿》無涉。

策劃已定，開始處理此案。不出所料，「勸」不僅毫無效果，反而惹來齊周華一頓訓斥羞辱，說他們堵塞言路，抗旨不遵。搞得巡撫和學政面面相覷，臉上紅一陣白一陣。

於是，兩位大人惱羞成怒，決心好好收拾一下這個狂生。他們把齊周華打入大牢，不聞不問，而且暗中指使典獄官折磨虐待他。不管齊周華在獄裡如何大喊大叫，就是不予理睬。齊周華不屈不撓，經常在獄中大鬧，嚷著讓皇上知道自己的見解。

其實，齊周華完全不知道皇帝真正的想法。皇上哪裡是真心聽取不同意見，不過是逼迫天下士人附和他的意旨，「獨抒己見」，看起來煞有介事，實際上暗藏殺機。齊周華太認真，這等於和皇上過不去。

齊周華太狂傲，這等於自取其咎！

在封建專制下，是不許你有任何個性的，也不許人講真話。

雍正十三年（西元一七三五年）八月，皇上駕崩，乾隆皇帝即位。照例要大赦天下，齊周華被不明不白地押了好幾年，這回總算解脫了牢獄之災。

齊周華回到家裡，調養了一陣子，覺得身體已經恢復了。儘管他已是不惑之年，但仍然不改他那種狂放不羈、獨立不倚的個性。他看透了官場的齷齪與虛偽，對於讀書做官這條道路已經徹底鄙棄了。

於是，他開始漫遊各地，走遍了許多名山大川，飽吸自然之靈秀，揮筆寫下許多詩文。

後來，他主要是隱居在武當山中，住在華陽岩裡修身養性，同時也著書立說。在此期間，他還進入了道籍，成了一名道士。

在武當山這若干年中，齊周華邊漫遊山川，邊操觚弄翰，竟然寫出了十五本著作，書名如次：《名山莊初集》、《名山莊二集》、《半山學步》、《諸公贈言》、《華陽子詩稿》、《太平話》、《初學集》、《需郊錄》、《老嫗解》、《天台山志補遺》、《樂行草》、《慚稿》、《黔行賦》、《補增志稿》、《課讀日知》等。

齊周華把後半生的心血、信念、情志，都貫注在這些書稿之中。在熒熒燈火之下，他常常撫摩著這些書稿，如同一個慈母撫摸著自己的乳兒，心中充滿了愛戀與欣賞，眼裡放出異樣的光彩。科舉、當官，這條路，他早就絕望了，也根本提不起興趣；但他想使自己成為千古不朽的名賢，那就只有托之於翰墨。他時時念起魏文帝曹丕的名言：「蓋文章，經國之大業，不朽

之盛事。年壽有時而盡，榮樂止乎其身，二者必至之常期，未若文章之無窮。是以古之作者，寄身於翰墨，見意於篇籍，不假良史之辭，不托飛馳之勢，而聲名自傳於後。」齊周華現在唯一的心願，唯一的企盼，便是身後留名。他沿著山路行走，策著杖藜，山風吹來，烏啼猿嘯，使他一陣陣悵然。停下來在岩下潭水中自照，看到如鏡的水面上映出自己的頭上已爬滿了華髮，風霜剝蝕，額上皺紋如刀刻一般，只好無奈地嘆息再三。

他的著作，只能是「藏之名山，傳之其人」了。他又何嘗不想把這些書刊印出來，遍傳天下，也不枉他半生心血。

他離開家已經二十年了。二十年，世事滄桑，他有妻子兒女，上面還有百歲高齡的祖母，齊周華雖然出了家，但他真的能夠「心如枯井」嗎？漫漫長夜之中，山風呼嘯，樹海夜吼，時而傳來一兩聲野獸的怪叫，不能不使人感到毛骨悚然。孤身一人，形影相弔的齊周華，躺在道觀的木榻上覺得有些冷，他難以入睡，於是他不能不思戀起家庭的溫馨來。如果是在家裡，孫子會爬上他的膝蓋，玩弄他的鬍鬚的，想像著這幅天倫圖，他的眼角不禁爬出了兩行清淚……。

他又想到了自己的老祖母。他離家的時候，祖母已是八十高齡了。雖然滿頭白髮，背有些微駝，耳朵很聾，但一點也不糊塗。老人家對齊周華最為疼愛，他小時候總能從祖母那裡得到一些好吃的東西——那是專門給他留的。他離家漫遊，是背著祖母走的，沒敢告訴她老人家。一晃快二十年了，不知她老人家是否還健在？齊周華現在已是花甲之年了，越老越添了思親之情。他以為自己入了道教，心裡就會更加遠離塵緣，誰知這兩年隨著年齡的增長，塵世的親情，卻一次又一次地襲上心頭……。

恰在這時，齊周華的長子齊式昕找到了武當山上，他是受太祖母的指派，來接父親回鄉團聚的。父子相見，免不了一番激動。離家的時候，兒子才二十歲，現在也是滿臉風霜的中年人了。兒子告訴他，老祖母太想他了，現在已經整整百歲，說不上哪天便會離開人世，現在唯一的心願就是見上齊周華一面。所以，才讓長重孫齊式昕跑了這麼遠的路來找他。

齊周華一聽，老淚順著面部的皺褶流了下來，他還能說什麼呢？再者，他已經完成的這十五部書稿，也要想辦法刊印出來。於是他便隨兒子一起下了武當山。

闊別二十載，回到家鄉，與親人團聚，尤其是見到百歲高齡的老祖母，祖孫二人的激動就不必細言了。

齊周華在家裡住了下來，親人團聚之後，他的最大心願就是刊刻自己的這十多部書稿。他先去找在家病休的堂弟齊召南寫了一篇序文，但因此使齊召南日後也受到了株連。

齊召南是齊周華的親堂弟，小齊周華六歲。在天台縣這兩個人都是才華出眾、名聞遐邇的才子，被人稱為「天台二齊」。但是因為個性不同，所選擇的道路各異，兄弟倆的否泰榮辱卻有霄壤之別。

齊召南天生聰穎，有「神童」之稱，年紀很小便中了秀才，後來又通過「拔貢」，被直接推薦到全國最高學府——國子監去深造，乾隆元年（西元一七三六年），齊召南又中了博學鴻詞科，被欽定為二第八名。齊召南真是紅運當頭，前程無量，深受乾隆帝的賞識，當過翰林院庶吉士，《大清一統志》撰修官，內閣學士，會試同考官……不到十幾年的光景，他已經爬到了禮部侍郎的高位。

文字血淚

齊召南官場得意，飛黃騰達，卻不曾想發生了意外的災難——從馬上摔下來，受了重傷。

乾隆十四年（西元一七四九年），齊召南拜為禮部侍郎，不久又受到皇帝的特殊任命，負責勘定《通禮》的重要工作。四月下旬的一天，春暖花開，鶯歌燕舞，乾隆帝心情很好，命齊召南隨他去游圓明園。齊召南受寵若驚，欣喜萬分，他當然懂得這是皇帝對他的格外恩遇，在他的前面，正展開更加輝煌的前程。他隨同皇上在園中盡情地游了半天，皇上不時地向他問這問那，偶爾還開一兩句玩笑，齊召南畢恭畢敬地回答著，心裡分外激動。到了下午時分，齊召南忽然想起晚上要到上書房值班，於是便向皇上告辭，拜別皇上往城裡趕。齊召南心情振奮，催馬飛奔。誰知突然災難降臨。到澄懷園門前時，馬突然驚了，前蹄直立起來。齊召南正在神馳遐想，根本沒料到這一招，他被掀下馬來，頭正好碰在一塊石頭上，內外一起受傷，鮮血不止，幾乎把命搭上。

皇上得聞齊召南受傷，十分重視，特派御醫為他治腦。精心治療了三個多月，齊召南總算脫離了危險，但要徹底康復，恐怕需要很長一個過程。

如花似錦的前程，忽然遭到如此沉重的打擊，使齊召南難以承受，竟至有些萬念俱灰。目前的身體狀況已難以繼續適應朝廷裡的工作，當然不好再賴在職位上不肯退下來。於是他向皇上請了長假，回天台老家去養病。皇上深表遺憾，並勸他安心靜養，早日康復，再回朝中供職。並請他放心，病好之後，一定會重用他的。齊召南感激涕零而又有些戀戀不捨，最後終於回到了天台老家。

齊周華得知在朝中任高官的堂弟齊召南也在天台家中，便想請他為自己的書來作序。這一

對堂兄弟都極有文名，可以說是天台的驕傲，只是這麼多年來，異路升沉，一個在朝廷中步步高升，一個飽經人生苦難，兩人的距離勢如霄壤，現在卻不約而同地都回到了天台老家，自然在感情上也就近了許多。找齊召南作序，應該說是再合適不過的了。齊召南文名卓著，而且在朝中地位顯赫，又與齊周華是堂兄弟，所以齊周華便來拜訪堂弟齊召南。

契闊多年，兄弟二人免不了一敘後之情。都是感慨萬千，但齊召南更多的是對昔日榮寵的憶戀；齊周華卻更多的是對世路的不平。回首人生來路，一個是陽光鮮花，一個是荊棘遍地，感受自然大不相同。

敘過別情之後，齊周華說明了來意，要請齊召南為他的《天台山遊記》作序。齊召南對此頗為躊躇。齊周華早年入獄的原因，他是清楚的。而且這個堂兄不同於一般文人，當時的那份《獨抒己見奏稿》也是轟動一時的。他敢於忤逆雍正帝的意旨，為呂留良鳴冤叫屈，而且振振有詞，鋒芒犀利，雖然很多文士心中感到暢快，但也為他捏了一把汗。齊召南當時聽說此事，一方面暗自佩服堂兄，另一方面卻也覺得他性情乖張，固執己見。齊召南是在官場混過多年的人，深知政壇風雲的險惡。而且從康熙時代以來的幾次文字大獄歷歷在目，使人們在文字上多有禁忌，如履薄冰，不敢不慎。尤其是這位堂兄，從少年時起就愛「獨抒己見」，不顧忌諱，做事不計後果。齊召南對堂兄的請求沉吟了半晌。如果拒絕他的請求，未免不近人情；如果貿然應允吧，又怕有什麼差池。於是他便決定把書稿留下來好好讀一下再說，如果沒有什麼「違礙」之處，寫一篇序也是無妨的。

齊周華告辭之後，齊召南把《天台山遊記》大致翻閱一遍，覺得都是山水遊興，無涉時

文字血淚

政，放下心來，援筆為此書作了一篇序文。

齊周華晚年回到家鄉，最大的心思便是把自己的這十幾本著作刊刻出來。但是家中生計拮据，只能勉強維持，而齊周華也沒有這份為家計操持的責任感以及能力。他自小讀書，後又因事入獄，出獄後漂淪多年，又在武當山當了道士，因此理財管家的觀念在他這裡幾乎等於零，加上他性格孤僻，我行我素，在家裡時間長了，家裡人又都厭倦了，但齊周華一心只想刻書印書。

為了刻書，他多方託人，找到了一個很好的刻字匠周景文，此人技藝高超，刻字速度又快，要價並不高。齊周華看了此人刻出的書版，甚是滿意。於是把書稿變成一本本油墨散香的書的願望就更為強烈了。他似乎看到了自己的書，在各個書店裡出售，文人學士們爭相購買，爭相收藏。他暗中笑了，笑過之後又不免十分悲哀，出書要錢，要很多的錢。家裡本來就不寬裕，這麼多錢從何而出？

東挪西湊，湊夠了三本書的錢，於是便先把《名山莊初集》、《諸公贈言》和《半山學步》刊刻出來。其他的書只好暫時擱之一旁，但他豈能就此甘心罷手？

齊周華是個固執不知變通的人，加上多年隻身漂淪，缺少對家庭的義務感，而且老來越加固執。他打算向妻子提出變賣家產來湊錢刻書。妻子當然無法同意：「賣了這些家當，一家人何以為生？難道叫一家老小都沿街乞討嘛！」妻子的話當然在理，但是齊周華聽不進去，他覺得妻子俗不可耐，於是和妻子大吵了一架，指責他：「這麼多年，你『死』到哪裡去了？你管過這個家嗎？我們辛辛苦苦熬到現在，把你接回家來，你卻敗壞這個家！」妻子氣得又哭又鬧，指責他：「這麼多年，你『死』

好，好！你把家產都賣了，把我們母子也都賣了吧！免得和你一起活受罪。」兒女們也都說他太自私，大家都躲開他，不願意看他那張暴躁的臉。齊周華對這個家庭也覺得難以忍受，於是再次離家出走，自己跑到離縣城幾十里遠的荒僻之處住了下來。

齊周華雖然一氣之下離開了家，但是出書的強烈願望卻一刻也不能釋然。到哪裡去弄錢？他反覆思索著這件事，但沒有著落，沒有門路。

一天，他翻看書稿，看到齊召南寫的序文，想到一個辦法，就是向齊召南去求借。齊召南本來就有很厚的家底，又在朝中為官多年，廣置田產，據說還放了許多高利貸來吃利息。這幾年皇上對他賞賜的錢財也是個不小的數目。他借出這點錢，不過是九牛一毛，卻可以成全我齊周華的大事了。但不知道這個堂弟肯不肯借給我？不管怎麼樣，找他去試試看。齊周華打定主意，去求堂弟齊召南幫忙。

齊召南對於齊周華的行為舉止、他家裡的紛爭，都知道得一清二楚，堂兄想要出書的事，他當然知道。齊周華與家裡人鬧翻的起因，就是為了籌措出書的銀子。但是富有官場經驗的齊召南，對於堂兄這件事是想躲得遠遠的，他給齊周華寫完序言就有些後悔了。《天台山遊記》固然沒有什麼「違礙」，而他另外那些書呢？誰能保證他沒有一點「悖逆」文字？他前些年坐大牢不就是因文字而惹禍嗎？而且，不聽勸阻，一意孤行，不見棺材不落淚。萬一他的書裡有什麼「違法」之處，豈不是要牽連到自己嗎？

再者說，齊召南的身體業已養好，雖然年歲不算小了，但仍有精力。回家前皇上有話：將來身體好了可以官復原職。他正在各方面活動，為重返京師、再站朝班而努力。在這個時候，

文字血淚

須格外小心，萬一有誰從背後捅一刀子，那可就「永無出頭之日」了。想到此處，他越發害怕。即便是沒有什麼更多的文字瓜葛，單憑堂兄弟這一條，萬一齊周華犯了事，自己也難保不掉腦袋。他覺得有些毛骨悚然。

該怎麼辦？思來想去，他決定與齊周華斷絕一切往來關係，防患於未然。他特意請人做了一塊很高很大的木牌，上書：「僧道不許濫入齊府」八個大字。其實這是讓更多的人都知道，他和當過道士的堂兄之間已經斷絕了一切交往。

齊周華滿懷著希望來找他的堂弟。上次請堂弟作序，堂弟還是很給面子的。「看來他對我刻書的事，還是理解、支持的。只要他肯借錢給我，出書的事情就有了保障。」齊周華一邊走、一邊想，不知不覺已經來到了齊召南的門樓之前，那是什麼東西？已是古稀老人的齊周華看到朱漆大門的左邊不倫不類地豎了一塊牌子，他感到好生奇怪，於是，他揉了揉花了的眼睛仔細地看，他看清了，是「僧道不許濫入齊府」八個大字。這是什麼意思？齊周華愣了片刻，他明白了，原來這不是給我看的麼？這個齊召南，擺明是要把我這個武當山道士拒之門外。齊周華覺得太突然了，他不敢相信這是真的，於是再定睛觀瞧，的確還是那八個大字，怪模怪樣地看著齊周華，似乎是在嘲笑，在輕蔑，在挖苦，齊周華怒火上湧，恨不得砸開那兩扇朱漆大門。

他沖上台階，發瘋似地掄起兩隻青筋暴跳的瘦拳頭，擂著齊府的大門。一會兒，看門的老者，他把門拉開一道縫，露出一個頭來，他認識齊周華，所以態度很和氣。他低聲說：「老哥，你快走吧！我家老爺身體不好，吩咐一律謝客！」

齊周華怒火萬丈，他大聲嚷道：「你去告訴齊召南，我無情，我也無義。他當他的高官，我當我的『僧道』，從此以後一刀兩斷！我再也不想見到他了！」說完，轉身就走，跌跌撞撞跑回自己的住處。

齊周華思前想後，越想越憋氣。連自己的妻子也和自己翻了臉，連自己的兄弟也怕自己連累他。這個世界何等冷漠，何等虛偽！什麼仁義道德，什麼忠孝仁愛，統統他媽鬼扯蛋！這七十年的一生，除了坐牢就是在岩穴之間，到老了還受這份兒氣。他實在難以忍受，他要報復，要和這個世界一起毀滅才痛快淋漓。於是，他決定要報復——報復自己的堂弟，報復自己的妻子，報復一切！

浙江巡撫熊學鵬，接到一封很奇特的告狀信，告狀人就是齊周華。告狀內容是告他的堂弟齊召南，信上列舉齊召南十大罪狀（內容不得而知）還告自己的妻子「老而奇淫」等等。熊學鵬手裡掂量著這封告狀信，心裡有了主意。告狀人齊周華的情況，他是知道的。因為呂留良案，齊召南還在皇上面前貶低過他熊學鵬，說他「言過其實，不可大用」，因此熊學鵬對他早就耿耿於懷。若千年前，齊召南頭負重傷，歸養於家，熊學鵬心中罵了一百二十個「活該」！後來，齊召南不買他的帳，熊學鵬對這位原侍郎也從來不理不睬，似乎沒有這麼個人。而近來傳聞齊召南將要東山再起，皇上可能還要對他委以重任，熊學鵬對此心裡老大不舒服。這次齊周華狀告自己的堂弟，熊學鵬覺得可以利用這樣一個

「獨抒己見」，被關進牢裡，這是一個狂悖乖張之人。而齊召南雖然隱居家中，但據傳言，近期可能被皇上召回朝廷，委以重任。熊學鵬與齊召南之間本來就有成見，彼此都無好感。據說齊召南，正管著天台地面。齊召南不買他的帳，熊學鵬對這位原侍郎也從來

文字血淚

機會，搞掉齊召南。然而，齊周華告他的「十大罪狀」其實都難以構成足夠打倒齊召南的「拳頭」，倒是齊周華本身，有嚴重的問題。他是呂留良的餘黨，一貫乖張狂悖，在他的書中找出「違礙」文字來，簡直易如反掌，只要搞到了齊周華，作為他的親堂弟，自然逃不脫受株連。

主意已定，熊學鵬馬上開始行動。熊學鵬親自帶人到齊周華的住處，發現書稿還有《獨抒己見奏稿》、《獄中祭呂留良文》等文章，對呂留良倍加推崇，喊冤叫屈。熊學鵬找到了「罪證」，馬上審訊齊周華，齊周華對這些自然供認不諱。熊學鵬又發現了齊召南為齊周華寫的序文，這就更增加了有利的證據，他立即傳訊齊召南。齊召南說：「齊周華是我堂兄，從前我見過他的《天台山遊記》一篇，還有數篇時文，他要刊刻，我阻止他，他便恨我。告我的話，純係憑空捏造。」熊學鵬讓他先回去，聽候處理。

熊學鵬覺得時機已經成熟，提筆伏案，給乾隆皇帝寫了一封密摺，詳細匯報了齊周華告狀的情況，並且指摘齊周華書中的「狂悖不法」之言，要求嚴辦齊周華。熊學鵬在密摺中說：

「呂留良罪大惡極，為天下臣民所共憤，而齊周華竟然為逆犯請求釋放其子孫。世宗（雍正）皇帝寬仁如天，不即誅戮，僅令監禁；又蒙聖上格外開恩，加以釋放。該犯應該感激悔悟，痛洗前非。但是，齊犯仍然怙罪不悛，又將其《奏稿》與其餘雜作刊刻。尤其是《獄中祭呂留良文》一篇，對於逆賊呂留良極力推崇，比之伯夷、叔齊、孟子這樣一些大賢，企圖煽惑人心，這是存心黨逆，牢不可破。他又自稱為『獨孤損』、『跛仙』、『忍辱居士』、『含元子』、『尚古

先生」、『華陽山人』、『岳六子』、『懵懂道士』等等詭異名字，又私擬奏疏進行刊刻，查閱其已刻未刻之書，牢騷狂悖之言連篇累牘，不一而足。對於廟諱御名公然不避。臣以為，按大逆律處理，齊周華應該凌遲處死。他的兄弟妻子雖被該犯視若敵人，久已屏逐，但按刑律應為緣坐之人，不便因此寬貸。……齊召南雖然在齊周華犯事之後不與往來，但他為其《天台山遊記》作過序跋，現有書稿為證。齊召南為齊周華的堂兄弟，他身為大臣，既知該犯素行狂妄，卻不行稽查勸阻，任其刊刻悖謬書籍。臣據實參奏，恭候諭旨。」寫好這封密摺，熊學鵬立刻封好，派專使飛馳入京……。

乾隆帝覽罷此折，不禁勃然動怒，對於齊周華這樣的狂逆之徒定要嚴懲。這也是對以思想言論謀逆的人進行一次警告。於是他決定以最嚴酷的死刑來處置齊周華，並宣諭齊召南「來京候旨」。

乾隆帝的批覆下達了：「齊周華凌遲處死，其子齊式昕、齊式文、其孫齊傳繞、齊傳榮，從寬改為斬監候，秋後處決。」

對於齊召南，皇上有旨：「齊召南曾為侍郎，乃於堂兄齊周華逆案為之隱諱，不即參奏，實難辭咎。念其曾為大員，所有問擬杖流之處著加恩免。」

乾隆三十三年（西元一七八六年）二月三日，齊周華在杭州被凌遲處死。一個七十歲的老知識分子，因為「狂悖文字」，被統治者千刀萬剮了！

這就是「獨抒己見」留下的後患！

文字血淚

在封建專制制度下，豈能容得「獨抒己見」？一個死了將近百年的呂留良尚且被開棺戮屍，無辜的子孫們慘遭屠刀；那麼，活著的齊周華還會有更好的結局嗎？

齊周華的悲劇，始於「獨抒己見」……。

「堅磨生」的血光之災

乾隆一朝，號稱「盛世」，然文字獄迭興，因詩文而獲罪、而掉頭的士大夫絡繹不絕。據有關著述統計，乾隆時期的文字獄多達一百三十餘起，比起清初幾朝，真是有過之而無不及。

這裡敘說的《堅磨生詩鈔》案，乃是頗有代表性意義的一例。

乾隆帝喜歡吟詩，很有些文學造詣，他對文人學士們的詩集也就很感興趣。但他作為一個萬乘之主，具有無上的威權，絕對不允許詩人們的創作中有絲毫的「悖逆」，他乾隆爺眼中容不得沙子。

眼前這部《堅磨生詩鈔》，早就使乾隆帝耿耿於懷了。在皇上眼裡，這部詩集中多有悖逆、詆訕、怨望之句，簡直是大逆不道。詩集的作者也是大清國的大臣，他叫胡中藻，是江西新建人，乾隆元年（西元一七三六年）中了進士，由翰林官擢升為內閣學士，又曾在陝西、廣西兩省任過學政，乾隆十八年前後回鄉辦喪事。胡中藻是滿洲大學士鄂爾泰的得意門生，一向依附於鄂爾泰。在雍正朝，鄂爾泰可是最受皇帝眷顧的大臣，權勢甚大。雍正帝曾在密摺硃批中對鄂爾泰說過「朕今日實以卿為第一也」的話，此後不久，鄂爾泰又實授雲貴總督，加兵部尚書，從此更是扶搖直上，是雍正朝第一寵臣。鄂爾泰與雍正的另一寵臣，被雍正帝戲稱

文字血淚

為「朕之股肱」的張廷玉素來不睦，兩位寵臣各植黨羽，彼此門戶之見頗深。胡中藻出於鄂爾泰門下，詩中自稱「記出西林第一門」（「西林」乃是鄂爾泰姓氏「西林覺羅」的簡稱），乾隆看了，十分反感。對於臣下的朋比黨羽，彼此攀援，乾隆是深懷戒心的。鄂爾泰卒於乾隆十年（西元一七四五年），此後胡中藻失去了政治靠山，前程難望顯達，於是便不免牢騷滿腹，字裡行間，頗有狂怪之氣。

乾隆皺起眉頭，心中一陣陣不快湧了上來。不說別的，就看這書名，簡直就是十足的悖逆。什麼叫「堅磨生」？朕豈能不知！《論語‧陽貨》中有「不曰堅乎？磨而不磷」的句子，意思是最堅固的東西，磨也磨不薄。你胡中藻自名為「堅磨生」，還不是對盛朝抗憤不平嘛！

這樣一看，乾隆眼裡的《堅磨生詩鈔》，竟有那麼多誹謗本朝之語，是可忍孰不可忍！

「一把心腸論濁清」，加「濁」字於我堂堂大清國號之上，是何肺腑？

「一世無日月」、「又降一世夏秋冬」，更為惡毒！三代以下，享國之久，莫過於漢、唐、宋、明這幾個朝代了，比起我大清朝，卻遠不可及。本朝自從定鼎以來，國泰民安，盛況無前，必將國祚長久，萬世相傳。你胡中藻竟說「一世無日月」，這不是罵我朝黑暗透頂嗎？

「又降一世」，難道還想要改朝換代嗎？

「與一世爭在丑夷」、「相見請看都盎背，誰知生色屬裘人」、「南斗送我南，北斗送我北。南北斗中間，不能一喬闊」、「雖然北風好，難用可如何」、「撥雲揭北斗，怒竅生南風」，等等，這些詞語難道不是挑撥南人、北人的關係嗎？詩中那些什麼「蠻」、「夷」、「裘人」的字眼，豈不是在謾罵我們滿洲人為夷狄嘛，著實可恨！

既然發現了這麼多的「悖逆」之詞，乾隆爺豈肯罷手？這些年來，文網較鬆，士大夫們有些得意忘形，舞文弄墨，搖脣鼓舌，私下裡一定有不少誹謗的言語。看來，又得開殺戒了！

乾隆的神經興奮起來，於是躺在龍榻上再次翻閱《堅磨生詩鈔》。有了這樣的「定向思維」，他的嗅覺分外靈敏，果真是「戰果赫赫」。又找到了許多「謗及朕躬」，對他乾隆爺大不敬的詩句，你看：《吾溪照景石》中用「穆王車駕走不停」、「武皇為失傾城色」兩個典故，這不是諷刺朕南巡嗎！「老佛如今無病，朝門聞說不開開」，這不是誣衊朕裝病不朝嘛！《進呈南巡詩》中「三才生後生今日」，這怪誕之句細一琢磨，豈非語含譏罵！天、地、人為三才，生於三才之後，那又是何物！這種惡毒之語，實在是可殺不可留。詩中又云：「亦天之子亦萊衣」，連用兩個「亦」字，悖慢之極。「一川水已快南巡，周王昇彼因時邁」，這是用周昭王南狩溺死之事咒謗朕南巡，《頌蠲免》詩中又說：「哪是偏災今降雨，況如平日佛燃燈。」這不是諷刺朕賑災不力嘛！朕一聞災歉，立刻加以賑恤，憑什麼說難於佛燈呢？還有，弔孝賢皇后的喪詩中寫：「其夫我父屬，妻皆母道之。女君君一體，焉得漠然為」，用「夫」、「妻」這樣的俗劣字眼稱說帝后，真是狂妄悖謬已極！

乾隆想到這裡，果真是氣得咬牙切齒：這個胡中藻，喪心病狂以至於此，天地間豈能容他！

再往下看，詩中述及胡中藻出為廣西學政時乾隆對他的訓誡，有「下眼訓平夷」的句子。這個「下眼」倒沒有什麼典據，說成是「垂照」亦可，理解為「識力卑下」亦可，這不是巧用雙關語來罵朕嗎？

這還不算，《詩鈔》中還有許多怒恨之語，什麼「得免吾冠是出頭」、「若能自主張，除是脫韁鎖」、「天方省事應閒我」，什麼「直道恐難行」、「世事於今怕捉風」等等，都是滿肚皮怨氣，一股腦的怪話，說來說去，還不是對朕朝政宣洩不滿嗎？

不僅如此，這個胡中藻身為學政，為舉子鄉試所出試題也是悖謬不倫。乾隆的記性真是不錯，他居然記得胡中藻出過的幾個試題。《易經》題：「乾三爻不像龍」；《論語》題：「鳥獸不可與同群」；《孟子》題：「狗彘食人食」，《尚書》題：「牝雞無晨」。現在想來，這些離奇古怪的東西，恐怕也都有所指吧！

這個該殺的胡中藻，朕為什麼不早些處置他，以警天下士風之儆尤呢？

乾隆閉上眼睛，養了一會兒神，心中也在盤算：從自己登基以後，先是斬了皇考寬免的曾靜、張熙，而後嘉納了監察御史曹一士請寬妖言，禁誣告的上疏，多年間未興文字獄了。乾隆十六年（西元一七五一年）處置了王肇基獻詩案、偽孫嘉淦疏稿案，士林又有些緊張。自己也不願意在士大夫中留下朱元璋式的壞印象。諸臣的和韻以及進呈的詩冊何止千萬，其中字句之間偶爾有不知檢點者，一般都置而不論了。可是這個「堅磨生」著實可惡，譭謗大清朝、譏諷皇上，這豈是可以饒恕的？

乾隆又禁不住嘆了口氣。他的意思是期待著臣下有眼明心細、忠君體國之人能出來參奏，但等了多時，卻是枉然。這些傢伙只會阿諛逢迎，說一些不鹹不淡的制式，食君之祿，受君之恩，卻不能為君分憂。無奈，只好自己出面來「起訴」這個以詩悖逆的「堅磨生」了。

三月十三日，在謁陵返京途中的韓村行宮，乾隆帝把大學士、九卿、翰林詹士、科道等重

要臣僚召來，發表了長篇上諭，曆數《堅磨生詩鈔》中的幾十條「罪狀」。

乾隆確實是怒氣填膺了。他聲氣俱厲，嚇得跪在地上的大臣們簌簌發抖。他親自布置有關此案的進一步追查緝捕工作。命軍機大臣速速把胡中藻提拿來京審訊。命將胡中藻、為其出資刊刻《詩鈔》的張泰開革職交刑部；將鄂爾泰的侄子鄂昌也抓到京城。因鄂昌與胡中藻關係密切、彼此唱酬、互相標榜——一定要把他和胡中藻一起嚴辦。乾隆要通過此案的嚴肅處理來「申我國法，正爾囂風」，讓那些骨子裡不安分的人知道朕的厲害。

乾隆帝讓他的鷹犬同時出動：命協力陝甘總督劉統勳將甘肅巡撫鄂昌捕解入京問罪，命廣西巡撫衛哲治查明胡中藻在桂所作詩文；派乾清宮侍衛哈清阿等人到江西提解胡中藻到京。而最主要的一路，乃是命新任江西巡撫胡寶瑔捉拿胡中藻家屬到省城待審，繼續追查有關「罪證」，查抄胡家的所有家產。一時間，撒下天羅地網，又一場文字獄的血漬即將浸透乾隆盛世的史冊！

巡撫衙門正在辦理交接手續。江西巡撫范時綬接到聖諭，命他卸任來京陛見，又命胡寶瑔接替他為江西巡撫。范時綬接受皇命，心中倒著實感激皇上的「龍恩」，不禁大大地鬆了一口氣。一年多之前，他在任署理湖南巡撫時，辦理劉震宇《佐理萬世治平新策》案有功，升遷為江西巡撫。他因處理「文字獄」而得福，又焉知不因「文字獄」而得禍？劉案的處理過程，使他深知乾隆帝對文字獄的重視，盯得甚緊，不斷過問，稍有不利，自己的前程就完了。前幾天他剛接手胡中藻的案子，真有「如履薄冰」之感。在官場上歷練多年的范時綬，耳聞目睹許多大官都栽到這「文字獄」上，他又豈能不慎之又慎？恰在此時，聖諭下達，使自己離開這是非

文字血淚

之地，豈不是天賜佳音！他把胡中藻案和屬內各處應辦而未完的案子開了個清單，附上卷宗，急急忙忙交代給新任巡撫胡寶瑛，便由陸路赴京陛見去了。

胡寶瑛心情則不同，這次調遷江西巡撫，是與胡中藻一案有直接聯繫的，胡寶瑛尚未到任，乾隆帝已下達聖諭給他，命其對此案「嚴行辦理」，這不正說明皇上對我的信任嗎？皇上對胡案如此重視，三令五申，又讓自己在此時接替范時綬，從某種意義而言，自己就是專辦此案的欽差，哪敢不盡心竭力、傾其所能以報皇上呢？

對胡中藻這個案子絕不能手軟，幹得好，自己能青雲直上；幹得不好，自己的前程就會毀於一旦。皇上對范時綬已經明顯不滿了，就是因為此案先曾告到江西巡撫衙門，范時綬沒有及時向皇上參奏。這次辦案，寧失之於嚴，勿失之於寬，要讓皇上看看我的才幹！

胡寶瑛緊急行動。剛剛到任，風塵未洗，便派人搜查胡府，把其家屬統統抓到南昌，嚴加刑訊，同時，把胡家翻了個底兒朝天。把所有的書稿、文字，統統搜查出來，清理上報。胡中藻家中有老母夏氏，年已八十，胡妻是原副都御史葉一棟之女，現在已經死了。家中還有一個十四歲的女兒，一個三歲的孫子，胡中藻的弟弟胡中藩不與其兄同居一處，但其府第與胡中藻家相距不遠。胡寶瑛未到任時，江西巡撫衙門的官員並未查抄胡中藩家。胡寶瑛馬上派員率兵搜查抄家，沒有發現什麼悖逆文字。胡寶瑛並不甘心，對胡中藩用盡酷刑，又再度派人抄家，結果翻出胡中藻放在其弟家中的田債賬簿、私傳首飾等物。

首戰告捷，胡寶瑛頗為興奮，他在書房裡來回踱步，考慮著給皇上立刻寫一封奏摺，匯報案子的追查進展情況。對了，要好好參劾一下前任江西按察使范廷楷，告他一個包庇之罪。於

是胡寶瑔展開紙墨，給皇上寫了一封長長的奏摺，把自己到任以後雷厲風行地查抄胡府的情況大大加渲染，為自己表功。同時，又狠狠地給范廷楷參上一本，方顯出自己的忠心耿耿而又精明能幹。奏摺裡說：「我到任之後，馬上詢查，看到胡家雖經搜查，但對家屬僅予看守尚未監禁，家產也未作認真勘查登記，胡氏黨羽也都逍遙法外，於是便責問下屬，為何如此膠柱鼓瑟，必待奉旨，豈不是使罪犯家屬黨羽有了可乘之機？下屬回報云是按察使范廷楷經手辦理。臣以為範廷楷乃罷斥之員，更應奮勉賣力，戴罪立功，誰知范廷楷則稱未見聖旨，不敢擅專。後經了解，范廷楷乃逆犯之『同年』（古稱同榜中舉為『同年』，他如此疏忽大意，玩忽職守。後經了解，范廷楷乃逆犯之『同年』，由此看來，這恐怕並非簡單的疏漏，而是有意在士大夫圈裡成為一種社會關係——作者注）由此看來，這恐怕並非簡單的疏漏，而是有意回護吧！」

乾隆並不欣賞胡寶瑔對於同僚的這種構陷，但對他到江西以後辦理胡案的果決還是滿意的。他在密摺上揮筆硃批：「所辦甚是，知道了。」

主子自有主子的聰明之處，無怪乎奴才們誠惶誠恐。乾隆帝的精細可是有名的。此刻，他發現了這樣一個大問題：胡中藻的《堅磨生詩鈔》所刻之詩至壬申年（乾隆十八年即西元一七五二年）為止。集中所作既然如此肆行訕謗，毫無忌憚，為什麼壬申至今這三年多竟不見其作？按理推度，像胡中藻這樣喜愛作詩之人，斷然不會三年內毫無所作的，可是這些東西為何不見？搜查所得都是一般奏稿、信札。乾隆苦苦思索：是搜查未到？還是罪犯先有所覺巧為藏匿，還是業已銷毀滅跡？必須徹底查清！於是，他又立刻下了一道諭旨，令胡寶瑔親往胡家再行搜覓，毋令遺漏；對其家屬親隨再加嚴訊，務得實情，然後速行奏聞。倘若查辦不力，胡

262

文字血淚

中藻自己要是供出有藏匿銷毀之情弊，一定拿你胡寶瑔是問！

這道聖諭一下，胡寶瑔嚇出了一頭冷汗：皇上想到的這個情況，我怎麼就沒有想到呢？胡寶瑔後悔不迭。他只好再興干戈，無論如何也得向皇上交出新的戰果！

新一輪的搜查與株連，又開始了。

乾隆以萬乘之尊，親自「起訴」胡中藻《堅磨生詩鈔》案，其實還有一個政治目的，就是整肅朝中的朋黨勢力。朋黨之爭，古已有之。朝中大臣，朋比黨羽，援引攀結，以門生故吏、同年同鄉等各種關係各植勢力，形成不同的政治力量，諸如唐朝的「牛李黨爭」，宋朝的「新黨」與「舊黨」等都是。雍正朝的鄂爾泰、張廷玉這兩個權勢煊赫的大臣，也是各植黨羽，彼此對立，形成朝中朋黨。現在，雖然鄂、張已逝，但他們的朋黨餘勢尚在，彼此傾軋，勾心鬥角，於朝政不利，對皇帝的集權專制也有潛在的干擾。乾隆親查胡案，一是為了加強思想統治，使臣下不敢妄自援結，使那些心懷怨抑、借題發揮的文人聞風喪膽；二是借此打擊朋黨勢力，以致滅頂之災。在這個目的下，鄂昌、張泰開之輩當然免不了成為「釜中之魚」了。

協力陝甘總督劉統勳，三月二日得到皇上的硃筆諭旨，命劉馬上親往鄂昌所在的甘肅巡撫署中把鄂昌與胡中藻的來往應酬詩文書信嚴行搜查，與別人往來字跡中有涉譏刺者一併搜查，封固後派專人專送乾隆帝那裡；命對鄂昌兼管候旨。並申誡劉統勳一不得「稍存瞻徇」，二不得「預露風聲」。劉統勳得到皇帝的親諭，感到事情重大，馬上寫了一封密摺以表決心、獻忠心，然後三日便晝夜兼程，策馬直奔蘭州。三月十三日，劉統勳抵達蘭州，他一刻也未休息，便徑直到到巡府衙門。當時鄂昌正在安西。劉統勳首先拘捕鄂昌之子鄂碩，然後在府署內嚴行搜

查。把所有書籍及一切箱籠逐一檢點。在鄂碩案頭搜出詩稿一件，書札一封，又在鄂昌幕賓的空房內搜獲稟帖一封。劉統勳把這些東西檢查一遍，便決定提審鄂碩。鄂碩是個「正宗」的八旗子弟，平時耀武揚威，如今一看出了事，早嚇得篩了糠，跪在地上，不斷地給劉統勳磕頭。

劉統勳瞪起眼睛，大聲喝問：「本官奉旨查辦汝父與胡中藻平日素相勾結、結黨營私的罪行，你快從實交代鄂昌平時的詩文信札有什麼悖逆內容；倘說實話，可保你性命；但有隱瞞，定要誅殺你全家！」鄂碩交代說：「我從去年十月初七到蘭州，此時我父親已去安西。他平日所作的詩文都不在衙中。我曾見過我父親有詩四本，其中有一本還是我抄的，都被父親帶到安西去了。平日收到的書信之類，我都不敢拆閱，而是封好包妥派人送往安西，由父親自己親自拆閱處理。我到衙中並沒見到舊日留存下來的書札。」劉統勳聞言，即指令安西參將武福、游擊明華二人，讓他們向鄂昌當面討要其詩稿信札。不幾天，乾隆聖旨又到，命火速將鄂昌逮捕解京。劉統勳於是命人馬上將鄂昌逮捕歸案，並派瓜洲營參將達興阿沿途押送到闕下。

押走了鄂昌之後，劉統勳親自到府署，將鄂昌的全部資財抄沒封存，然後再將鄂府嚴加搜查。從鄂昌那裡搜繳出日記和填詞各一本，又據鄂碩的供詞，從家人房內查出一個木匣。這可是個重要新發現。木匣裡裝著婦女的花樣，還有零星帳本。再細細察看，突然發現裡面夾著三小冊詩還有另詩十一頁，一看，均是鄂昌的詩稿。於是再審鄂昌的家人吉壽和其子鄂碩。鄂碩供稱：「這一本《塞上吟》，是近日所作，我父親叫人抄了，帶到安西，而把原本扔在空房裡了。」劉統勳又搜出了鄂昌幕賓錢日烜的一本雜記，其中有向鄂昌請託的內容，劉統勳把這些詩稿、雜記清理好，附了一份清單，並給乾隆上了一本雜記，其中有向鄂昌請託的內容，劉統勳把這些詩稿、雜記清理好，附了一份清單，並給乾隆上了一份詳細的密摺，派人飛送進京……

文字血淚

乾隆看了劉統勳的密摺，不禁微微頷首。在辦理胡中藻、鄂昌的案子中，劉統勳是令皇上滿意的。密摺中奏道：「去年臣到甘省與鄂昌共辦軍需及地方事務，見到他書辭閃爍，好為隱飾，認為他不過遇事多疑，識見鄙瑣而已。現在審查他的信札文稿，覺得問題遠為嚴重。如聞其弟鄂容安將有北路之命，遂有『奈何』之詞，這分明是對陛下有怨望之心。」乾隆覺得劉統勳不僅辦事得力，而且嗅覺也很敏銳。更給乾隆留下好感的是，劉統勳敢於如實參奏史貽直、黃廷桂與鄂昌的聯繫，把史貽直納賄的情況報告給皇上——鄂昌與史、黃的通信，露出他們內外勾結、營私舞弊的跡象。史貽直乃是當朝炙手可熱的權貴，當過的高官有兵部尚書、戶部尚書、吏部尚書、直隸總督，加太子太保銜，在乾隆朝是最有威勢的了。他的門生故吏遍於朝野，一般的官員，無人敢開罪於他。這劉統勳敢參奏史貽直，足見其以忠君體國為念。乾隆感到意外，也感到高興，提筆寫下這樣的硃批：「卿如此不瞻顧，何愁不永受朕恩？勉之！」

張泰開是《堅磨生詩鈔》案的另一個重要人物，因為正是他出資為胡中藻刊刻了這部詩集，從某種意義上說，沒有他張泰開，未必有這個案子。乾隆早就盯上了他。此案一經提出，皇上就命將張泰開革去禮部侍郎之職，逮捕歸案，送交刑部。張泰開是胡中藻的門生，乾隆七年（西元一七四二年）中了進士，後來當了禮部侍郎。出資「贊助」老師印書，誰也不能說是惡事，但卻觸了霉頭。乾隆的諭旨中說他是「重師門而罔顧大義」，認定他是胡中藻一黨。有人舉報張泰開曾以《堅磨生詩鈔》送給他的河北籍同年進士，乾隆頗為重視，一定要嚴加追查，他下達諭旨給直隸總督方觀承，命他馬上查清此案。

方觀承得到諭旨，深感此事非同小可。胡中藻的案子已經沸反盈天，朝野盡知，而直隸總

督府近在京畿，焉能不知其中利害？這位方大人並不想沾此案的光，最好能遠離是非，不求有功，但求無過。當到總督，這官兒可不算小了，宦海風波的險惡使他時時謹慎，接到聖旨，他立即行動，查閱檔案，把與張泰開同年同籍的進士一個一個都查了出來。然後一面追查，一面寫奏摺向皇上報告自己的安排布置。方總督火速發出公文，讓這十名河北籍「壬戌科」的進士所在地的地方官查明真相，看他們是否得到過張泰開的贈書。

幾天之內，各州縣的地方官都將調查結果匯報上來，竟然沒有一個人得到《堅磨生詩鈔》。原因是張泰開與這些人雖是會試同榜，但僅僅是一面之緣，並無日後的交流。而現在官位相差懸殊，就更無往來，因而沒有誰得到此書。方大人為了穩妥保險，又將各地方官找來一一詢問細情，直到沒有任何疑點，方才罷手。於是他便請幾位職官一同署名，鄭重給皇上寫了一封奏摺，報告調查結果。

胡寶瑔這裡是「主戰場」。乾隆帝提出的問題，胡巡撫還沒有答卷，急得好似熱鍋上的螞蟻。他在胡中藻、胡中藩家內外再三再四地搜查，真可以說是「掘地三尺」，連耗子洞都掘了一遍，也沒有頭緒。唯一可以指為悖逆的文字，乃是在書房廢紙簍中找到的一張對聯草稿。其中有「兩儀自然偕老」、「十千歲永偕堂上我乾坤」等語，他覺得這就非常「狂縱肆逆」了。於是馬上便把它上報給乾隆。同時胡寶瑔進一步加緊搜查，並且再審胡中藩，以便找到胡中藻這三年的詩作。

胡寶瑔無法向皇上交代，對自己的前程大大不利。胡中藩一帶上來，馬上便「大刑侍候」。本已是馬上便「大刑侍候」。本已胡中藻這三年來的詩倘若一星半字也找不到，他三年的詩作。

266

文字血淚

吃盡苦頭的胡中藻，這回更是體無完膚。胡中藻耐不住老虎凳、辣椒水，於是又吐出來一條新線索：族侄胡論覺。

胡寶瑔立即派人把胡論覺逮來，同樣是「大刑侍候」。胡論覺交代說，他曾在族叔胡中藻家中廳上拾到幾張舊斗方，於是便押著他把這張斗方取來。仔細一看，是原任梧州太守陸綸、蒼梧縣令汪元進以及秀峰掌教申發祥等答和胡中藻的詩一共七張，並非刻本，分明是這三年之間所作。又有《得阿甥江城懷古詩三首》一張，也是未曾刊刻過的。

胡寶瑔眼睛為之一亮，大喜過望。他真想給胡論覺磕個頭，心說：你可救了我的大駕了，有了這些收穫，就可以給皇上一個很好的答覆了。他又給乾隆帝上了一個密摺，附上這些剛剛查獲的罪證。

案子辦到這裡，胡寶瑔信心大增。他覺得自己的確是個能臣，他還要好好露兩手，給朝中大臣和皇帝老子看看，他胡寶瑔並非等閒之輩！他稟受乾隆的諭旨，拿問石城縣知縣李蘊芳，永寧縣試用知縣申發祥，因為此二人與胡中藻交契甚密，互相標榜，堂堂江西巡撫要整治一二知縣豈不是易事！於是便著手審訊李蘊芳和申發祥。

李蘊芳是胡中藻的門生，胡中藻平時以韓愈自居，李蘊芳時常與他詩文唱和。《堅磨生詩鈔》自然是有的；申發祥也把胡中藻推為師門，多與唱和，而且在詩中也把胡中藻比為韓愈，自己不僅願執弟子之禮，而且甘為奴僕。胡寶瑔對這兩位知縣「老爺」，毫不顧惜，刑訊加逼供，然後向乾隆參奏他們與胡中藻相互標榜，等待皇上的發落。皇上專為李蘊芳一事下了諭旨，意思是：李蘊芳奉胡中藻為師，相互標榜，事發之後還想銷毀滅跡。此人著實可惡，非范

廷楷可比尚可寬宥。看來，李蘊芳的性命是難保了。

「瓜蔓抄」非止於此，張紹衡等人也被牽連入獄。

乾隆思忖：胡中藻自從回籍後，為何所作詩稿甚少？而且，觀其詞氣，也與《堅磨生詩鈔》中的怨艾不平迥然有異？細心的乾隆對這個變化反覆思索，尋找其中的疑竇。一定是胡中藻先已知覺！於是乾隆又命刑部對胡中藻嚴加拷問，胡中藻交代說，他的一個親戚張紹衡從京城南歸，到胡家看他，看到書架上有《堅磨生詩集》，便說「此書已達御覽」。於是，乾隆便傳旨給胡寶瑮，馬上將張紹衡拿捕歸案，務期根追此事實在情節，不得稍遲緩或走漏風聲。

胡寶瑮接到諭旨，馬上忙起來了。張紹衡住在廣信府鉛山縣，此處離南昌省城一千二百餘里。胡寶瑮唯恐張紹衡事先逃匿，當即密派贛州太守蘇凌阿、九江同知張衷、南昌通判王湘等，星夜火速趕往鉛山。到了鉛山後，鉛山知縣廖炘稟稱，張紹衡已於兩天前啟程赴京。蘇凌阿微服改裝，詢問船戶，沿途追趕，同時派人火速稟報給胡寶瑮。胡寶瑮想，張紹衡本應該在去年十月便赴京應選，卻久未啟程；為什麼偏巧在此時赴京？是否以赴京的名義逃遁隱匿了呢？一定要把他抓獲歸案。於是，便在水旱各路撒下大網，緝捕張紹衡。到了四月十六日，蘇凌阿稟報說，張紹衡已被他抓獲了，十七日便押到了省城。

胡寶瑮馬上連夜提審，自然免不了對犯人笞楚一番。張紹衡承認了他對胡中藻說過「此書已達御覽」的話，並供出此言是聽他的哥哥、在朝廷為官的張紹渠所說。

胡寶瑮讓張紹衡寫了供單，簽字畫押，他怕夜長夢多，便於當晚派人押送張紹衡起解到京。南昌到北京，迢迢三千里，胡寶瑮唯恐發生意外，於是給張紹衡戴上鐐銬，至於張紹衡路

268

上受鐐銬之苦，步履維艱，胡寶瑛當然是毫無顧惜的了。

到此為止，與胡中藻《堅磨生詩鈔》一案有牽連的人犯全都查清，並抓捕入京，置於刑部大獄，等待最後的處置了。應該如何發落，乾隆自然是「啞巴吃湯圓——心裡有數」，但他並不先作主張，而是交給大學士九卿等來議處。

這些大員們看到皇上對此案如此重視，從一開始親自起訴，到其間各個環節緊追不捨，自然是要大開殺戒了！於是，他們望風承旨，提出了處理意見：胡中藻違天叛道，天地不容，依大逆罪當凌遲處死，其家屬親眷十六歲以上男子皆應斬立決；張泰開明知該犯詩文悖逆，卻助資刊刻，應處斬立決等等。

乾隆皇帝看了大學士九卿的奏摺，微微一笑，他的心中早就有了定算。他要借這場「文字獄」打擊朋黨勢力，警告那些心懷不滿的士大夫，誰也不許亂說亂動，否則就難保自己的頭！乾隆不想背上「暴君」的名聲，還要在一定程度上表現出「寬大為懷」。他提起硃筆批道：

朕登極以來，從未嘗以語言文字罪人，所時有，朕皆不加指摘！

而胡中藻以其所刻《堅磨生詩鈔》連篇累牘謗訕詆毀於朕，而且竟敢詆毀國家本朝。不得不申明憲典以警囂頑。對胡中藻免其凌遲，即行處斬，以為天下後世炯戒。胡中藻乃鄂爾泰的門生，其文辭險怪，人所共知，惟獨鄂爾泰卻大加讚賞，以致其肆無忌憚。胡又與鄂爾泰之姪鄂昌敘門誼，論杯酒。鄂爾泰從前標榜之私，適以釀成惡逆耳。著將鄂爾泰撤出賢良祠，不准入配享太廟。為大官植黨羽者戒！張泰開本一庸懦無能之人，從寬免其罪，即行釋放，仍在尚

書房行走效力。胡中藻之母年已八十，其孫亦在幼稚，對其家屬從寬處置，免其緣坐。

李蘊芳處以「斬立決」，對鄂昌，格外恩典，賜死令其自盡，可得全屍，其他有涉此案之人大都寬免了。

好一個仁慈的皇帝！好一副菩薩心腸！

皇上要借「文字獄」整飭士風，大學士九卿等便上奏摺，請求停止江西會鄉試。乾隆寬宏大量：「但因胡中藻一人而阻通省士子上進之階，朕心實有所不忍，所奏不必實行；以後如再生此等悖逆之案，不但暫停數科，必當大示義正，以挽頹風，該省士民其共知所警。」

懲治鄂昌，也為使滿族八旗不事玩物喪志之事，乾隆專下一諭，從鄂昌為例，教諭八旗務崇淳樸，警告說再有託名讀書，妄作哆口吟詠，自蹈囂凌惡習者，必定從重治罪。

寬免的，死裡逃生，自然感戴皇恩浩蕩；被斬的、賜死的，同樣沐浴龍恩，免受了凌遲之苦。

乾隆爺收縱有術，文字獄一石三鳥！

瘋子逃不脫文字獄的屠刀

乾隆一朝，又是文字獄迭起之時。《清代文字獄檔》收錄文字獄六十五案，其中有六十四案發生在乾隆時期；有人統計過，乾隆時期文字獄總數在一百三十起以上。

很有意思的是，乾隆時期有幾樁文字獄案的案主是精神病患者。丁文彬案、王肇基案等皆是如此。這些瘋癲之人，不在正常人範圍之內，即便是有什麼「悖逆文字」，於情於法，都不應按正常人治罪。但是封建專制者並沒有刀下留情，在中國文禍史上也就有了瘋人之血染紅的一頁。

山東曲阜，巍峨而深邃的孔府，象徵著神聖，世世代代都作為人們所仰慕的所在，坐落於此。

乾隆十八年（西元一七五三年）的五月，多時沒有下雨了，雖然還不是盛夏酷暑，但這裡仍是炎陽當頭，沒有一絲涼風。

孔府的朱漆大門緊閉著，門前的兩個石頭獅子瞪著眼，張著大口，似乎因為天氣的乾熱而在喘息……。

大門前來了兩個人，一個瘦弱的中年人，衣衫襤褸，腳上的布鞋已張開了嘴，額頭上滴著

涔涔的汗水，腦後的辮子也開了。但看他的面容，卻似乎有幾分斯文之氣。跟在他後面的是個挑行李的人。約莫有五十幾歲的光景，衣服更是破爛不堪。到了門前，把擔子放下，扯起破得飛了邊的衣襟，抹著頭上的汗水。

那中年漢子上前去敲孔府的朱漆大門，瘦骨嶙峋的拳頭把門敲得山響。一會兒，大門開了，從裡面出來一個守門的老者，他把門打開了一條縫，一看來人的模樣，以為是叫花子，回身就要把門關上。那中年漢子擠進門中，不讓關門，而且，大聲喊叫：「我是當今衍聖公的親戚，你們因何不讓我進去？」看門人覺得蹊蹺，孔府哪有這樣乞丐一樣的親戚？趕走吧，又怕真是親戚，只好回去向衍聖公孔昭煥報告。

衍聖公孔昭煥正坐在太師椅上閉目養神，看門人進來稟報，說門外有一個人叫門，自稱是老爺的親戚，聽口音好像是浙江人氏。孔昭煥覺得納悶，自己這一支在浙江沒有什麼親戚啊，不管怎麼樣，看看再說，於是，打發管家出去看看是怎麼回事。

一會兒，管家回來了，帶來一張紙片，是敲門人寫的親筆求見信，信是這樣寫的：

予小子丁文彬，原是浙江紹興府上虞縣人。予丁父善至，祖公世居務農，有叔祖丁芝田，在北路教習，曾與先岳老聖公為盟。予小子帶府留住數日，後予小子回松荷，蒙岳父面命，今在松修道。於己巳年，曾有《文武記》二本、《太公望傳》一冊，申付松江學政莊有恭，至今五載，未有覆命。今續成《洪範春秋》五本，已終帝命，皆天命之文，性命之學，所以衛聖門之道，敢伸達尊覽，余面談不暨。

孔昭煥一看，如墮五里霧中。此人竟把他的父親稱為岳父，這是從何說起？信裡又提到

文字血淚

《文武記》、《洪範》等書，先拿來看看再說。於是吩咐門役家人搜出丁文彬帶來的幾部書，孔昭煥草草一翻，大吃一驚，書裡自稱受上之帝命而為天子，有國號「大明」、「大夏」，還有「天元」、「昭武」等年號，這不是篡逆謀反嗎？孔昭煥驚得渾身都是冷汗，如果真的牽扯到自己，全家的性命都完了，趕快將他抓住報官。於是孔昭煥把丁文彬讓到廳裡穩住，一面派人到縣衙報告。縣衙馬上派人把丁文彬戴上鐐銬押走了。知縣馬上將此情況報告給正在沿河州縣巡查的山東巡撫楊應琚。楊應琚也感到事態嚴重，在自己地面上出了這麼大的謀逆案，處理不好，烏紗帽就難保；乾隆皇帝的精明，使他絲毫不敢造次。楊應琚命曲阜縣迅速將丁文彬押到兗州候審，自己則星馳兗州，就近在兗州對案犯進行審訊。

六月四日的早晨，楊應琚已經坐在了兗州府的大堂之上，身邊還有幾位陪審的官員，對面是衣衫襤褸、說話雲山霧罩的丁文彬。

審訊開始。丁文彬出語驚人，荒誕離奇，他不但沒有害怕的樣子，反而一口一個上帝命他如何如何。他寫書全是上帝的啟迪。問來問去，楊應琚明白了，這原來是一個瘋子，但事關謀逆大案，他不能不百倍審慎。越問越發現這個丁文彬是一個幻想狂。不妨看一下當時的審訊片斷：

問：你既是小家出身，現在看你形如乞丐，當年衍聖公怎麼會與你結親？況且，把兩個女兒同許一人之理？又並無媒妁，顯屬妄賴了。你須老實交代，否則皮肉吃苦！

丁：（嘿嘿一笑，故作神祕）小子結親，乃是奉上帝之命，何須媒妁呢？那一夫二婦，乃

是堯舜之道。舜娶了堯的兩個女兒，此事班班可考。當年老衍聖公守先王之道，實應稱帝，看到我講道論德，與舜無異，就傳位於我，還把兩個女兒許配給我。這都是蒙上帝的啟迪所成。我聽得衍聖公已歿，於是便繼位，如今已經八年了。

問：你既敢著作逆書，圖謀不軌，一定有主謀之人，還該有羽黨助你的人，還不實說嗎？

丁：（無可奈何地苦笑）我原本不願做這事，實在是上帝所命，無奈何，並沒有什麼主謀的人，哪裡還有黨羽呢？現在衣食不充，百分窮苦，哪裡還有人幫助呢？又叫我從何供出來呢？

問：據你說上帝命你的話，到底他在哪裡？如何命你？敢是另有一人暗地裡挑唆你嗎？

丁：（輕蔑似不屑於答的樣子）上帝就是上天，如何有人？（你們連這個都不明白嗎？）我實是蒙上帝時時啟迪，常在身旁說話，別人是聽不見的。

問：（斷喝一聲）據你所說，純是荒唐之言！明明是不肯把主謀、黨羽之人供出來，任意支吾。來人！把他夾起來！夾！

丁：實在是沒什麼主謀、黨羽，供不出來，實是上帝之命，如今受刑，也是上帝帶累的。

供不出來了。

問：你書上妄作冠婚喪祭禮樂制度，必非一己之見，一定同人商酌，還不實說嗎？

丁：我所定的禮樂制度都是按照堯舜之道纂輯的，並非杜撰。我不過遵上帝之命，恪守聖道而行，並不是痴子。可恨在家時人人道我是痴子，哪裡還有人來同我商酌呢？實是沒有的。

問：你還有偽造的時憲書陸本，怎敢擅寫欽定字樣？你既妄稱在位八年，為何又是每樣兩

文字血淚

本，只有六、七、八這三年的，以前的為何又藏匿呢？那「大夏」、「天元」都是誰的國號？「天元八年」這本偽書面頁上為何又旁註「昭武元年」？必定另有一人了。那幾本逆書上，為何又寫大夏大明的字呢？

丁：我只有一個人著書抄寫，因上帝命我趕修這《洪範春秋》，故此不能再有工夫造這新書了。直到即位六年上，才造起的，只造得三年，去年請命了上帝，把天元改作昭武，傳位於小聖公的。「天元」是年號。我因做得一無好處，去年請命了上帝，並沒隱藏別處。那「大夏」是我的國號，既有年號，就寫「欽定」了。至於書面上寫「大夏」、「大明」，那是取明德的意思，「大夏」是取行夏之時的意思。

楊巡撫又命取過紙筆，讓丁文彬把「逆書」裡的字句當堂默寫，丁文彬拿過紙筆，趴在桌上很認真地默寫了數條。字畫與書中相同，文義無訛，確實是該犯本人所著無疑。審訊到此，楊應琚心裡已經完全清楚，這是個幻想當皇帝的瘋子，但是丁文彬著作逆書，建號稱王，而且供證確鑿，必須慎重對待，照律辦理。六月七日，楊應琚結束審訊，立刻具寫兩份奏摺，向乾隆帝匯報此案。

第一折，詳細敘述了案發與拿獲案犯以及審辦逆犯的經過，同時又為此案初步定罪，「查該犯所作悖逆諸事，已據一一供認，而所著逆書，又經令其當堂默寫核對無訛，是其罪案已為明確。查丁文彬建號稱王，擅加封贈，偽造憲書、錢式，又敢肆為逆語，目無國法，誠屬罪大惡極，難容稍緩刑誅。查律載謀反大逆，不分首從，皆凌遲處死，丁文彬應照謀反大逆律即行凌遲處死。」

第二折，楊應琚表白了自己如何多方審查偵訊，使案情落實確鑿，並進一步分析了丁文彬謀反大逆的動機，實際上說明了案犯乃是一個精神病患者，一個幻想狂。折中奏道：「惟查丁文彬供詞，狂逆怪誕，恐繫心存捏飾，希圖開脫同謀，或別有謀逆情事，詐為支吾，亦未可定，是以臣悉心研究，有時嚴加刑訊，有時用言語開導，並又設法遣人誘探，及數日以來，終無異詞。臣揆察其情，丁文彬乃一至貧極賤之人，一旦稍習陳言；遂自詡為奇才異能，無出其右，而妄想富貴女色，痴心日熾，結為幻影，牢不可破，輒肆其梟獍之心，狼嚎狗吠，無所不至。臣看其人猥賤不堪，伶仃弱小，聽其所言，不論何人俱知其妄。但該犯氣體瘦弱，亟宜早正典刑，仰請皇上速賜乾斷，以懲奸惡，請求皇上直接批示。」

兩封奏摺繕具之後，馬上派人飛報京城，請求皇上直接批示。

楊應琚的分析是有道理的。我們不妨看看丁文彬的身世經歷。

丁文彬已經三十八歲了，原籍是浙江上虞人，他自己生長在杭州。父親很早就去世了，他和母親孤苦無依，一度投靠叔祖丁芝田。丁芝田是個塾師，曾教過丁文彬幾年「子曰詩云」，丁文彬有了一些文化，自己也就能讀《四書》、《五經》之類的書。這期間，丁芝田還曾帶他到過曲阜，所以他對衍聖公府是很有印象的。

到十幾歲上，丁文彬和母親又投靠到哥哥丁文耀家。丁文耀比丁文彬大十一歲，也是沒有正經職業，靠給人家打零工為生。先前在松江一帶賣燒餅，後來又在別人的麵館裡幫工，日子也過得很苦。

丁文彬從小就性格孤僻，而且多疑，耽於幻想。到乾隆十二年（西元一七四七年），母親

276

病死，丁文彬在精神上受到了很大創傷，他終日無語，面壁而坐，身體羸弱，又不願幹活。哥哥不喜歡他，嫂子也嫌棄他，連侄子們都開始叫他「痴子」。他變得更為抑鬱寡歡。他頭腦清楚的時候，還有人請他去教教書。以後他的精神越來越不正常，周圍的人又都叫他「痴子」，坐館的生路也就斷了。誰又肯把自己的子弟交給一個「痴子」去培養呢？沒有謀生之路，只好在路邊給人測字算命，給人舂米，幫人燒火拉風箱，幹一些雜役。

雖然過著最卑賤、最寒苦的生活，但丁文彬卻越來越耽於幻想。他渴望得到異性之愛，但那些窈窕淑女們有誰正眼看他一下？他只好按照才子佳人故事的模式給自己編織著溫柔的情夢。他在本縣董恆山的茶館里拉過半年風箱，董老闆的女兒芳齡二八，荳蔻年華，而且容貌姣美，丁文彬對這位董小姐心醉神迷，夢寐以求，但像他這樣寒酸破落的人，董小姐自然是睬都不睬的。

丁文彬一邊拉風箱，一邊痴想：憑什麼這世間的人都對自己白眼？憑什麼那些富貴人家妻妾成群，而自己連一個也沾不上邊？想來想去，他終於明白了，是因為自己一沒有錢、二沒有權。最有權、最有錢的是誰？就是皇帝，如果當了皇帝，天下的女人，不都可以任自己占有嗎？冥冥中似乎自己已經當了皇帝似的。

丁文彬似乎聽到身後有人對他說話，回頭後卻空無一人。這種聲音越來越多在他耳邊響起。這是誰的聲音呢？對，是上帝，是上帝的啟示。丁文彬覺得自己是上帝的寵兒，上帝時時關注他，發指令給他，於是他就一心一意地按上帝的指令來做。

乾隆十三年（西元一七四八年），丁文彬受上帝的啟示，埋頭著書，寫成了《文武記》兩

本，《太公望傳》一本。著作完成了，交給誰呢？丁文彬帶著書滿街亂轉。忽然，聽到前面有鳴鑼開道的聲音有大官的轎子，湊上去一看，原來是江蘇學政莊有恭到松江來按試。丁文彬一想，就把這兩本書獻給學政大人吧，他突然闖出來，跪在轎前，雙手把書呈上。莊有恭看到轎外有個蓬頭垢面的人攔轎獻書，便問左右獻書的是什麼人？左右答道：這是個瘋子。莊有恭拿過書來看了一眼，書面汙垢滿紙，他信手翻閱一下，見裡面稱「丁子曰」，莊有恭覺得非常好笑：「真是個狂人！竟然如此高自稱許。」於是便擲棄一旁了。

丁文彬攔轎獻書，以為能很快得到學政大人的回音，不意卻是「泥牛入海無消息」。他的心態更加焦躁，幻覺出現得更為頻繁。上帝的啟示又出現了，這次是命他寫《洪範春秋》。這次寫書，他把「丁子曰」都改成了「天子曰」。丁文彬開始以「天子」自居了，這也是受上帝的啟示。他曾隨叔祖丁芝田到過曲阜，聽到了衍聖公孔廣棨講堯舜之道。孔廣棨於乾隆十六年（西元一七五一年）去世，丁文彬聞之心想：「老衍聖公能守堯舜之道，自然能居天子之位。」他又聽得上帝對他說：「老聖公見你講道論學，如同堯舜，準備傳位與你，還把他的兩個女兒一齊許配給你。」丁文彬樂得手舞足蹈，當下叩謝上帝，開始制定國號、年號，把新一代的衍聖公孔昭煥封為平虜將軍，死去的父母封王封后，還有那日夜思念的董小姐，先封為董妃吧。其他如制錢式樣、朝儀大典、冠婚喪祭等一套制度，丁文彬都從各種書上蒐羅來，拼湊在一起，他如制錢式樣、朝儀大典、冠婚喪祭等一套制度，丁文彬都從各種書上蒐羅來，拼湊在一起，寫進《洪範春秋》之中。

這部書裡還記下了他的冤家對頭，哥、嫂、侄子對自己不好，他記下了「兄頑嫂囂侄傲」。還有松江的張七，是丁文彬最大的仇家。張七名叫張應田，是前刑部尚書張照之子，他娶了衍

聖公孔廣棨的大女兒。丁文彬氣炸了肺，上帝讓自己繼衍聖公之位，衍聖公把女兒許了自己，

不料卻被張七奪娶，此乃奪妻之仇，不共戴天。那年，張七娶親豪華已極，整個松江府從未有

過這樣排場的婚禮，好像是專門氣惱丁文彬的。故此，丁文彬在書中把張七叫做「張不賣」。

《洪範春秋》完成之後，丁文彬好不得意。他把書送給周圍幾個有文化的人來看，那幾位先

生草草一翻，就擲還給他，什麼話都沒講。丁文彬感到一種莫大的失落。

乾隆十八年（西元一七五三年）的暮春時節，哥哥丁文耀與別人合夥到杭州去販鱔魚，把

丁文彬扔在家裡，無人照料。丁文彬是個生活能力極差之人，哥哥不在家，他有時連飯都吃不

上。他忽然想起了衍聖公府。他想衍聖公是我的親屬，我又貴為天子，孔府肯定會熱情接待

的。丁文彬湊了一兩多銀子作為盤纏，到山東曲阜去，準備把所著的書交給衍聖公。

丁文彬走到江蘇宿遷，在中興集搭船，認識了後來給他挑行李的田應隆。到台兒莊一起下

了船，丁文彬說：「你幫我擔著行李吧，到曲阜後我給你二百錢。」田應隆就替他挑行李，一

路往曲阜步行趕路，兩個人都破衣爛衫，一路無話，到了曲阜，丁文彬就被拿住，田應隆也被

扣住，一道審問。

乾隆帝接到了孔昭煥的密摺後，又很快接到了楊應琚的先後兩封奏摺，他對這樁逆書案頗

為重視。案犯丁文彬竟敢自稱天子，私定國號、年號，簡直是大逆不道，必須殺一儆百。從楊

應琚的奏摺所報告的情況看，丁文彬的確是個瘋子，但乾隆自有乾隆的邏輯，這種狂徒病廢之

時尚且如此行為，那平時不安守己，作姦犯科，不更是可想而知了嗎？豈可容於光天化日之

下！無論是瘋與不瘋，都必須處以極刑，以儆傚尤。

看罷第一折，乾隆馬上硃筆批示：「三法司核擬速奏。」再看第二折，楊應琚提供了案犯的身體情況，引起了乾隆的關注。丁文彬氣體瘦弱，如果等不及刑部的審判公文就瘐死獄中，那可就不好了，難以收到殺一儆百的效果。從正常的程序來看，三法司即使以最快的速度處理，刑部公文到山東也需半個多月，必須讓這個瘋子活著吃刀！於是，乾隆帝馬上密諭楊應琚，酌看該犯光景。如果等不及刑部批文，可先行凌遲示眾。

楊應琚得到皇上密諭後，一刻也不敢怠慢。他馬上親臨獄中察看，丁文彬躺在亂乾草鋪上，面帶死色，氣息奄奄，看樣子是朝不保夕，不便久留，說不上什麼時候就死在獄中了。楊應琚當機立斷，決定馬上將丁文彬凌遲處死。於是，委派濟南城守營參將萬德、濟南府的知府趙之采，布置刑場，然後將丁文彬提出來遊街示眾，又將他押赴刑場。楊應琚親現場監刑。刑場四周圍了許多看熱鬧的人，丁文彬口中喃喃自語，頭上沾著亂草，被拖到刑場之上，吃了千刀萬剮！

丁文彬的哥哥丁文耀、侄子丁士賢、丁士麟、丁士良、丁士信等都被株連逮捕，按照當時的法律，要將丁文耀和兩個大一些的兒子丁士賢、丁士麟判為「斬立決」，另外兩個十五歲以下的兒子沒入官家為奴。皇上格外開恩，把丁文耀等應斬者改判了「斬監候」，到秋後再處決。

瘋子丁文彬，「享受」了文字獄最重的刑罰！

同樣是「瘋子」罹文字之禍的，並不僅是丁文彬，還有王肇基一案。

王肇基能不能算是「瘋子」，很值得推敲。不過，他被乾隆帝認定為「瘋子」。他想「頌聖」，討清朝統治者的好，沒想到皇上並不領情，卻把他打死在亂棍之下。

280

王肇基本是河北人，一個窮愁潦倒的破落書生，他流寓到山西介休縣。讀書人想做官，做了官方有榮華富貴，王肇基比別人更想當官，誰知他科場僨蹇，連考不第，弄得潦倒不堪。他很想找個能一舉為官的機會。

乾隆十六年（西元一七五一年）的八月，正值「萬壽節」之際（萬壽節，即皇太后的生辰），汾州府的同知圖桑阿的衙門前，來了一個似癲非癲的半瘋之人，大熱天還穿了一件長衫，長衫上還有兩塊補丁，他嘴裡「之乎者也」，振振有詞，見了守門的衙役，他一躬到底，說要敬獻詩聯，為太后祝壽。當時朝廷正在追查偽孫嘉淦奏稿案（另一件文字獄案），弄得各地都緊張兮兮。乾隆下旨，對奏稿的作案者「密加緝訪，無致漏洩」。各處的地方官的神經都繃得緊緊的，圖桑阿馬上將獻詩者扣留，和知府李果緊急商量一下，決定立刻報告給山西巡撫阿思哈。阿思哈命立刻將獻詩人王肇基押到巡撫衙門，並將所獻詩聯送來研審。

人犯帶到之後，阿思哈馬上進行審訊。審訊前阿思哈已將詩聯閱過，覺得詩、聯雖然字句鄙俗，然尚有頌聖之意。而附在後面的「敘後」卻錯雜無倫，且有譭謗聖賢，狂妄悖逆之處。

阿思哈對王肇基嚴加刑訊，要他供出獻詩聯的動機何在！

王肇基沒想到獻詩聯觸犯了大霉頭，他結結巴巴地說：「我獻詩恭祝皇太后萬壽，不過盡我小民之心，欲求皇上喜歡的意思，決無他意。」阿思哈高聲呵斥他道：「你的詩聯後敘，竟敢妄議國家事務，指斥文武大臣，譭謗聖賢，肆其狂吠，悖謬已極！」

王肇基辯解道：「如今是堯舜之世，我何敢有一字訕謗，實是我一腔忠心，要求皇上用我。故此將心裡想著的事，寫成一篇來呈獻。至於論那孔、孟、程、朱的話，不過是要顯我才

學的意思。」

阿思哈又問：「你文章裡所指內外文武大臣那些事，又從何處得來？」

王肇基回答說：「有從京報上看來的，有說閒話聽來的。只求代我進了此書，我就有官做了！」王肇基死到臨頭，還是沒忘了做官的事。

阿思哈認為，王肇基是個瘋子。滿口胡言，妄想做官，詩內字句也多錯亂無文，語多荒誕，似屬病患瘋癲之人。他結束了對王肇基的審問，直接給乾隆皇帝上了一份密摺，稟報了王肇基的案情以及審訊過程，並且初步認定案犯是個瘋子，同時認為王肇基案與偽孫嘉淦奏稿案沒有關係。因為據王肇基供稱，他寫完詩聯及後敘後即行呈獻，根本沒讓別人看過。經過阿思哈再三盤詰，仍然矢口不移。可見與別人沒有什麼關係。

乾隆帝看了阿思哈的密摺，他同意阿思哈的分析，也認為王肇基乃是瘋人。但乾隆並不覺得瘋人可以原宥寬恕，反而認為這種人病廢之時尚且如此，平素就會更加作姦犯科了。於是皇上傳下諭旨給阿思哈，讓代把王肇基「立斃杖下」，也就是亂棍打死，而使愚眾有所炯戒。對其母親、妻子也要嚴加訊問，看她們是否知情；如果不知情的話，把她們押解直隸原籍，交給地方官來安插。

阿思哈接到乾隆帝的諭旨，對於皇上的意圖心領神會，立即執行。他派人將王肇基從獄中提出，再次嚴加刑訊，逼問口供。王肇基的供詞更顯得悖謬荒唐。有了皇上的硃批手諭。阿思哈用不著再猶豫了。九月三日，在阿思哈的部署監督之下，將王肇基押到了省城中心的通衢大道，圍觀的人裡三層外三層，這也正是阿思哈所追求的效果。阿思哈又派人貼出布告，使百姓

282

們共知炯戒，達到殺一儆百的目的。就在這人來人往的通衢大道上，幾條大棍上下齊飛，王肇基發出悽慘的叫聲，渾身血肉模糊，一會兒便命歸西天了。

丁文彬案和王肇基案，在文禍史上都有較特殊的價值。特殊在哪裡？案主都是精神病患者，尤其是丁文彬，更是典型的幻想狂。從起碼的人道來說，精神病患者即便是有「悖謬狂妄的言論，也不應用對正常人的刑律去量刑判罪。但是乾隆帝在處理這兩個案子時，表現出極度的殘酷，如對丁文彬這樣一個體氣微弱、將要瘐死獄中的人，一定要趕在斃命之前凌遲處死。

對於文字獄，清朝統治者的處理，表現出很強的野蠻性，動輒就是凌遲處死，同時株連很多親友。而乾隆朝對於丁文彬、王肇基的處置，就更是非人道。乾隆一朝，瘋漢文字獄竟有二十多起，統治者對於這些精神病患者毫不容情，並且像對待正常人犯罪一樣，一本正經地進行審理，而後判以重罪，既是荒唐可笑的，又是慘無人道的。統治者的意圖極為明確，就是殺一儆百，不許任何一點不利於專制統治的思想苗頭存在。要達到的效果是：使人們惴惴懼慄，倘有一點「悖逆」之詞，瘋子尚且如此，正常人更難逃脫刑誅了。

歷代皇朝風雲實錄⑧：文字血淚

作　　者	張晶
發 行 人	林敬彬
主　　編	楊安瑜
副 主 編	黃谷光
助理編輯	林怡芸
內頁編排	林怡芸
封面設計	王艾維
編輯協力	陳于雯・曾國堯

出　　版	大旗出版社
發　　行	大都會文化事業有限公司
	11051 台北市信義區基隆路一段 432 號 4 樓之 9
	讀者服務專線：（02）27235216
	讀者服務傳真：（02）27235220
	電子郵件信箱：metro@ms21.hinet.net
	網　　　　址：www.metrobook.com.tw

郵政劃撥	14050529 大都會文化事業有限公司
出版日期	2016 年 4 月初版一刷
定　　價	280 元
I S B N	ISBN 978-986-6234-96-5
書　　號	History-072

◎本書由遼寧人民出版社授權繁體字版之出版發行。

◎本書如有缺頁、破損、裝訂錯誤，請寄回本公司更換。

國家圖書館出版品預行編目 (CIP) 資料

歷代皇朝風雲實錄⑧：文字血淚 / 張晶 編著 .
-- 初版 .-- 臺北市：大旗出版：大都會文化發行 , 2016.04
288 面 ; 17×23 公分 .

ISBN 978-986-6234-96-5（平裝）
1. 中國史

610.4　　　　　　　　　　　　　　　　105003447

《歷代皇朝風雲實錄⑦：軍閥割據》

軍閥割據，是歷史上最可怕的災難之一，也是爭權奪利最暴力的手段。只要有力量、有權力，就算是平民引起的戰爭也能撼動、毀滅一切！但唯有最後的勝者才有機會可以邁向統一。

- 作者：張志坤
- 定價：280 元
- ISBN：978-986-6234-94-1

《歷代皇朝風雲實錄⑥：為寵厮殺》

　　歷史上因為爭寵而衰敗滅亡的朝代，不勝枚舉，雖然后妃有過，佞臣宦官有錯，但罪魁禍首終歸是皇帝，如果不是他權傾天下，放任自己的寵愛和信任，也不會有這些悲劇。因此，只要有這樣的權力存在一天，歷史就會不斷重演，殘忍的爭奪也會持續下去！

- 作者：張國慶、蔣瑋
- 定價：280 元
- ISBN：978-986-6234-93-4

《歷代皇朝風雲實錄⑤：朋黨爭鬥》

　　朋黨，在歷史政治上是個貶義詞。作為一個團體，聚集的人越多，人的類型也越多。有知足的人，相對就有貪婪的人。權力如同罌粟花，得越多，癮越大。

- 作者：蔣重躍
- 定價：280 元
- ISBN：978-986-6234-92-7

《歷代皇朝風雲實錄④：變法之殤》

變法，是歷代皇朝史上「改革」的代名詞，變法成敗往往成為左右國家未來命運的重要轉振點。成功者名留青史，使國家獲得興盛的活力與動力；失敗者徒留悲歌，國家衰敗不止、苟延殘喘直到滅亡。不過，無論成敗，在歷史上都會成為後世學習借鑒的血淚教材。

■ 作者：趙東艷
■ 定價：280 元
■ ISBN：978-986-6234-88-0

《歷代皇朝風雲實錄③：忠奸抗衡》

誰是忠臣？誰是奸臣？芸芸眾生，攘攘諸官，模樣都差不多，人性又複雜多變，在蓋棺之前，大多難以定論。面相專家說可根據一個人的相貌舉止來判斷，一般奸臣大多有個「狼顧」之相。這種說法影響最大，所以科舉取士後授官之前要經目測一關。這不是選美，而是剔醜。

■ 作者：楊英杰、喻大華
■ 定價：280 元
■ ISBN：978-986-6234-86-6

《歷代皇朝風雲實錄②：相位爭奪》

宰相是中國封建時代輔佐君主管理國家事務的最高行政長官，處於一人之下，萬人之上，乃「位極人臣」之位，因此成為封建官僚政治中，權力鬥爭的焦點。想要獨攬相權，有二個條件：
第一，品德和才學。
第二，皇帝的信任。

■ 作者：王若
■ 定價：280 元
■ ISBN：978-986-6234-85-9

《歷代皇朝風雲實錄①：血濺龍袍》

皇帝是統治階級集團的最高代表，絕對的權威、無限的權力、至高無上的地位，使皇帝這一社會角色既有現實性又具神祕性。要登上皇位，略有三種方式：第一，靠武裝鬥爭統一天下，自封為皇帝。
第二，靠繼承父兄之業而自然成為皇帝。
第三，靠發動政變篡奪來的皇帝。

■ 作者：魏鑒勛
■ 定價：280 元
■ ISBN：978-986-6234-82-8

大都會文化　讀者服務卡

書名：**歷代皇朝風雲實錄：文字血淚**

謝謝您選擇了這本書！期待您的支持與建議，讓我們能有更多聯繫與互動的機會。

A. 您在何時購得本書：＿＿＿＿年＿＿＿＿月＿＿＿＿日

B. 您在何處購得本書：＿＿＿＿＿＿＿＿書店，位於＿＿＿＿＿＿(市、縣)

C. 您從哪裡得知本書的消息：

　　1.□書店　2.□報章雜誌　3.□電台活動　4.□網路資訊

　　5.□書籤宣傳品等　6.□親友介紹　7.□書評　8.□其他

D. 您購買本書的動機：（可複選）

　　1.□對主題或內容感興趣　2.□工作需要　3.□生活需要

　　4.□自我進修　5.□內容為流行熱門話題　6.□其他

E. 您最喜歡本書的：（可複選）

　　1.□內容題材　2.□字體大小　3.□翻譯文筆　4.□封面　5.□編排方式　6.□其他

F. 您認為本書的封面：1.□非常出色　2.□普通　3.□毫不起眼　4.□其他

G. 您認為本書的編排：1.□非常出色　2.□普通　3.□毫不起眼　4.□其他

H. 您通常以哪些方式購書：(可複選)

　　1.□逛書店　2.□書展　3.□劃撥郵購　4.□團體訂購　5.□網路購書　6.□其他

I. 您希望我們出版哪類書籍：（可複選）

　　1.□旅遊　2.□流行文化　3.□生活休閒　4.□美容保養　5.□散文小品

　　6.□科學新知　7.□藝術音樂　8.□致富理財　9.□工商企管　10.□科幻推理

　　11.□史地類　12.□勵志傳記　13.□電影小說　14.□語言學習（＿＿＿語）

　　15.□幽默諧趣　16.□其他

J. 您對本書（系）的建議：

＿＿＿＿＿＿＿＿＿＿＿＿＿＿＿＿＿＿＿＿＿＿＿＿＿＿＿＿＿＿＿＿＿＿＿＿＿＿

K. 您對本出版社的建議：

＿＿＿＿＿＿＿＿＿＿＿＿＿＿＿＿＿＿＿＿＿＿＿＿＿＿＿＿＿＿＿＿＿＿＿＿＿＿

讀者小檔案

姓名：＿＿＿＿＿＿＿＿　性別：□男 □女　生日：＿＿＿年＿＿＿月＿＿＿日

年齡：□20歲以下 □21~30歲 □31~40歲 □41~50歲 □51歲以上

職業：1.□學生 2.□軍公教 3.□大眾傳播 4.□服務業 5.□金融業 6.□製造業

　　　7.□資訊業 8.□自由業 9.□家管 10.□退休 11.□其他

學歷：□國小或以下 □國中 □高中／高職 □大學／大專 □研究所以上

通訊地址：＿＿＿＿＿＿＿＿＿＿＿＿＿＿＿＿＿＿＿＿＿＿＿＿＿＿＿＿＿

電話：（H）＿＿＿＿＿＿＿＿＿（O）＿＿＿＿＿＿＿＿　傳真：＿＿＿＿＿＿＿＿＿

行動電話：＿＿＿＿＿＿＿＿＿＿＿　E-Mail：＿＿＿＿＿＿＿＿＿＿＿＿＿

◎謝謝您購買本書，歡迎您上大都會文化網站（www.metrobook.com.tw）登錄會員，或
　至Facebook（www.facebook.com/metrobook2）為我們按個讚，您將不定期收到最新
　的圖書訊息與電子報。

歷代皇朝風雲實錄

文字血淚

北 區 郵 政 管 理 局
登記證北台字第9125號
免 貼 郵 票

大 都 會 文 化 事 業 有 限 公 司
讀 者 服 務 部 　　　收

11051台北市基隆路一段432號4樓之9

寄回這張服務卡〔免貼郵票〕
您可以：
◎不定期收到最新出版訊息
◎參加各項回饋優惠活動